古代歷史文化研究輯刊

八　編

王　明　蓀　主編

第 3 冊

三國政區地理研究（上）

孔　祥　軍　著

國家圖書館出版品預行編目資料

三國政區地理研究（上）／孔祥軍 著 — 初版 — 新北市：花
木蘭文化出版社，2012〔民 101〕
目 2+218 面；19×26 公分
（古代歷史文化研究輯刊 八編：第 3 冊）
ISBN：978-986-254-964-3（精裝）
1. 政治地理學　2. 三國
618　　　　　　　　　　　　　　　　　　　101014964

ISBN-978-986-254-964-3

9 789862 549643

古代歷史文化研究輯刊
八 編 第三 冊　　　　　　　ISBN：978-986-254-964-3

三國政區地理研究（上）

作　　者　孔祥軍
主　　編　王明蓀
總 編 輯　杜潔祥
出　　版　花木蘭文化出版社
發 行 所　花木蘭文化出版社
發 行 人　高小娟
聯絡地址　新北市永和區中正路五九五號七樓
　　　　　電話：02-2923-1455／傳眞：02-2923-1452
網　　址　http://www.huamulan.tw 信箱 sut81518@gmail.com
印　　刷　普羅文化出版廣告事業
初　　版　2012 年 9 月
定　　價　八編 22 冊（精裝）新台幣 35,000 元

三國政區地理研究（上）

孔祥軍　著

作者簡介

孔祥軍，江蘇揚州人，副教授，碩士生導師。1997 年考入揚州師範學院，相繼獲漢語言文
學學士、文藝學碩士學位。後負笈南雍，從胡阿祥先生遊，2007 年獲歷史學博士學位。現任教
於揚州大學社會發展學院。先後在《歷史地理》、《中國歷史地理論叢》、《清史研究》、《中國
經學》、《域外漢籍研究集刊》、《古典文獻研究》、加拿大《文化中國》發表學術論文四十
多篇。出版專著兩種《晉書地理志校注》、《漢唐地理志考校》（新世界出版社，2012）。

提　　要

　　本書的研究對象是三國時期曹魏、蜀漢、孫吳行政區劃的變遷過程。

　　三國政區與兩漢舊制最大的不同點在於，州制的確立和定型。三級政區之中州、縣變化均
較穩定，而郡級政區變動最大，本書對州、郡、縣三級政區沿革均作細密考證。

　　本書旨在盡最大可能復原三國政區的動態沿革過程，其最核心的工作便是對三國州郡諸縣
的精密考證。這不是對前賢已有成果的補充修葺，而是一次全面重新的整理考證工作。考證的
具體方法，以排比文獻直接記載材料為主，所依據文獻及相關版本，詳文末所附參考文獻；以
借助考古出土材料為輔；以運用間接記載材料進行推斷為補充，即通過確定某些文獻的著寫年
代或著者年代，來使用這些文獻進行考證；以詳察地望以證歸屬為幫助。這不但是中國歷代行
政區劃通史研究的一部分，同時也可以為魏晉文史研究界提供一個較為可信實用的三國地理沿
革志，這也是本書最重要的研究意義所在。與此同時，對傳世文獻的勘誤校正、對前賢成果的
糾正釐定，也可視為本書的副成果。

目次

緒　論

第一節　本書研究對象

　　本書的研究對象是三國時期魏、蜀漢、吳行政區劃的變遷過程。

　　譚其驤先生以爲：「把歷史政區地理搞清楚，是研究歷史地理的一項必要的基礎工程」（參見譚其驤《西漢政區地理·序》）。時至今日，這方面的工作主要是在兩個層面上進行的，其一：對通代政區進行研究，從而勾勒出中國歷代政區沿革大勢，如譚其驤先生主編之《中國歷史地圖集》；其二：則是在前者的基礎上對每個朝代政區的複雜演變過程進行細緻地動態研究，這方面的代表作當是周振鶴先生《西漢政區地理》（參看李曉傑《東漢政區地理·引論》）。續此，又有李曉傑先生《東漢政區地理》，胡阿祥師《六朝疆域與政區研究》等等。

　　對於三國時期的政區沿革，實際上清人已經作了很多工作（詳緒論第三節），其中吳增僅創製的《三國郡縣表》尤爲重要，該書十分顯著的體現了作者鮮明的政區沿革思路。本書之所以仍然擇取三國政區作爲研究對象，主要是因爲吳氏《三國郡縣表附考證》存在著太多失考誤證的情況，故而有重新考訂的必要，這也決定了本書的重心主要是在對三國政區問題的重新考證。

　　三國政區與兩漢舊制最大的不同點在於，州制的確立和定型，即在原郡、縣二級政區的基礎上，將原爲監察區的州轉變爲一級行政區。[註1] 據《後漢

書》卷七十五《劉焉傳》:「時靈帝政化衰缺,四方兵寇,(劉)焉以爲刺史威輕,既不能禁,且用非其人,輒增暴亂,乃建議改置牧伯,鎮安方夏,清選重臣,以居其任……出(劉)焉爲監軍使者,領益州牧,太僕黃琬爲豫州牧,宗正劉虞爲幽州牧,皆以本秩居職。州任之重,自此而始。」此後州制逐漸趨於穩定,從而最終形成了三國時期州、郡、縣三級制政區。

三級政區之中州、縣變化均較穩定,而郡級政區變動最大,本書對州、郡、縣三級政區沿革均作精密考證;於諸縣沿革變化之中可見郡級政區之盈縮省廢,於諸郡沿革變化中亦可見州級政區之動態演變。

本書考證三國政區沿革時間分別爲:魏起始於黃初元年,〔註2〕終結於咸熙二年;蜀漢起始於章武元年,終結於炎興元年;吳起始於建安二十五年,〔註3〕終結於天紀四年。

第二節　三國州郡建置沿革概述

一、魏州郡建置沿革概述

西元 220 年曹丕篡漢,改年號爲黃初,至曹奐咸熙二年司馬炎以晉代魏,共經歷了四十六年。其間州級政區數目的變化很小,但歷來諸家各持己說、所見不一,今檢《魏志》卷十六《杜恕傳》所載杜恕太和中所上奏疏有言:「今荊、揚、青、徐、幽、并、雍、涼緣邊諸州皆有兵矣,其所恃內充府庫、外制四夷者,惟兗、豫、司、冀而已」,又《魏志》卷十四《蔣濟傳》所載蔣濟景初中所上奏疏云:「今雖有十二州,至於民數,不過漢時一大郡」,則曹魏時當有司隸、冀州、豫州、兗州、荊州、揚州、青州、徐州、幽州、并州、雍州、涼州等十二州;景元五年平蜀漢後,益州來屬,又置梁州(詳梁州考證),則增至十四州;吳氏《三國郡縣表附考證》卷一漏列益、梁二州,實誤。爲了將曹魏時期州郡變化的動態過程展現清楚,今依年代先後敘述州郡建置沿革的大要,詳細考證各見正文相關部分。對於曹魏王國相關問題的討論詳

且並不穩定,今暫不視其爲正式政區。

〔註2〕三國紀年與西曆紀年之對照,請參考附表《三國紀年中西對照表》(p5)。

〔註3〕今人高敏《讀長沙走馬樓簡牘劄記之一》(《鄭州大學學報》2000 年第三期)據《長沙走馬樓吳簡》和《建康實錄》,以爲孫權未奉曹魏黃初年號,而是仍用建安紀年,是也。

見附篇「三國政區地理叢考」之《曹魏封王史事考實》。

　　至建安末年曹魏所據地區已經大體穩定下來，曹丕篡漢後領有十二州。文帝延康元年於荊州置新城郡，黃初二年分司隸魏郡置陽平郡、廣平郡，於荊州復置魏興郡，於并州復置西河郡；三年分豫州汝南郡置汝陰郡，廢章陵郡；黃初中又於司隸置朝歌郡，旋廢，分豫州汝南郡、江夏郡置弋陽郡，分揚州廬江郡置安豐郡，分荊州南陽郡置義陽郡，領郡國八十九。

　　明帝曹叡太和二年於荊州置上庸、錫二郡；三年蜀漢諸葛亮北征，取魏雍州武都郡；青龍三年於并州復置朔方郡；景初二年司馬懿平公孫氏，遼東、玄菟、樂浪、帶方四郡來屬幽州；五年於幽州復置遼東屬國，後改名昌黎郡，領郡國九十六。

　　齊王曹芳正始元年廢荊州義陽郡，三年於司隸置滎陽郡，八年又於司隸增置平陽郡；嘉平時廢司隸滎陽郡、冀州章武郡、揚州安豐郡。高貴鄉公曹髦甘露年間弘農郡劃屬豫州，後復屬司隸；元帝曹奐景元時廢豫州汝陰郡、錫郡，景元末，平蜀漢，分蜀漢益州置梁州，廢東廣漢郡、陰平郡，武都郡回屬雍州，領州十四，領郡國一百一十二。

二、蜀漢州郡建置沿革概述

　　「（建安）十九年……（劉備）進圍成都，數十日（劉）璋出降……先主復領益州牧。」（《蜀志》卷二《先主傳》）從此劉氏據有巴蜀一隅。章武元年，劉備稱帝於成都，直至劉禪炎興元年降於曹魏，歷經四十三年。蜀漢惟有益州，劉備據蜀後便對屬郡進行了一些調整，十九年置汶山郡，改犍爲屬國都尉爲朱提郡；二十一年置涪陵郡，改巴東郡爲固陵郡；二十二年，置梓潼郡；二十三年，分巴郡置宕渠郡，旋廢；章武元年復固陵郡爲巴東郡，改蜀郡屬國爲漢嘉郡。劉禪建興二年改廣漢屬國爲陰平郡；建興三年諸葛亮平定南中四郡，分建寧、牂柯二郡置興古郡，分建寧、永昌、越嶲三郡置雲南郡，建寧、越嶲二郡歸化；延熙中，分犍爲郡置南廣郡，旋廢，延熙末復置宕渠郡，後省。炎興元年，劉禪降魏，有州一，郡二十二。

三、吳州郡建置沿革概述

　　漢末興平二年，孫策初定江東，此後孫權襲位，次第收服諸州。曹丕革漢改元黃初，孫權稱藩曹氏，但儼然一方之主，非爲臣屬，且仍建安紀年；

建安二十六年受魏文帝封爵爲吳王，二十七年陸遜大破劉備，後改元黃武，臨江拒守；黃武八年稱帝於武昌，改元黃龍，自此三國各自稱帝，鼎立之局正式形成；從曹丕稱帝至孫皓天紀四年降晉，孫氏長居江東，前後歷經近六十年，而自孫權稱帝至於國滅，亦有五十年，爲三國國祚最長者。

赤壁之戰後，孫氏、曹氏、劉氏三分荊州，江夏、桂陽、長沙三郡爲吳，南郡、襄陽、南鄉三郡爲魏，南郡、零陵、武陵以西爲蜀漢，而荊州之名南北雙立。是時孫權領揚、荊、交三州，領郡二十二，後劉氏分南郡立宜都郡，黃武元年陸遜大破劉備，宜都、武陵、零陵、南郡四郡之地悉入屬吳；二年遷都武昌，置武昌郡，旋廢；五年分交州置廣州，旋廢，又於揚州置東安郡，於荊州置臨賀郡，七年廢揚州東安郡；嘉禾三年於揚州置雲陽郡，旋廢，五年於揚州置毗陵典農都尉；赤烏五年，於交州置珠崖郡，赤烏中廢揚州廬江郡，領郡二十七，典農都尉一。

孫亮太平二年，於揚州置臨海郡、臨川郡，於荊州置衡陽郡、湘東郡，領郡三十一，典農都尉一。

孫休永安時於揚州置故鄣郡，三年於揚州置建安郡，於荊州置建平郡，於交州置合浦北部都尉；六年，於荊州置天門郡；七年，分交州再置廣州，領州四，領郡三十五，典農都尉一，合浦北部都尉一。

孫皓甘露元年於荊州置始興郡、始安郡；寶鼎元年，於揚州置東陽郡、吳興郡，於荊州置邵陵郡，二年於揚州置安成郡；建衡三年，於交州置新昌郡、武平郡，鳳凰三年於廣州置桂林郡，天紀二年後省日南郡置九德郡，天紀四年降晉。其中交州寧浦郡見廢，而確年乏考，則孫皓降晉時有州四，郡四十三，典農都尉一，合浦北部都尉一。《吳志》卷三《孫皓傳》引《晉陽秋》：「（王）濬收其圖籍，領州四，郡四十三」，郡數與上合，而兩都尉未計也。

第三節　復原三國政區的基礎和思路

較之於《兩漢書》，陳壽《三國志》惜無地理志，清人洪亮吉首撰《補三國疆域志》，其書大抵以《晉書·地理志》逆推三國政區情況，非但不明政區沿革之變，所考諸縣舛亂殊甚；後謝鍾英作《補三國疆域志補注》詳考諸書以匡補其錯訛，亦未稱賅備；集三國諸州郡縣考證之大成者，當推吳增僅，其所撰《三國郡縣表附考證》用表的形式將政區沿革的動態過程清晰的表現

出來，前列諸表、後附考證，體例完整、堪稱上乘，然其考證非爲精審，諸表錯訛亦是比比，清末楊守敬評此三家曰：「國朝洪亮吉《補疆域志》，大抵上承《續漢志》，下接《晉志》，揣度出之，而於本書紀、傳且多不照，滄州葉圭綬謂洪氏之書，想當然耳，非過論也；近日武進謝鍾英爲之補注，多所糾正，然沿訛者也不少；惟盱眙吳增僅《三國郡縣表》沿革粲然……惟間有遺漏，或舍古志而據方書」（《三國郡縣表補正・序》），楊氏遂作《三國郡縣表補正》，其所釐定，條目寥寥，吳氏考證錯訛處仍有十之八九未能補正；民國金兆豐又撰《校補三國疆域志》，簡同洪氏、疏漏彌多，殊欠後出轉精之旨；故而，有必要對三國諸州郡縣沿革重新進行全面的考證，需要提及的是，今人梁允麟著《三國地理志》（2004 年，廣東人民出版社），是書不但不符合歷史地理研究規範，存在著斷限不清、文獻不引、考證不確、體例不明等等問題，而且也毫無史學研究的最基本規範可言，故不加採納。〔註 4〕

　　沈約有云：「《三國》無志，事出帝紀，雖立郡時見，而置縣不書。今唯以《續漢郡國》校《太康地志》，參伍異同，用相徵驗」（《宋書・州郡志》），今《太康地志》早已亡佚（清人所刊輯本，非爲完帙，故未敢遽以爲是），保存西晉太康政區情況唯一完整的傳世文獻便是《晉書・地理志》，雖其舛亂殊甚、錯訛累累，亦聊勝於無，故今仿休文故例，亦以《續漢志・郡國志》校《晉書・地理志》。諸州轄郡演變情況例見各州之前言；諸郡歸屬情況例見各郡之按語；諸縣凡二志歸屬情況一致且其間變化又乏考者，均直錄於該郡之下，不出按語；凡二志歸屬有變化者、前志有後志無者、前志無後志有者，皆標出其於二志中之具體情況，且出按語詳考。

　　州、郡、縣可考治所的今地所在，皆加以說明。其方位主要依據《中國文物地圖集》已出諸冊著錄城址及《中國歷史地圖集・三國西晉分冊》，各處所注之「今地」，除徵引史籍、論著者保留原文以外，縣及縣以上單位以 2004 年底行政區劃爲準；〔註 5〕至於縣級以下的小地名，因資料所限，或有非 2004 年區劃狀況者。

　　考證的具體方法，以排比文獻直接記載材料爲主，所據文獻及相關版本，

〔註 4〕 參看拙文《近三百年三國西晉政區研究述評》，收入《漢唐地理志考校》，新
　　　　 世界出版社 2012 年版。
〔註 5〕 詳中華人民共和國民政部編《中華人民共和國行政區劃簡冊（2005 年版）》，
　　　　 中國地圖出版社 2000 年 5 月版。

詳文末所附參考文獻；以借助考古出土材料爲輔，例如：長沙走馬樓吳簡的出土對吳時期長沙郡諸縣沿革的考證有極大的輔助作用；以運用間接記載材料進行推斷爲補充，通過確定某些文獻的著寫年代或著者年代，來使用這些文獻進行考證，比如對《水經注》經文、《齊民要術》所引《廣志》、杜預《春秋經傳集解》、《史記集解》所引文穎注及《皇覽》、《尚書正義》所引王肅注等等的運用；以詳察地望以證歸屬爲幫助，例如，通過對《水經注》各河逕城的記載，來確定某縣與其他已經考實之縣的具體關係，從而提供判定此縣歸屬情況的依據。

歷代正史，凡有《地理志》者，其所載政區均非一朝經制，而是某一特定年代的切面，《晉志》政區的標準年代爲太康四年，〔註6〕《春秋經傳集解》杜預注所引政區及地名之標準年代爲太康元年。〔註7〕據畢沅考證《晉太康地志》所錄地志斷代年限爲太康三年，詳畢沅《晉太康三年地志王隱晉書地道記總序》（叢書集成本）。

對於前人所作研究，精彩確論之處，一併採納，並予以說明，而於其錯訛之所，亦明晰標出、不加諱婉。吳氏《表》、《考證》乃集前人研究之大成，故將其誤考之處悉數列出，於此可見彼我之不同，亦明前考之不竟，非敢以此自耀，實是體例使然。

附：本書徵引文獻簡稱說明

陳壽《三國志・魏志》：《魏志》〔註8〕

班固《漢書・地理志》：《漢志》

司馬彪《續漢書・郡國志》：《續漢志》

沈約《宋書・州郡志》：《宋志》

房玄齡《晉書・地理志》：《晉志》

魏收《魏書・地形志》：《後魏志》

〔註6〕詳拙文《〈晉書・地理志〉政區斷代考》，收入《漢唐地理志考校》，新世界出版社 2012 年版。

〔註7〕詳拙文《杜預〈春秋經傳集解〉所存太康地志輯考》，收入《漢唐地理志考校》，新世界出版社 2012 年版。

〔註8〕本書所引《三國志》底本除特別說明之外概爲盧弼《三國志集解》，標點由筆者酌加，其文字標點與通行本中華書局點校本《三國志》或有相異之處，特此說明。

李吉甫《元和郡縣志》：《元和志》

樂史《太平寰宇記》：《寰宇記》

吳增僅《三國郡縣表》：吳氏《表》

吳增僅《〈三國郡縣表〉考證》：吳氏《考證》

楊守敬《〈三國郡縣表〉補正》：楊氏《補正》

洪亮吉《補三國疆域志》：洪氏《補志》

謝鍾英《〈補三國疆域志〉補注》：謝氏《補注》

謝鍾英《三國疆域志疑》：謝氏《志疑》

金兆豐《校補三國疆域志》：金氏《校補》

盧弼《三國志集解》：盧氏《集解》

趙一清《三國志注補》：趙氏《注補》

司馬光《資治通鑒》：《通鑒》

顧祖禹《讀史方輿紀要》：《紀要》

錢大昕《廿二史考異》：錢氏《考異》

附表　三國紀年中西對照表

因本書涉及年代之處甚多，為了節省篇幅，不一一注明其西元紀年，茲總為一表，以為對照。

魏	文帝　曹丕	黃初（7）	220－226
	明帝　曹睿	太和（7）	227－233
		青龍（5）	233－237
		景初（3）	237－239
	齊王　曹芳	正始（10）	240－249
		嘉平（6）	249－254
	高貴鄉公　曹髦	正元（3）	254－256
		甘露（5）	256－260
	元帝　曹奐	景元（5）	260－264
		咸熙（2）	264－265
蜀漢	昭烈帝　劉備	章武（3）	221－223
	後主　劉禪	建興（15）	223－137
		延熙（20）	238－257
		景耀（6）	258－263
		炎興（1）	263

吳	大帝　孫權	黃武（8）	222－229〔註9〕
		黃龍（3）	229－331
		嘉禾（7）	232－238
		赤烏（14）	238－251
		太元（2）	251－252
		神鳳（1）	252
	會稽王　孫亮	建興（2）	252－253
		五鳳（3）	254－256
		太平（3）	256－258
	景帝　孫休	永安（7）	258－264
	末帝　孫皓	元興（2）	264－265
		甘露（2）	265－266
		寶鼎（4）	266－269
		建衡（3）	269－271
		鳳凰（3）	272－274
		天冊（2）	275－276
		天璽（1）	276
		天紀（4）	277－280

〔註 9〕 前揭高敏《讀長沙走馬樓簡牘箚記之一》一文依據出土吳簡，以爲建安二十
八年方改爲黃武元年，證據不足，吳簡中並無「建安二十八年」記載，又簡
「入吏番觀所備船師　建安廿七年折咸米四斛」（6-2277）與簡「其二斛八鬥
稅昭勉□□陳晉黃武元年米」（6-2278）前後相承，亦有可能是當年改元，即
建安二十七年即改爲黃武元年，不必隔年也，羅新《走馬樓吳簡中的建安紀
年簡問題》（《文物》2002 年第十期）一文亦以爲「建安廿七年和黃武元年，
事實上是同一年」。如此則高氏所推斷：「曹丕改延康爲黃初年號，在西元 221
年，而非 220 年。劉備稱帝於蜀在西元 222 年，而非 221 年。曹丕封孫權爲
吳王亦在西元 222 年，而非 221 年」難以成立，《三國志》紀年大抵不誤，《建
康實錄》卷 1《太祖紀》：「（建安）二十五年春正月，魏王曹操薨，太子丕即
帝位，改漢建安爲延康元年。……明年冬十月，曹丕代漢稱魏，號黃初元年，
而（孫）權江東猶稱建安。」所謂「明年冬十月」當爲「冬十月」之訛。較
之《三國志》所云曹丕改元黃初、劉備稱帝、曹丕封孫權爲吳王及孫權改黃
武年號等事件均推遲了一年。羅文以爲：「許嵩錯誤地把這幾年的時間多算了
一年，非常混亂」，是也。然羅文又據銅鏡銘文以爲孫吳曾奉黃初年號，則頗
值討論。今暫從李崇智《中國歷代年號考》所譜年曆。

第一章　魏政區沿革

第一節　司隸部沿革

司隸，治洛陽，在今河南洛陽市東北。吳氏《考證》卷一以爲：魏晉司隸通稱爲司州，故可與「司隸」互稱，而至晉太康元年始定名司州。是，從之，然今暫名之爲司隸。今檢《魏志》卷四《三少帝紀》：「（咸熙元年）……是歲，罷屯田官以均政役，諸典農皆爲太守，都尉皆爲令長。」又《魏志》卷五《后妃傳》：「景初元年……遷（毛）曾散騎常侍，後徙爲羽林虎賁中郎將、原武典農。」又《魏志》卷九《曹爽傳》：「（何）晏等專政，共分割洛陽、野王典農部桑田數百頃。」又《晉書》卷三十七有原武太守、野王太守之記載。吳氏據此，以爲其時增置原武、野王二郡。而查《晉書》卷五十七亦有洛陽太守之記載，聯繫到洛陽亦置典農，則按照吳氏思路，魏於咸熙元年又增置洛陽郡，然洛陽西晉時爲京畿所在，《晉志》屬河南郡，不當另立新郡，又吳氏《表》卷一所列原武、野王兩郡均無縣可考，《晉志》野王爲縣屬河內，原武《晉志》不載，據《後魏志》廣武郡條下「原武，二漢屬河南，晉罷。」故可推知《晉書》所謂太守似以太守領縣而非加太守者皆爲領郡，吳氏誤增，今不從。又據《通典》卷一百七十七《州郡七》：「後漢爲司隸，理洛陽……魏亦同……晉分置司州，領郡十一，理洛陽」，則魏時司隸當治洛陽。黃初元年，領河南、河東、河內、弘農、魏郡五郡。據《晉志》：「魏氏受禪，即都漢宮，司隸所部河南、河東、河內、弘農并冀州之平陽，合五郡，置司州。」其時魏郡屬司隸，前引《晉志》文誤，詳魏郡考證。平陽郡正始八年方置，《晉

志》亦誤，詳平陽郡考證。黃初二年，分魏郡置陽平郡、廣平郡，詳見陽平郡、廣平郡考證。黃初中，置朝歌郡，旋廢，詳見河內郡考證。正始三年，增置滎陽郡，嘉平初廢，領縣復屬河南郡，詳滎陽郡考證。正始八年，增置平陽郡，詳平陽郡考證。甘露年間，弘農郡劃屬豫州，後復屬司隸，詳弘農郡考證。

一、河南尹，治洛陽，領縣二十二，滎陽郡分置後，領縣十三。滎陽郡廢後，九縣復屬，領縣二十二。

按：據《後魏志》：「河南郡，秦置三川守，漢改爲河南郡。後漢、晉爲尹，後罷。」則魏時當爲河南尹。《續漢志》河南尹領二十一縣，魏時陸渾、陽翟來屬。又洪氏《補志》將陽城列入河南郡，謝氏《補注》非之，吳氏《表》卷一據《宋志》亦以陽城縣魏時屬河南郡，今檢《宋志》未見吳氏所據之文，惟有「陽城、緱氏縣，漢舊名，并屬河南。」《晉志》陽城屬河南，《宋志》似指入晉後的情況，而《續漢志》陽城屬潁川，魏時陽城的歸屬情況乏考，故洪氏《補志》欠妥，暫從謝氏。又《續漢志》有「平」縣，吳氏《表》卷一以地志無考，闕而不載，從之。正始三年，滎陽郡置，割去九縣，嘉平初復屬，詳下滎陽郡考證。據《續漢志》：「凡縣名先書者，郡治所也。」故《續漢志》各郡首縣爲該郡治所，今凡郡治失考者，若後漢時之治所仍屬原郡，則暫以其爲郡治。今檢《續漢志》河南郡治所爲洛陽，而洛陽魏時仍屬河南尹，則魏時河南尹之治所爲洛陽，在今河南洛陽市東北。下同此例者，皆不出按語。

1、洛陽

按：《續漢志》作「雒陽」屬，《晉志》屬。《寰宇記》卷三河南道河南府條：「魏受禪，都洛陽。」又《魏志》卷二《文帝紀》引《魏略》：「詔以漢火行也，火忌水，故『洛』去『水』而加『隹』。魏於行次爲土，土，水之牡也，水得土而乃流，土得水而柔，故除『隹』加『水』，變『雒』爲『洛』。」則魏時當作洛陽縣。治所在今河南洛陽市東北。

2、鞏

按：據《續漢志》、《晉志》：「鞏」皆屬河南，則其間似未改屬。下同此例者，皆不出按語。治所在今河南鞏義市西南。

3、河陰

按：《續漢志》作「平陰」屬，《晉志》屬。洪氏《補志》據《水經注》
卷四經文「（河水）又東過平陰縣北」、《晉書》「嘉平三年帝薨，葬
河陰」，以爲魏改「平陰」爲「河陰」。謝氏《補注》據《魏志》卷
九《夏侯惇傳》裴注引王沈《魏書》「（韓）浩舅杜陽爲河陰令，（董）
卓執之」，以爲「河陰」乃桓靈後所改，洪氏誤，盧氏《集解》、李
曉傑《東漢政區地理》第一章第一節是之。今查《魏志》卷六《董
卓傳》：「（董）卓遣疑兵若將於平陰渡者。」此與王沈《魏書》顯然
矛盾，又宋本《寰宇記》卷三河南道河南府洛陽縣條：「曹魏文帝改
平陰爲河陰。」如此確切的記載樂史必有所據，查《水經注》卷四
（凡未注明經文者，皆爲酈道元注文，下同）：「（平陰）魏文帝改曰
河陰。」《寰宇記》所載似原乎此，又《輿地廣記》卷五西京河南府
赤洛陽縣條：「有漢平陰縣故城，在縣北五十里，魏文帝改爲河陰。」
則確是魏文帝改「平陰」爲「河陰」。楊守敬《水經注疏》亦引王沈
《魏書》以爲東漢時已改河陰，卻未見《魏志》的另一條記載，殊
欠周密，盧氏《集解》引趙一清云：「杜陽爲令時不應有河陰之名，
蓋史家追改之」（今查趙氏《注補》，此語乃趙一清轉引於顧祖禹，
金氏《校補》亦引之）似更妥當，故今仍從洪氏，吳氏《表》卷一
亦同，《宋志》：「河陰子相，魏立」當爲「河陰子相，魏改名」。治
所在今河南孟津縣北。

4、成皋

按：治所在今河南榮陽市西。

5、緱氏

按：治所在今河南偃師市南。

6、新城

按：治所在今河南伊川縣西南。

7、偃師

按：《續漢志》屬，《晉志》無此縣。《寰宇記》卷五河南道河南府偃師縣
條：「偃師……晉併入洛陽。」《晉志》無，則當廢於晉初。治所在
今河南偃師市。

8、梁

按：治所在今河南汝陽縣臨汝鎮西。

9、新鄭

按：《續漢志》屬，《晉志》無此縣。吳氏《表》卷一引《寰宇記》以爲新鄭晉時省，今檢《寰宇記》未見引文。楊氏《補正》引《左傳·隱公十年》（按：當是《左傳·隱公十一年》）杜注有「今河南新鄭。」以爲西晉時河南尙有新鄭，是，則新鄭縣魏時當屬河南尹。治所在今河南新鄭市。

10、穀城

按：《續漢志》屬，《晉志》無此縣。《寰宇記》卷三河南道河南府條：「穀城……西晉省，併入河南。」《晉志》無，當廢於晉初。治所在今河南洛陽市西北。

11、陸渾

按：《續漢志》屬弘農郡，《晉志》屬。吳氏《表》卷一據《元和志》卷五河南府陸渾縣條以爲陸渾漢末屬河南郡，是。治所在今河南嵩縣東北。

12、陽翟

按：《續漢志》屬潁川，《晉志》屬。今檢《宋志》：「陽翟，魏晉屬河南。」則陽翟魏時確屬河南尹。治所在今河南禹州市。

13、滎陽

按：並此下八縣，正始三年屬滎陽郡，嘉平初復歸河南尹，詳滎陽郡考證。治所在今河南滎陽市東北。

14、卷

按：治所在今河南原陽縣西。

15、京

按：治所在今河南鄭州市西南。

16、密

按：治所在今河南新密市東南。

17、陽武

按：治所在今河南原陽縣東南。

18、苑陵

按：治所在今河南新鄭市東北。

19、中牟

按：《續漢志》、《晉志》皆屬。據《魏志》卷十九《曹彰傳》：「（黃初）三年立（曹彰）爲任城王，四年朝京都，疾，薨於邸……（曹彰）子（曹）楷嗣徙封中牟，五年改封任城縣，太和六年復改封任城國。」則黃初四年中牟縣爲王國，五年復爲縣。治所在今河南中牟縣。

20、開封

按：治所在今河南開封市北。

21、原武

按：《續漢志》屬，《晉志》無此縣。謝氏《補注》據《後魏志》「原武二漢屬河南，晉罷」，以爲魏時仍有原武縣且屬河南，是。正始三年移屬滎陽郡，嘉平初復還，詳滎陽郡原武縣考證，晉初見廢。治所在今河南原陽縣。

22、河南

按：吳氏《表》卷一據《洛陽志》言河南縣先廢後復，今《續漢志》、《晉志》河南郡均有河南縣，吳氏所言其他文獻無徵，故不從。治所在今河南洛陽市。

二、滎陽郡，治乏考，領縣九，嘉平初郡廢，諸縣復屬河南尹。

按：《續漢志》無此郡，正始三年，增置滎陽郡。《水經注》卷七：「魏正始三年，歲在甲子，被癸丑詔書，割河南郡自鞏、闕以東，創建滎陽郡」。《宋志》：「滎陽，晉武帝泰始元年，分河南立。」《晉志》、《寰宇記》卷五皆言滎陽郡置於泰始二年，吳氏《考證》卷一據《魏志》卷二十一以爲正始末仍有滎陽，且又據《魏志》卷四《三少帝紀》：「（齊王曹芳時）郡國縣道多所置省，俄或還復，不可勝紀」推論滎陽郡見廢於嘉平初年，楊氏《補正》引《晉書》卷四十一《魏舒傳》「遷宜陽、滎陽二郡太守」以爲晉文王時仍有滎陽郡，以爲滎陽郡終魏末廢，然其《水經注疏》則謂「蓋魏建郡旋廢而晉復置也」。今檢《元和志》卷五河南府條：「魏文帝受禪，亦都洛陽，陳留王以司

隸校尉所掌，置司州，領河南、河東、河內、弘農、平陽五郡。」則至遲景元后滎陽郡已廢，吳氏推論較爲合理，則滎陽郡乃於正始三年置，後於嘉平初廢，又於晉泰始初復置，金氏《校補》以爲「魏末又廢，晉初復置」近是，《宋志》不誤，《晉志》、《寰宇記》所言滎陽郡置於泰始二年當爲泰始元年，楊氏《補正》所據《晉書》魏舒本傳似誤。又吳氏《考證》卷一以滎陽等九縣皆在河南鞏縣之東，知魏立滎陽當盡有《晉志》所載八縣和原武一縣，是，從之。

1、滎陽

按：治所在今河南滎陽市東北。

2、京

按：治所在今河南鄭州市西南。

3、密

按：治所在今河南新密市東南。

4、卷

按：治所在今河南原陽縣西。

5、陽武

按：治所在今河南原陽縣東南。

6、苑陵

按：治所在今河南新鄭市東北。

7、中牟

按：治所在今河南中牟縣。

8、開封

按：治所在今河南開封市北。

9、原武

按：《續漢志》屬河南郡，《晉志》無此縣。吳氏《考證》卷一據地望以爲原武縣正始三年後移屬滎陽郡，《水經注》卷七「創建滎陽郡」條楊守敬注疏謂：「滎陽東北有原武縣，晉初省。似魏滎陽郡當領此九縣。」均是也，今從之，則原武縣正始三年移屬焉，嘉平初復還河南郡。治所在今河南原陽縣。

三、弘農郡，治弘農，領縣八。

按：據《晉志》：「魏氏受禪，即都漢宮，司隸所部河南、河東、河內、弘農并冀州之平陽，合五郡，置司州。」則魏代漢時弘農郡當屬司隸，又《水經注》卷四：「（柏谷）水出弘農縣南石隄山，山下有石隄祠銘云：『魏甘露四年，散騎常侍征南將軍豫州刺史領弘農太守南平公之所經建也』。」《水經注疏》：「守敬按：《歷代史表》，魏甘露四年，豫州刺史，前爲州太，後爲陳騫。太爲征東將軍，騫爲安東將軍，皆非征南將軍，亦不云領宏農太守，封南平公，疑此有訛文。」《水經注》所錄爲石銘記載，楊氏遽疑訛文所據不堅，又據《魏志》卷四《三少帝紀》：「自帝即位至於是歲（嘉平五年），郡國、縣道，多所置省，俄或還復，不可勝紀。」嘉平、甘露相去不遠，弘農郡似有「俄或還復」的可能，趙一清《注補》即據《水經注》所載之銘文以釋所謂「俄或還復」。」是，故不從楊說，而弘農郡還屬司隸確年乏考。《通典》卷一百七十七《州郡一》：「魏改爲恒農，避獻帝諱。晉復爲弘農郡。」據上所引銘文則其時當作「弘農」，且《魏志》中多有「弘農」，杜佑誤甚，中華書局標點本《通典》失校。治所在今河南靈寶市北。

1、弘農

按：《續漢志》、《晉志》皆屬。據《魏志》卷二十《曹幹傳》：「趙王（曹）幹……（建安二十二年）改封弘農侯，黃初二年進爵，徙封燕公。」則其建安二十二年爲侯國，黃初二年還國爲縣。治所在今河南靈寶市北。

2、陝

按:治所在今河南三門峽市。

3、黽池

按:治所在今河南洛寧縣西北。

4、宜陽

按:治所在今河南宜陽縣西。

5、華陰

按:治所在今陝西華陰市。

6、湖

按:治所在今河南靈寶市西。

7、盧氏

按:《續漢志》屬,《晉志》屬上洛郡。今檢《水經注》卷三十一經文:「淯水出弘農盧氏縣支離山。」據《四庫全書總目》卷六十九地理類二《水經注》條提要:「又《水經》作者,唐書題曰桑欽,然班固嘗引(桑)欽說,與此經文異,(酈)道元注亦引(桑)欽所作《地理志》,不曰《水經》。觀其涪水條中稱『廣漢』已爲『廣魏』,則決非漢時,鍾水條中稱『晉寧』仍曰『魏寧』,則未及晉代。推尋文句,大抵三國時人。」胡渭《禹貢錐指略例》以爲桑欽所撰當是《地理志》而非《水經》,今檢《說文解字》卷十一上引桑欽《水經》凡兩處:「桑欽云(濕水)出平原高唐」、「桑欽說汶水出泰山萊蕪西南入泲」,今本《水經注》經文皆無,故《水經注》經文非桑欽《水經》可知,則《水經注》經文作者當是三國時人,陳橋驛《酈學新論》(《文史哲》1987 年第五期)是之。故凡《水經注》經文所載皆可視爲三國時情況(下同),則魏時盧氏縣確屬弘農郡。又據《晉志》:「上洛郡,泰始二年,分京兆南部置。」而晉時盧氏縣屬上洛郡,則盧氏縣似後屬京兆郡,而確年乏考。治所在今河南盧氏縣。

8、新安

按:《續漢志》屬,《晉志》屬河南郡,吳氏《表》卷一據《宋志》所引《太康地志》以爲新安於太康時屬河東,並疑新安於魏時移屬河東郡。楊氏《補正》引《後魏志》認爲新安當屬河南,「東」爲「南」之訛,成孺《宋書州郡志校勘記》亦認爲新安當屬河南,中華書局校點本《宋書》據改,是。今檢《元和志》卷五河南道河南府新安縣條:「新安縣……本漢舊縣,屬弘農郡,晉改屬河南郡。」則「河東」確爲「河南」之訛。又《寰宇記》卷九十七江南東道衢州條引《輿地志》:「後漢獻帝初平三年分太末立新安縣,晉太康元年以弘農有新安改名爲信安。」據此晉太康元年新安縣仍屬弘農郡,其後新安縣方移屬河南郡,魏時新安確屬弘農,吳氏誤。治所在今河南澠池縣東。

四、河東郡，治安邑，領縣二十一；正始八年，平陽郡置，割去十縣，
　　領縣十一。

按：據《魏志》卷二十《曹霖傳》：「東海定王霖，黃初三年立爲河東王，
　　六年，改封館陶縣。」吳氏《表》卷一以爲河東郡黃初三年爲王國，
　　六年還國爲郡，是。正始八年，割十縣置平陽郡，詳平陽郡考證。
　　吳氏《表》卷一據《晉志》增「汾陽」，楊氏《補正》據《左傳·文
　　公六年》杜預注、《爾雅·釋水》郭璞注、《山海經·海內東經》郭
　　璞注認爲「汾陽」乃「汾陰」之訛，《晉志》誤，吳氏《表》卷一誤
　　增，是。治所在今山西夏縣西。

1、安邑
按：治所在今山西夏縣西。

2、聞喜
按：治所在今山西聞喜縣。

3、東垣
按：《續漢志》、《晉志》均作「垣」屬，吳氏《表》卷一作「垣」。楊氏
　　《補正》引《鄭氏佚書·尙書注》卷三、《周官義疏》卷三十三、《說
　　文》第十一、《續漢志》以及《魏志》卷十六「白騎攻東垣」以爲當
　　作「東垣」，是，中華書局標點本《晉書》仍作「垣」，失校。《通鑑》
　　卷六十四：「會白騎攻東垣」條胡注：「垣縣，屬河東郡，『東』字衍。」
　　謝氏《補注》以爲「『東』上脫『河』字。」均誤，不從。治所在今
　　山西垣曲縣東南。

4、汾陰
按：治所在今山西萬榮縣西南。

5、大陽
按：治所在今山西平陸縣。

6、猗氏
按：治所在今山西運城市西。

7、解
按：治所在今山西臨猗縣西南。

8、蒲坂

按：治所在今山西永濟市西。

9、河北

按：治所在今山西芮城縣西。

10、濩澤

按：治所在今山西陽城縣西北。

11、端氏

按：治所在今山西沁水縣東北。

12、平陽

按：並此下九縣，正始八年移屬平陽郡，詳平陽郡考證。治所在今山西
臨汾市西。

13、楊

按：治所在今山西洪洞縣東南。

14、永安

按：治所在今山西霍州市。

15、蒲子

按：治所在今山西隰縣。

16、襄陵

按：治所在今山西臨汾市東南。

17、絳邑

按：治所在今山西侯馬市東。

18、臨汾

按：治所在今山西臨汾市北。

19、北屈

按：治所在今山西吉縣北。

20、皮氏

按：治所在今山西河津市。

21、狐讘

按：《續漢志》無此縣，《晉志》屬平陽郡，據《元和志》卷十二河東道隰
州永和縣條：「永和縣……本漢狐讘縣屬河東郡，後漢省，魏初復置

狐讘縣，屬河東郡，魏廢。」則魏初置狐讘縣且屬河東郡，而始置確年乏考。又《晉志》「狐讘」屬平陽郡，則「狐讘」非廢於魏，《元和志》所謂「魏廢」似有誤，查《寰宇記》卷四十八河道慈州永和縣：「曹魏初別置狐讘縣，屬河東郡，後魏太延二年省。」則《元和志》所謂「魏廢」當爲「後魏廢」之訛，中華書局標點本《元和志》引《考證》以爲「魏」前脫「後」，是。「狐讘」終魏未廢，當於正始八年移屬平陽郡，詳平陽郡狐讘縣考證。治所在今山西永和縣西南。

五、平陽郡，治乏考，領十縣。

按：《續漢志》無此郡，據《魏志》卷四《三少帝紀》：「（正始）八年春二月朔……分河東之汾北十縣爲平陽郡。」則正始八年，增置平陽郡，《晉志》屬司州。而《後魏志》：「平陽郡，晉分河東置。」今據上引《魏志》及《宋志》「魏世分河東爲平陽郡」，則《後魏志》所謂「晉分河東置」顯誤，當爲「曹魏分河東置」，中華書局標點本《魏書》失校。吳氏據《紀要》以爲平陽郡治平陽，《紀要》不可爲據，故不從吳氏。楊氏《補正》據《水經注》卷六引《魏土地記》：「平陽郡，治楊縣。」認爲魏時平陽郡治楊縣，誤，今檢《水經注》卷九引《魏土地記》：「建興郡治陽阿縣。」魏時無建興郡，據《元和志》卷十五河東道澤州條：「後魏道武帝置建興郡。」則所謂《魏土地記》當是後魏時之《土地記》，楊氏望文生義，今不從。《晉志》領縣十二，洪氏《補志》是之，中有「端氏」、「濩澤」二縣。吳氏《考證》卷一以「端氏縣在沁水東，濩澤縣在沁水西，皆非汾北之地」駁之，是，從之。錢氏《考異》卷十五「徐邈傳」條據《魏志》卷二十七「文帝踐阼，歷譙相，平陽、安平太守」以爲魏文帝時已有平陽郡，謝氏《志疑》、盧氏《集解》認爲此處之「平陽」是「陽平」之訛，盧氏並引《魏志》卷二《文帝紀》：「（黃初）二年……以魏郡東部爲陽平郡」以證，此說近是，從之。

1、平陽

按：《續漢志》屬河東郡，《晉志》屬。據《元和志》卷十二河東道晉州臨汾縣條：「魏置平陽郡，平陽縣屬焉。」又《寰宇記》卷四十三河東道晉州臨汾縣條：「魏置平陽郡，平陽縣屬焉。」則其時平陽縣確

屬平陽郡。治所在今山西臨汾市西。

2、楊

按：《續漢志》屬河東郡，《晉志》屬。據《元和志》卷十二河東道晉州
洪洞縣條：「魏置平陽郡，楊縣屬焉。」又《寰宇記》卷四十三河東
道晉州洪洞縣條：「魏置平陽郡，楊縣屬焉。」則其時楊縣確屬平陽
郡。治所在今山西洪洞縣東南。

3、蒲子

按：《續漢志》屬河東郡，《晉志》屬。據《元和志》卷十二河東道隰州
隰川縣條：「魏少帝分河東置平陽郡，蒲子縣屬焉。」又《寰宇記》
卷四十八河東道隰州隰川縣條：「魏少帝分河東置平陽郡，蒲子縣屬
焉。」則其時蒲子縣確屬平陽郡。治所在今山西隰縣。

4、襄陵

按：《續漢志》屬河東郡，《晉志》屬。據《寰宇記》卷四十三河東道晉
州洪洞縣條：「魏正始八年分河東汾北置平陽郡以襄陵屬焉。」則其
時襄陵縣屬平陽郡。治所在今山西臨汾市東南。

5、永安

按：《續漢志》屬河東郡，《晉志》屬。據《寰宇記》卷四十三河東道晉
州霍邑縣條：「後漢順帝改彘縣為永安縣……魏分河東置平陽，縣又
屬焉。」則其時永安縣屬平陽郡。治所在今山西霍州市。

6、皮氏

按：《續漢志》屬河東郡，《晉志》屬。據《寰宇記》卷四十六河東道蒲
州龍門縣條：「皮氏縣……魏屬平陽。」又《輿地廣記》卷十三陝西
永興軍路上次府河中府次畿龍門縣條：「（皮氏）二漢屬河東郡，魏
晉屬平陽郡。」則其時皮氏縣確屬平陽郡。治所在今山西河津市。

7、臨汾

按：《續漢志》屬河東郡，《晉志》屬。據《寰宇記》卷四十七河東道絳
州正平縣條：「魏正始八年分河東之汾北置平陽郡，臨汾縣屬焉。」
則其時臨汾縣屬平陽郡。治所在今山西臨汾市北。

8、北屈

按：《續漢志》屬河東郡，《晉志》屬。據《寰宇記》卷四十八河東道慈

州條：「北屈縣……魏晉屬平陽郡。」則其時北屈縣屬平陽郡。治所在今山西吉縣北。

9、絳邑

按：《續漢志》屬河東郡，《晉志》屬。《晉志》屬平陽郡，吳氏《表》卷一據《平陽府志》以爲魏時絳邑屬平陽郡，從之。治所在今山西侯馬市東。

10、狐讘

按：《續漢志》無此縣，《晉志》屬。據河東郡狐讘縣考證，魏初置狐讘縣當屬河東郡，吳氏《表》卷一據地望及《平陽府志》以爲魏時狐讘屬平陽郡，從之。治所在今山西永和縣西南。

六、河內郡，治懷，領縣十四。

按：《續漢志》河內郡領縣十八，據《元和志》卷十六河北道衛州條：「黃初中，置朝歌郡屬冀州，晉武帝改朝歌爲汲郡，仍屬冀州。」又《晉志》：汲郡，泰始二年置，領縣六：朝歌、汲、共、獲嘉、修武、林慮。則西晉泰始時汲郡所領似即黃初中所置朝歌郡所領，故黃初後河內郡割去朝歌等六縣只領十二縣。謝氏《補注》引《水經注》卷九「（清水）又東，過汲縣北。縣故汲郡治，晉太康中立」以爲汲郡後立，非由朝歌改，又引《魏志》卷十一《張範傳》：「張範，字公議，河內修武人」、《魏志》卷二十三《楊俊傳》：「楊俊，字季才，河內獲嘉人」以爲朝歌置後不久即廢所轄六縣復歸河內郡，吳氏《考證》卷二以未見魏諸臣有守此郡者認爲朝歌旋立旋廢，今從之。似至晉時又以故屬朝歌郡之六縣置爲汲郡，故有《元和志》「改朝歌爲汲郡」之說。又《續漢志》所載：「蕩陰、朝歌、林慮」三縣，據《魏志》卷一《武帝紀》：「（建安十七年）割河內之蕩陰、朝歌、林慮，東郡之衛國、頓丘、東武陽、發干，鉅鹿之廮陶、曲周、南和，廣平之任城，趙之襄國、邯鄲、易陽以益魏郡。」則三縣均劃歸魏郡。據前揭汲郡後立，又據《宋志》：「朝歌，二漢屬河內，《晉太康地志》屬汲郡，晉武太康元年始立」，則朝歌郡廢後，朝歌縣無屬似亦廢，至晉太康元年復置且屬汲郡，吳氏《表》卷一誤列朝歌，今不從。朝歌郡廢後，林慮縣未廢又復屬河內郡，後屬汲郡。又吳氏《表》

卷一有陽樊縣，李曉傑《東漢政區地理》第一章第一節指出此乃吳氏誤讀原文，其時並無陽樊縣，是。又《續漢志》所載武德縣，據《魏志》卷二《文帝紀》爲侯國，魏時歸屬情況乏考，又《續漢志》所載波縣，魏時歸屬情況乏考，故從吳氏《表》卷一，闕而不載。

1、懷

按：治所在今河南武陟縣西北。

2、河陽

按：治所在今河南孟縣西。

3、軹

按：治所在今河南濟源市北。

4、沁水

按：治所在今河南濟源市東。

5、溫

按：治所在今河南孟縣東。

6、野王

按：治所在今河南沁陽市。

7、州

按：治所在今河南沁陽市東。

8、平皋

按：治所在今河南溫縣東。

9、山陽

按：治所在今河南焦作市東北。

10、修武

按：《續漢志》屬，《晉志》屬汲郡，據《晉志》：「汲郡，泰始二年置。」則修武縣泰始二年移屬汲郡，魏時確屬河內郡。治所在今河南獲嘉縣。

11、汲

按：《續漢志》屬，《晉志》屬汲郡，據《晉志》：「汲郡，泰始二年置。」則汲縣泰始二年移屬汲郡，魏時確屬河內郡。治所在今河南新鄉縣東北。

12、共

按：《續漢志》屬，《晉志》屬汲郡，據《晉志》：「汲郡，泰始二年置。」
則共縣泰始二年移屬汲郡，魏時確屬河內郡。治所在今河南輝縣市。

13、獲嘉

按：《續漢志》屬，《晉志》屬汲郡，據《晉志》：「汲郡，泰始二年置。」
則獲嘉縣泰始二年移屬汲郡，魏時確屬河內郡。治所在今河南新鄉
市西。

14、林慮

按：《續漢志》屬，《晉志》屬汲郡，建安十七年劃屬魏郡，黃初中復屬，
詳本郡考證，據《晉志》：「汲郡，泰始二年置。」則林慮縣泰始二
年移屬汲郡，魏時確屬河內郡。治所在今河南林州市。

七、魏郡，治鄴，黃初元年領縣二十八。黃初二年分置陽平郡、廣平郡，
領縣八。黃初中分置朝歌郡，領縣六。

按：吳氏《表》卷二將之列入冀州，不出考證，而《宋志》明載：「魏郡太
守……二漢屬冀州，魏、晉屬司隸。」洪氏《補志》據《晉志》及《元
和志》駁之，今查《晉志》魏郡實屬司州，洪氏此據誤甚。而《元
和志》卷五河南府條：「魏文帝受禪，亦都洛陽，陳留王以司隸校尉所
掌，置司州，領河南、河東、河內、弘農、平陽五郡。」在未有堅據
的情況下不當以唐人李吉甫所撰之《元和志》以疑南朝梁沈約所撰之
《宋志》，故不從洪氏、吳氏，《中國歷史地圖集‧三國圖組》亦將魏
郡畫入冀州，亦誤。《續漢志》魏郡領縣十五，又《魏志》卷一《武
帝紀》：「（建安十七年）割河內之蕩陰、朝歌、林慮，東郡之衛國、
頓丘、東武陽、發干，鉅鹿之廮陶、曲周、南和，廣平之任城（錢氏
《考異》卷十五以爲「廣平之任城」當爲「廣平、任。」是，詳廣平
郡考證），趙之襄國、邯鄲、易陽，以益魏郡……（建安十八年）分
魏郡爲東、西部，置都尉。」則魏初魏郡領縣三十，盧氏《集解》以
爲魏郡地既廣大故分爲東西部也，是。《續漢志》有梁期縣，據《水
經注》卷十酈道元引應劭《地理風俗記》：「鄴北五十里有梁期城，故
縣也。」楊守敬據此以爲梁期後漢末已廢，今遍查文獻梁期縣乏考，
則楊說是也，從之。據上引《魏志》卷一《武帝紀》廮陶縣建安十七

年來屬，遍查文獻魏時廮陶情況乏考，今查《後魏志》：「廮陶，二漢、晉屬（鉅鹿郡），治廮陶城。」《晉志》廮陶屬鉅鹿，《輿地廣記》卷十二河北西路下望趙州望寧晉縣條：「寧晉縣，本廮陶縣地，漢屬鉅鹿郡，後漢、晉、元魏爲郡，治焉。」據此廮陶似來屬後旋還，吳氏《表》卷二將之列入冀州鉅鹿郡，《中國歷史地圖集‧三國圖組》將之畫入鉅鹿郡，均是也，而確年無考，李曉傑《東漢政區地理》第五章第二節據廮陶地望以爲魏郡西部都尉地，然既是魏郡西部都尉地，據《魏志》卷二《文帝紀》則當爲廣平郡，而李氏又以吳氏未劃廮陶縣入廣平郡爲然，前後矛盾，似誤。則黃初時魏郡可考領縣二十八。又《魏志》卷二《文帝紀》：「（黃初二年）以魏郡東部爲陽平郡，西部爲廣平郡。」則魏郡領縣復減爲八縣，詳見陽平郡、廣平郡考證。朝歌郡置後惟朝歌、林慮割出，則魏郡領縣減爲六縣，詳見河內郡考證。吳氏《表》卷二據《晉書‧宗室傳》司馬孚有進封長樂侯事，故魏末有長樂縣，今檢《元和志》卷十六河北道相州內黃縣條：「堯城縣，本漢內黃縣地，晉於此置長樂縣。」則西晉時分內黃置長樂縣，曹魏時無長樂縣，吳氏誤，《中國歷史地圖集‧三國圖組》與吳氏同，亦誤。又《中國歷史地圖集‧三國圖組》魏郡列有安陽縣，不知何據，今檢《元和志》卷十六河北道相州安陽縣條：「漢初廢，以其地屬湯陰縣。晉於今理西南三里置安陽縣，屬魏郡。」則西晉分蕩陰置安陽縣。《地圖集》誤繪，明矣。治所在今河北磁縣北。

1、鄴

按：治所在今河北磁縣北。

2、魏

按：治所在今河北大名縣西。

3、斥丘

按：治所在今河北臨漳縣東。

4、內黃

按：治所在今河南內黃縣西。

5、黎陽

按：治所在今河南濬縣。

6、蕩陰

按：《續漢志》屬河內郡，《晉志》屬。建安十七年來屬，詳河內郡考證。
治所在今河北蕩陰縣。

7、朝歌

按：《續漢志》屬河內郡，《晉志》屬。建安十七年來屬，黃初中割屬朝
歌郡，詳河內郡考證。治所在今河南淇縣。

8、林慮

按：《續漢志》屬河內郡，《晉志》屬汲郡，建安十七年來屬，黃初中割
屬朝歌郡，詳河內郡考證。治所在今河南林州市。

9、館陶

按：《續漢志》屬，《晉志》屬陽平郡，黃初二年屬陽平郡，詳陽平郡考
證。治所在今河北館陶縣。

10、元城

按：《續漢志》屬，《晉志》屬陽平郡，黃初二年屬陽平郡，詳陽平郡考
證。治所在今河北大名縣東。

11、清淵

按：《續漢志》屬，《晉志》作「清泉」屬陽平郡，黃初二年屬陽平郡，
詳陽平郡考證。治所在今河北館陶縣北。

12、衛

按：《續漢志》屬東郡，《晉志》屬頓丘郡，建安十七年來屬，黃初二年
屬陽平郡，詳陽平郡考證，據《晉志》頓丘郡泰始二年置，則衛縣
泰始二年移屬頓丘郡。治所在今河南清豐縣。

13、頓丘

按：《續漢志》屬東郡，《晉志》屬頓丘郡，建安十七年來屬，黃初二年
屬陽平郡，詳陽平郡考證，據《晉志》頓丘郡泰始二年置，則頓丘
縣泰始二年移屬頓丘郡。治所在今河南內黃縣南。

14、繁陽

按：《續漢志》屬東郡，《晉志》屬頓丘郡，黃初二年屬陽平郡，詳陽平
郡考證，據《晉志》頓丘郡泰始二年置，則繁陽縣泰始二年移屬頓
丘郡。治所在今河南內黃縣北。

15、陰安

按：《續漢志》屬東郡，《晉志》屬頓丘郡，黃初二年屬陽平郡，詳陽平郡考證，據《晉志》頓丘郡泰始二年置，則陰安縣泰始二年移屬頓丘郡。治所在今河南清豐縣北。

16、東武陽

按：《續漢志》屬東郡，《晉志》屬陽平郡，建安十七年來屬，黃初二年屬陽平郡，詳陽平郡考證。治所在今山東莘縣南。

17、發干

按：《續漢志》屬東郡，《晉志》屬陽平郡，建安十七年來屬，黃初二年屬陽平郡，詳陽平郡考證。治所在今河北冠縣東。

18、曲梁

按：《續漢志》屬，《晉志》屬廣平郡，黃初二年屬廣平郡，詳廣平郡考證。治所在今河北曲周縣西北。

19、平恩

按：《續漢志》屬，《晉志》屬廣平郡，黃初二年屬廣平郡，詳廣平郡考證。治所在今河北丘縣北。

20、武安

按：《續漢志》屬，《晉志》屬廣平郡，黃初二年屬廣平郡，詳廣平郡考證。治所在今河北武安市。

21、南和

按：《續漢志》屬鉅鹿郡，《晉志》屬廣平郡，建安十七年來屬，黃初二年屬廣平郡，詳廣平郡考證。治所在今河北南和縣。

22、廣平

按：《續漢志》屬鉅鹿郡，《晉志》屬廣平郡，建安十七年來屬，黃初二年屬廣平郡，詳廣平郡考證。治所在今河北曲周縣北。

23、任

按：《續漢志》屬鉅鹿郡，《晉志》屬廣平郡，建安十七年來屬，黃初二年屬廣平郡，詳廣平郡考證。治所在今河北任縣東。

24、邯鄲

按：《續漢志》屬趙國，《晉志》屬廣平郡，建安十七年來屬，黃初二年屬廣平郡，詳廣平郡考證。治所在今河北邯鄲市。

25、易陽

按：《續漢志》屬趙國，《晉志》屬廣平郡，建安十七年來屬，黃初二年屬廣平郡，詳廣平郡考證。治所在今河北邯鄲市東北。

26、襄國

按：《續漢志》屬趙國，《晉志》屬廣平郡，建安十七年來屬，黃初二年屬廣平郡，詳廣平郡考證。治所在今河北邢臺市。

27、涉

按：《續漢志》作「沙」屬，《晉志》屬廣平郡，黃初二年似屬廣平郡，詳廣平郡考證。治所在今河北涉縣。

28、曲周

按：《續漢志》屬鉅鹿郡，《晉志》無此縣。建安十七年來屬，據地望後屬廣平郡，詳廣平郡考證。治所在今河北曲周縣東北。

八、陽平郡，治館陶，黃初二年分魏郡置，領縣九，陽平、樂平二縣歸屬時間不明，總領十一縣。

按：《續漢志》無此郡，據《魏志》卷一《武帝紀》：「（建安十八年）分魏郡為東、西部，置都尉。」《魏志》卷二《文帝紀》：「（黃初二年）以魏郡東部為陽平郡，西部為廣平郡。」則陽平郡黃初二年以魏郡東部都尉置。據《後魏志》：「陽平郡，魏文帝黃初二年分魏置，治館陶城。」《水經注》卷九「（館陶）縣即《春秋》所謂冠氏也，魏屬陽平郡治也。」則陽平郡確治館陶，而《晉志》陽平郡首列元城縣，《元和志》卷十六河北道魏州元城縣條：「（魏）於此置陽平郡。」則平陽郡又似治元城，北魏酈道元所撰之《水經注》、北齊魏收所撰之《魏書》均早於初唐官修《晉書》及唐人李吉甫所撰《元和志》，且《後魏志》、《水經注》明確說明陽平郡治館陶縣，而《晉志》、《元和志》都未如此明確的說明，故從《後魏志》、《水經注》。又據《魏志》卷一《武帝紀》：「（建安十七年）割河內之蕩陰、朝歌、林慮，東郡之衛國、頓丘、東武陽、發干，鉅鹿之廮陶、曲周、南和，廣平之任城，趙之襄國、邯鄲、易陽，以益魏郡。」《魏志》卷二《文

帝紀》：「（黃初二年）以魏郡東部爲陽平郡，西部爲廣平郡。」及《魏志》卷十七《樂進傳》：「樂進字文謙，陽平衛國人也。」又《宋志》：「頓丘令，二漢屬東郡，魏屬陽平。」可知衛國、頓丘建安十七年後屬魏郡，黃初二年割屬陽平郡。又衛國、頓丘，《晉志》均屬頓丘郡，《晉志》：「晉……廢東郡立頓丘」、「頓丘郡泰始二年置。」而《宋志》：「頓丘令，二漢屬東郡，魏屬陽平，晉武帝泰始二年，分淮陽置頓丘郡，頓丘縣又屬焉。」今查《續漢志》：「陳國，高帝置爲淮陽，章和二年改（陳國）。」《晉志》：「後漢章帝改淮陽曰陳郡。」則魏時無淮陽郡，且《晉志》頓丘郡所領衛國、頓丘二縣魏時均屬陽平郡，故《宋志》所謂「分淮陽置頓丘郡」似爲「分陽平置頓丘郡」之訛，如此《晉志》頓丘郡所領衛國、頓丘、繁陽、陰安四縣皆從陽平郡割出，《晉志》所謂「廢東郡立頓丘。」則誤甚。洪氏《補志》、吳氏《表》卷二以爲魏郡屬冀州，故將之列入冀州，皆誤，今不從。治所在今河北館陶縣。

1、館陶

按：《續漢志》屬魏郡，《晉志》屬。據《魏志》卷二《文帝紀》：「（黃初二年）以魏郡東部爲陽平郡，西部爲廣平郡。」又《元和志》卷十六河北道魏州館陶縣條：「館陶縣……漢屬魏郡，魏文帝改屬陽平郡。」則館陶縣確是黃初二年由魏郡割屬陽平郡。又《魏志》卷二十《曹霖傳》：「東海定王（曹）霖，黃初三年立爲河東王，六年，改封館陶縣……太和六年，改封東海。」則館陶從黃初六年至太和六年爲王國。治所在今河北館陶縣。

2、元城

按：《續漢志》屬魏郡，《晉志》屬。據《魏志》卷二《文帝紀》：「（黃初二年）以魏郡東部爲陽平郡，西部爲廣平郡。」又《元和志》卷十六河北道魏州元城縣條：「元城縣……魏黃初二年（中華書局標點本作「黃初三年」，其標點底本爲清光緒六年金陵書局刊本，其校勘記引岱南閣本、畿輔本《元和志》作「黃初二年」以疑之，是，今查殿本《元和志》亦作「黃初三年」當誤），於此置陽平郡。」則元城縣確是黃初二年由魏郡割屬陽平郡。又《魏志》卷二十《曹禮傳》：「元城哀王（曹）禮……（黃初）六年，改封元城王，太和三年薨。」

則元城從黃初六年至太和三年爲王國。治所在今河北大名縣東。

3、陽平

按：《續漢志》屬東郡，《晉志》屬。《元和志》卷十六河北道魏州莘縣條：
「莘縣，本衛地，漢爲陽平縣，屬東郡，魏改屬陽平郡。」則魏時
陽平縣確屬陽平郡。又《魏志》卷二十《曹蕤傳》：「北海悼王（曹）
蕤，黃初七年明帝即位，立爲陽平縣王，太和六年改封北海。」則
陽平從黃初七年至太和六年爲王國。治所在今山東莘縣。

4、樂平

按：《續漢志》屬東郡，《晉志》屬。而《宋志》徐州刺史鍾離太守樂平
令條：「樂平令，前漢曰清，屬東郡，章帝更名，《晉太康地志》無。」
《宋志》兗州刺史陽平太守樂平令條：「樂平令，魏立，屬陽平。後
漢東郡有樂平，非也。」又《後魏志》：「樂平，二漢屬東郡，晉屬
（陽平郡）。」則沈約所謂「樂平令，魏立」及「後漢東郡有樂平，
非也」似均非也，今檢宋本《春秋經傳集解・成公十七年》傳文「告
難於晉，待命於清」杜預注：「清，陽平樂縣。」此樂縣當爲樂平縣
之訛，則太康元年仍有樂平縣且屬陽平郡，與《晉志》合，《宋志》
所謂「《晉太康地志》無。」則樂平縣當見廢於太康元年後太康三年
前，魏時其應屬陽平郡。治所在今河北冠縣東。

5、清淵

按：《續漢志》屬魏郡，《晉志》屬（《晉志》作「清泉」。錢氏《考異》
卷十九以爲「清泉」本「清淵」，避唐諱改，是）。今遍查文獻清淵
魏時歸屬情況無考，然其地魏時似不當見廢，故暫將之列入。治所
在今河北館陶縣北。

6、衛

按：《續漢志》屬東郡，《晉志》屬頓丘郡，魏時屬陽平郡，詳本郡考證。
治所在今河南清豐縣。

7、頓丘

按：《續漢志》屬東郡，《晉志》屬頓丘郡，魏時屬陽平郡，詳本郡考證。
治所在今河南內黃縣南。

8.繁陽

按：《續漢志》屬魏郡，《晉志》屬頓丘郡，魏時屬陽平郡，詳本郡考證，
吳氏《表》卷二將之列入魏郡，不出考證，今不從。治所在今河南
內黃縣北。

9、陰安

按：《續漢志》屬魏郡，《晉志》屬頓丘郡，魏時屬陽平郡，詳本郡考證，
吳氏《表》卷二將之列入魏郡，不出考證，今不從。治所在今河南
清豐縣北。

10、東武陽

按：《續漢志》屬東郡，《晉志》屬。據《魏志》卷一《武帝紀》：「（建安
十七年）割河內之蕩陰、朝歌、林慮，東郡之衛國、頓丘、東武陽、
發干，鉅鹿之廮陶、曲周、南和，廣平之任城，趙之襄國、邯鄲、
易陽，以益魏郡。」《魏志》卷二《文帝紀》：「（黃初二年）以魏郡
東部爲陽平郡，西部爲廣平郡。」又《輿地廣記》卷十河北東路北
輔開德府畿朝城縣條：「朝城縣，本二漢東武陽縣屬東郡……魏、晉
屬陽平郡。」則東武陽縣建安十七年割屬魏郡，黃初二年割屬陽平
郡。治所在今山東莘縣南。

11、發干

按：《續漢志》屬東郡，《晉志》屬。據《魏志》卷一《武帝紀》：「（建安十
七年）割河內之蕩陰、朝歌、林慮，東郡之衛國、頓丘、東武陽、發
干，鉅鹿之廮陶、曲周、南和，廣平之任城，趙之襄國、邯鄲、易陽，
以益魏郡。」《魏志》卷二《文帝紀》：「（黃初二年）以魏郡東部爲陽
平郡，西部爲廣平郡。」又《晉志》發干屬陽平郡，則發干縣似建安
十七年割屬魏郡，黃初二年割屬陽平郡。治所在今河北冠縣東。

九、廣平郡，治曲梁，黃初二年分魏郡置，領縣十三，黃初三年分武安
縣置臨水縣，領縣十四，又有斥漳、列人二縣歸屬確年不明，總領
十六縣。

按：《續漢志》無此郡，據《魏志》卷一《武帝紀》：「（建安十八年）分
魏郡爲東、西部，置都尉。」《魏志》卷二《文帝紀》：「（黃初二年）
以魏郡東部爲陽平郡，西部爲廣平郡。」則廣平郡黃初二年以魏郡
西部都尉置。據《後魏志》：「廣平郡……魏文帝黃初二年復，改治

曲梁城。」則廣平治曲梁。又《魏志》卷一《武帝紀》：「（建安十七年）割河內之蕩陰、朝歌、林慮，東郡之衛國、頓丘、東武陽、發干，鉅鹿之廮陶、曲周、南和，廣平之任城，趙之襄國、邯鄲、易陽，以益魏郡。」則廣平郡似建安時已立，錢氏《考異》卷十五據《魏志》、《獻帝起居注》以爲廣平郡此時未置，「廣平之任城」當爲「廣平、任」之訛。今檢《續漢志》魏郡條劉昭注引《魏志》：「建安十七年，割河內之蕩陰、朝歌、林慮，東郡之衛國、頓丘、東武陽、發干，鉅鹿之廮陶、曲周、南和、廣平、任，趙之襄國、邯鄲、易陽，以益魏郡。」則南朝時人劉昭所見《魏志》文不誤，今通行本「廣平之任城」確爲「廣平、任城」之訛。據《魏志》卷二十《曹儼傳》：「清河悼王（曹）貢，黃初三年封，四年薨，無子，國除，。」則廣平郡黃初三年至四年爲王國。治所爲在今河北曲周縣西南。

1、曲梁

按：《續漢志》屬魏郡，《晉志》屬。據《魏志》卷二《文帝紀》：「（黃初二年）以魏郡東部爲陽平郡，西部爲廣平郡」、《輿地廣記》卷十一河北西路望洺州上永年縣條：「永年縣，本曲梁……魏、晉屬廣平郡。」曲梁又爲廣平郡治所，則曲梁縣原屬魏郡，黃初二年割屬廣平郡。治所在今河北曲周縣西南。

2、平恩

按：《續漢志》屬魏郡，《晉志》屬。據《寰宇記》卷五十八河北道貝州曲周縣條：「平恩縣……魏屬廣平郡。」又《魏志》卷二《文帝紀》：「（黃初二年）以魏郡東部爲陽平郡，西部爲廣平郡。」則平恩縣於黃初二年割屬廣平郡。治所在今河北丘縣北。

3、武安

按：《續漢志》屬魏郡，《晉志》屬。據《元和志》卷十五河東道磁州武安縣條：「武安縣……魏屬廣平郡。」又《魏志》卷二《文帝紀》：「（黃初二年）以魏郡東部爲陽平郡，西部爲廣平郡。」則武安縣於黃初二年割屬廣平郡。又《魏志》卷九《曹爽傳》：「齊王即位，加（曹）爽侍中，改封武安侯。」其後曹爽敗除侯，則武安自正始元年至嘉平元年爲侯國。治所在今河北武安市。

4、臨水

按：《續漢志》無此縣，《晉志》屬。據《元和志》卷十五河東道磁州滏
陽縣條：「滏陽縣，本漢武安縣之地，魏黃初三年分武安立臨水縣屬
廣平郡。」則臨水縣於黃初三年置，屬廣平郡。治所在今河北磁縣。

5、邯鄲

按：《續漢志》屬趙國，《晉志》屬。據《元和志》卷十五河東道磁州邯
鄲縣條：「邯鄲縣……魏以爲縣（中華書局標點本校勘記引清人張駒
賢《考證》以爲宜作「漢以爲縣」，是），屬廣平郡。」又《魏志》
卷一《武帝紀》：「（建安十七年）割河內之蕩陰、朝歌、林慮，東郡
之衛國、頓丘、東武陽、發干，鉅鹿之廮陶、曲周、南和，廣平之
任城，趙之襄國、邯鄲、易陽，以益魏郡。」《魏志》卷二《文帝紀》：
「（黃初二年）以魏郡東部爲陽平郡，西部爲廣平郡。」則邯鄲於建
安十七年割屬魏郡，黃初二年割屬廣平郡。治所在今河北邯鄲市。

6、肥鄉

按：《續漢志》無此縣，《晉志》屬。據《元和志》卷十五河東道洺州肥
鄉縣條：「肥鄉縣……魏黃初二年分邯鄲、列人等縣立肥鄉，屬廣平
郡。」則肥鄉縣於黃初二年置，屬廣平郡。治所在今河北肥鄉縣南。

7、斥漳

按：《續漢志》屬鉅鹿郡，《晉志》屬。據《輿地廣記》卷十一河北西路
望洺州上曲周縣條：「洺水鎮本漢斥漳縣……魏、晉屬廣平郡。」則
斥漳魏時屬廣平郡。治所在今河北曲周縣北。

8、廣平

按：《續漢志》屬鉅鹿郡，《晉志》屬。又《魏志》卷一《武帝紀》：「（建
安十七年）割河內之蕩陰、朝歌、林慮，東郡之衛國、頓丘、東武
陽、發干，鉅鹿之廮陶、曲周、南和，廣平之任城，趙之襄國、邯
鄲、易陽，以益魏郡。」《魏志》卷二《文帝紀》：「（黃初二年）以
魏郡東部爲陽平郡，西部爲廣平郡。」錢氏《考異》卷十五據《魏
志》、《獻帝起居注》以爲「廣平之任城」當爲「廣平、任」之訛，
是。魏時廣平歸屬情況文獻無徵，今據《宋志》：「廣平令……《晉
太康地志》屬廣平。」《後魏志》：「（廣平縣）晉屬（廣平郡），後罷。」

《晉志》屬。則廣平縣於建安十七年割屬魏郡，入晉後屬廣平郡，魏時似未廢屬魏郡，黃初二年似割屬廣平郡，今暫將之列入廣平郡。治所在今河北曲周縣北。

9、任

按：《續漢志》屬鉅鹿郡，《晉志》屬。又《魏志》卷一《武帝紀》：「（建安十七年）割河內之蕩陰、朝歌、林慮，東郡之衛國、頓丘、東武陽、發干，鉅鹿之廮陶、曲周、南和，廣平之任城，趙之襄國、邯鄲、易陽，以益魏郡。」《魏志》卷二《文帝紀》：「（黃初二年）以魏郡東部爲陽平郡，西部爲廣平郡。」錢氏《考異》卷十五據《魏志》、《獻帝起居注》以爲「廣平之任城」當爲「廣平、任」之訛，是。楊氏《補正》據《魏志‧管寧傳》以爲任屬廣平郡，是，故任縣建安十七年屬魏郡，黃初二年割屬廣平郡。治所在今河北任縣東。

10、易陽

按：《續漢志》屬趙國，《晉志》屬。又《魏志》卷一《武帝紀》：「（建安十七年）割河內之蕩陰、朝歌、林慮，東郡之衛國、頓丘、東武陽、發干，鉅鹿之廮陶、曲周、南和，廣平之任城，趙之襄國、邯鄲、易陽，以益魏郡。」，則易陽縣於建安十七年割屬魏郡，《魏志》卷二《文帝紀》：「（黃初二年）以魏郡東部爲陽平郡，西部爲廣平郡。」據易陽縣地望，其屬魏郡西部，則黃初二年似割屬廣平郡，又據《宋志》：「易陽……《晉太康地志》屬廣平。」《後魏志》：「（易陽縣）晉屬廣平。」《晉志》屬。則易陽縣入晉後仍屬廣平郡。治所在今河北邯鄲市東北。

11、襄國

按：《續漢志》屬趙國，《晉志》屬。又《魏志》卷一《武帝紀》：「（建安十七年）割河內之蕩陰、朝歌、林慮，東郡之衛國、頓丘、東武陽、發干，鉅鹿之廮陶、曲周、南和，廣平之任城，趙之襄國、邯鄲、易陽，以益魏郡。」則襄國縣於建安十七年割屬魏郡，《魏志》卷二《文帝紀》：「（黃初二年）以魏郡東部爲陽平郡，西部爲廣平郡。」據襄國縣地望，其屬魏郡西部，則黃初二年似割屬廣平郡，又據《後魏志》：「（襄國縣）晉屬（廣平郡）。」《晉志》屬。則襄國縣入晉後仍屬廣平郡。治所在今河北邢臺市。

12、南和

按：《續漢志》屬鉅鹿，《晉志》屬。又《魏志》卷一《武帝紀》：「（建安十七年）割河內之蕩陰、朝歌、林慮，東郡之衛國、頓丘、東武陽、發干，鉅鹿之廮陶、曲周、南和，廣平之任城，趙之襄國、邯鄲、易陽，以益魏郡。」則南和縣於建安十七年割屬魏郡，《魏志》卷二《文帝紀》：「（黃初二年）以魏郡東部爲陽平郡，西部爲廣平郡。」據南和縣地望，其屬魏郡西部，則黃初二年似割屬廣平郡，又《後魏志》：「（南和縣）晉屬（廣平郡）。」《晉志》屬。則南和縣入晉後仍屬廣平郡。治所在今河北南和縣。

13、涉

按：《漢志》作「沙」，《續漢志》亦作「沙」（楊氏《補正》據《水經注‧清漳水》、《漢書‧王子侯表》以爲「沙」當作「涉」，乃形近致誤，是，王先謙《漢書補注》所見同之）屬魏郡，《晉志》屬。又《魏志》卷二《文帝紀》：「（黃初二年）以魏郡東部爲陽平郡，西部爲廣平郡。」據《中國歷史地圖集‧三國圖組》魏時涉縣地望在上考諸縣之西，若未廢則當屬廣平郡。又據《輿地廣記》卷十八河東路上大都督府潞州中下涉縣條：「涉縣，二漢屬魏郡，晉屬廣平郡。」《晉志》確屬焉，則涉縣魏時似未廢，黃初二年似於割屬廣平郡。治所在今河北涉縣。

14、曲周

按：《續漢志》屬鉅鹿郡，《晉志》無此縣。據《魏書》卷一：「（建安十七年）割河內之蕩陰、朝歌、林慮，東郡之衛國、頓丘、東武陽、發干，鉅鹿之廮陶、曲周、南和，廣平之任城，趙之襄國、邯鄲、易陽，以益魏郡。」則其建安十七年割屬魏郡，又《元和志》卷十五河東道洺州曲周縣條：「曲周縣……後漢屬鉅鹿郡，魏屬魏郡。」今查《水經注》卷十經文「（濁漳水）又東北過斥漳縣南，又東北過曲周縣東。」則曲周縣與魏郡間隔斥漳縣，斥漳縣既屬廣平郡，曲周縣亦然，汪士鐸《水經注圖‧清淇蕩洹濁漳清湛圖》繪製明瞭，可參，《中國歷史地圖集‧三國圖組》將曲周縣畫入廣平郡，是。故曲周縣建安十七年屬魏郡，《元和志》據此而錄，黃初二年當割屬廣平郡，《輿地廣記》卷十一河北西路望洺州上曲周縣條：「漢武帝建元四年置，屬廣平國，東漢屬鉅鹿郡，晉省之。」則晉初省曲周縣。

治所在今河北曲周縣東北。

15、列人

按：《續漢志》屬鉅鹿郡，《晉志》屬。今查《水經注》卷十經文「（濁漳水）又東過列人縣南，又東北過斥漳縣南。」則列人在斥漳縣西南，又酈道元「又東過列人縣」注文曰：「（白渠）又東逕肥鄉縣故城北……《地理志》曰：『白渠東至列人入漳』，是也。」則列人在肥鄉縣東北，爲斥漳、肥鄉二縣所環繞，當屬廣平郡，汪士鐸《水經注圖·清淇蕩洹濁漳清湛圖》繪製明瞭，可參，《中國歷史地圖集·三國圖組》將列人縣畫入廣平郡，是。故列人縣屬廣平郡而歸屬確年無考。治所在今河北肥鄉縣北。

16、廣年

按：《續漢志》屬鉅鹿郡，《晉志》屬。今據《中國歷史地圖集·三國圖組》廣年縣爲曲梁、易陽、南和等縣環繞，而由上考可知曲梁、易陽、南和三縣均於黃初二年歸屬廣平郡，則廣年縣亦當於黃初二年移屬焉，至晉不改。治所在今河北永年縣東。

第二節　豫州沿革

豫州，治所屢變。吳氏《考證》卷一據《魏志》賈逵、王淩、毌丘儉三傳，及《宋志》考訂豫州治所凡三變，文帝時治譙、明帝時治項、齊王治安成，是，從之。據《續漢書·百官志第五》引《獻帝起居注》：「豫州部郡本有潁川、陳國、汝南、沛國、梁國、魯國。」建安時又置譙郡，詳譙郡考證，則入三國前，豫州當領七郡，後又分置諸郡得汝陰、弋陽兩郡，共領九郡，景元元年後汝陰郡見廢，領八郡，咸熙元年增置襄城郡，領九郡，吳氏《表》卷一將安豐郡列入，不出考證，其時安豐郡當屬揚州，詳揚州安豐郡考證。黃初三年，分汝南郡置汝陰郡，後於景元元年後罷，詳汝陰郡考證。黃初年間，分汝南郡、江夏郡置弋陽郡，詳弋陽郡考證。甘露年間，弘農來屬，後還屬司隸，詳司隸弘農郡考證。咸熙元年，罷襄城中郎將，置襄城郡，詳襄城郡考證。

一、潁川郡，治許昌，領縣十七，咸熙元年割七縣置襄城郡，領縣十。

按：《續漢志》潁川郡有襄縣，文獻闕考，今從吳氏《表》卷一暫不列入，潁陽縣亦然，謝氏《補注》據《元和志》志文，以爲潁陽縣晉時省。

今檢《元和志》卷五河南道河南府潁陽縣條：「古綸氏縣……漢屬潁
川，晉省。後魏太和中，於綸氏縣城置潁陽縣，屬河南尹。」《漢志》、
《續漢志》潁川郡均有綸氏縣，則志文所謂「潁陽」乃其時之「綸
氏」，志文實是承綸氏縣爲言，謝氏誤讀志文，今從吳氏《表》卷一
暫不列入。治所在今河南許昌市東。

1、許昌

按：《續漢志》作「許」屬，《晉志》屬。《魏志》卷二《文帝紀》：「黃初
二年……改許縣爲許昌縣。」治所在今河南許昌市東。

2、長社

按：《續漢志》、《晉志》均屬。據《晉書》卷三十七《司馬孚傳》：「及宣
帝誅（曹）爽……（司馬孚）以功進爵長社縣侯。」嘉平中長社縣
爲侯國。治所在今河南長葛市東。

3、潁陰

按：《續漢志》、《晉志》皆屬。據《魏志》卷二十二《陳群傳》：「明帝即
位，進封（陳群）潁陰侯。」曹明帝黃初七年即位，潁陰爲侯國當
在黃初七年。治所在今河南許昌市。

4、臨潁

按：《續漢志》、《晉志》皆屬。據《晉書》卷四十《賈充傳》：「（晉文）
帝襲王位……改封（賈充）臨潁侯。」臨潁爲侯國當在咸熙元年。
治所在今河南臨潁縣西北。

5、郾

按：治所在今河南漯河市西。

6、召陵

按：《漢志》汝南郡作「召陵」（《元和志》卷九河南道蔡州郾城條載：「漢
置邵陵縣，屬汝南郡」誤），《續漢志》汝南郡有「召陵」，《晉志》
作「邵陵」屬。今查《魏志》卷二《文帝紀》：「（黃初六年）三月行
幸召陵。」《魏志》卷九《曹眞傳》：「明帝即位，進封（曹眞）爲邵
陵侯。」而宋本《春秋經傳集解・桓公二年》經文「秋七月……蔡
侯鄭伯會於鄧」條杜預注「潁川召陵縣西南有鄧城。」則太康元年
潁川郡有召陵縣，又據吳荊州邵陵郡昭陵縣考證，晉初邵陵郡有邵

陵縣，一國不當有兩「邵陵」。則《魏志·曹眞傳》、《晉志》所謂「邵陵」當爲「召陵」之訛，盧氏《集解》以爲「至晉改屬潁川郡始曰邵陵」，誤。召陵縣魏時歸屬情況乏考，吳氏《表》卷一將其列於潁川郡下，從之。又據上引《曹眞傳》，其黃初七年後爲侯國。治所在今河南漯河市東。

7、鄢陵

按：《續漢志》、《晉志》皆屬。據《魏志》卷十九《曹彰傳》：「建安二十一年，（曹彰）封鄢陵侯。」則鄢陵爲侯國在入三國前。治所在今河南鄢陵縣北。

8、新汲

按：治所在今河南鄢陵縣西南。

9、陽城

按：《續漢志》屬，《晉志》屬河南郡，洪氏《補志》將陽城列入河南郡，謝氏《補注》非之以爲仍屬潁川郡，吳氏《表》卷一據《宋志》亦以陽城縣魏時屬河南郡，今檢《宋志》未見吳氏所據之文，惟有「陽城、緱氏縣，漢舊名，并屬河南。」《晉志》陽城屬河南，《宋志》似指入晉後的情況，而魏時陽城的歸屬情況乏考，故洪氏《補志》欠妥，謝氏是也，故仍《續漢志》，將陽城列入潁川郡。治所在今河南登封市東南。

10、緱氏

按：《續漢志》緱氏屬焉，《晉志》無此縣。洪氏《補志》據《元和志》：「漢屬潁川，晉省」以爲魏時緱氏縣當屬潁川郡，是。吳氏《考證》卷一因緱氏四境之陽城、新城、偃師、梁皆屬河南，判定緱氏當屬河南，今陽城一縣魏時情況乏考，吳氏立論不堅，既上文已將之列入潁川郡，則毗鄰之緱氏似亦當列入潁川郡，故不從吳氏之說。治所在今河南偃師市南。

11、舞陽

按：《續漢志》屬，《晉志》屬襄城郡，咸熙元年後屬襄城郡，詳見襄城郡考證。據《晉書》卷一《宣帝紀》：「明帝即位，改封（司馬懿）舞陽侯。」則舞陽爲侯國在太和元年，吳氏《表》卷一以爲黃初七

年司馬懿封舞陽侯，誤。治所在今河南舞陽縣西北。

12、襄城

按：《續漢志》屬，《晉志》屬襄城郡。咸熙元年後屬襄城郡，詳見襄城
郡考證。治所在今河南襄城縣。

13、繁昌

按：《續漢志》無此縣，《晉志》屬襄城郡，據《魏志》卷二《文帝紀》：「（黃
初元年）以潁陰之繁陽亭爲繁昌縣。」則繁昌置縣當在黃初元年。又
《續漢志》潁川郡潁陰縣條劉劭注引《帝王世紀》：「魏文皇帝登禪於
曲蠡之繁陽亭，爲縣曰繁昌⋯⋯今潁川繁昌縣也。」據《隋書·經籍
志》：「《帝王世紀》十卷，皇甫謐撰，起三皇盡漢魏。」又《晉書》卷
五十一《皇甫謐傳》：「時魏郡召上計掾，行舉孝廉，景元初相國闢，
皆不就⋯⋯（皇甫）謐所著詩、賦、誄、頌、論、難甚多，又撰《帝
王世紀》。」據此皇甫謐爲魏末晉初人，則繁昌縣魏時當屬潁川郡，咸
熙元年後屬襄城郡，詳襄城郡考證。治所在今河南臨潁縣西北。

14、郟

按：《續漢志》無此縣，《晉志》屬襄城郡，據《輿地廣記》卷九京西北
路南輔潁昌府中郟縣條：「郟縣⋯⋯漢屬潁川郡，後漢省之，魏復置，
青龍元年有龍見於郟之摩陂⋯⋯晉屬襄城郡。」則郟之復置至遲在
青龍元年，當屬潁川郡，咸熙元年後屬襄城郡，詳見襄城郡考證。
治所在今河南郟縣。

15、定陵

按：《續漢志》屬，《晉志》屬襄城郡，咸熙元年後屬襄城郡，詳見襄城
郡考證。據《魏志》卷十三《鍾繇傳》：「明帝即位，進封（鍾繇）
定陵侯。」則定陵爲侯國在太和元年。治所在今河南舞陽縣東北。

16、父城

按：《續漢志》屬，《晉志》屬襄城郡，咸熙元年後屬襄城郡，詳見襄城
郡考證。治所在今河南襄城縣西。

17、昆陽

按：《續漢志》屬，《晉志》屬襄城郡，咸熙元年後屬襄城郡，詳見襄城
郡考證。治所在今河南葉縣。

二、襄城郡，治乏考，領縣七。

按：《續漢志》無此郡，據《魏志》卷二十三《裴潛傳》裴注引《魏略》襄城其時有典農中郎將，《魏志》卷四《三少帝紀》：「（咸熙元年）……是歲，罷屯田官以均政役，諸典農皆爲太守，都尉皆爲令長。」又《宋志》：「魏分潁川爲襄城郡。」則咸熙元年襄城置郡，《晉志》載襄城郡泰始二年置，誤，當爲魏咸熙元年置。謝氏《補注》引《魏志》卷二十三《杜襲傳》：「杜襲……潁川定陵人也」以爲：襄城所屬之定陵仍屬潁川，則襄城立郡旋置旋廢，後又於泰始二年復置。然襄城郡立於魏末，「潁川定陵人」當指漢末魏初時情況，陳壽自然不當用魏末建置追敘前事，謝氏雖極盡彌縫之能事，但立論顯然牽強，今不從。

1、襄城

按：《續漢志》屬潁川郡，《晉志》屬。據本郡考證，當於咸熙元年移屬襄城郡。治所在今河南襄城縣。

2、繁昌

按：《續漢志》無此縣，《晉志》屬。據潁川郡繁昌縣考證，黃初元年置繁昌縣。又據本郡考證，當於咸熙元年移屬襄城郡。治所在今河南臨潁縣西北。

3、郟

按：《續漢志》無此縣，《晉志》屬。據潁川郡郟縣考證，郟之復置至遲在青龍元年，據本郡考證，當於咸熙元年移屬襄城郡。治所在今河南郟縣。

4、定陵

按：《續漢志》屬潁川郡，《晉志》屬。據本郡考證，當於咸熙元年移屬襄城郡。治所在今河南舞陽縣東北。

5、父城

按：《續漢志》屬潁川郡，《晉志》屬。據本郡考證，當於咸熙元年移屬襄城郡。治所在今河南襄城縣西。

6、昆陽

按：《續漢志》屬潁川郡，《晉志》屬。據本郡考證，當於咸熙元年移屬襄城郡。治所在今河南葉縣。

7、舞陽

按：《續漢志》屬潁川郡，《晉志》屬。據本郡考證，當於咸熙元年移屬
襄城郡。治所在今河南舞陽縣西北。

三、汝南郡，治未詳，領縣二十七，黃初中割兩縣屬弋陽郡，黃初三年
割五縣置汝陰郡，領縣二十，景初二年後宋縣復還，景元元年後汝
陰郡廢，五縣復還，領縣二十六。

按：《續漢志》汝南郡治平輿，《晉志》治新息，吳氏《表》卷一以爲魏
治未詳，今從之。黃初三年，置汝陰郡，南頓等縣屬焉，景元元年
後汝陰郡廢，諸縣復還，詳汝陰郡考證。又山桑縣《續漢志》屬，
據《魏志》卷三《明帝紀》：「（景初二年）分沛國蕭……山桑、洨、
虹十縣爲汝陰郡。」則其時山桑已屬沛國，其間山桑究竟何屬乏考，
今暫將之列入沛國。《續漢志》項縣屬焉，後屬陳郡，詳陳郡項縣考
證。《續漢志》城父縣屬焉，後屬譙郡，詳譙郡城父縣考證。《續漢
志》召陵縣屬焉，移屬潁川郡，詳潁川郡召陵縣考證。《續漢志》汝
南郡尚有細陽、澺強、宜祿、征羌、思善，皆乏考，故暫闕不錄。

1、新息

按：治所在今河南息縣。

2、安陽

按：《續漢志》作「安陽」屬，《晉志》作「南安陽」屬，據《宋志》：「安
陽令漢舊縣，晉武太康元年改爲南安陽。」則安陽加南在入晉後。
又據《魏志》卷五《后妃傳》：「太和四年詔封（郭）表安陽亭侯，
又進爵鄉侯。」則安陽爲侯國在太和四年。治所在今河南息縣西。

3、安成

按：治所在今河南平輿縣西南。

4、慎陽

按：治所在今河南正陽縣北。

5、北宜春

按：《續漢志》、《晉志》均作「北宜春」屬，其時吳揚州豫章郡有宜春縣，
又《水經注》卷二十一：「（汝水）又東北逕北宜春縣故城北，王莽
更名之爲宜孱也，豫章有宜春，故加北矣。」又《輿地廣記》卷九

京西北路緊蔡州上汝陽縣條：「漢宜春縣，屬汝南郡，後漢曰北宜春，晉因之。」可見「北宜春」確不誤，而洪氏《補志》、吳氏《表》卷一均作「宜春」，皆誤。治所在今河南確山縣西。

6、朗陵
按：《續漢志》、《晉志》皆屬。吳氏《表》卷一據《晉書》咸熙初何曾改封朗陵侯，以為咸熙初朗陵為侯國，是，從之。治所在今河南確山縣南。

7、陽安
按：治所在今河南確山縣北。

8、上蔡
按：治所在今河南上蔡縣西南。

9、平輿
按：治所在今河南平輿縣北。

10、定潁
按：治所在今河南西平縣東北。

11、瞿陽
按：治所在今河南遂平縣東北。

12、吳房
按：治所在今河南遂平縣東北。

13、西平
按：治所在今河南舞陽縣東南。

14、慎
按：《續漢志》屬，《晉志》屬汝陰郡，據《宋志》：「汝陰太守，晉武帝分汝南立。」則慎縣在未被劃於西晉之汝陰郡前應屬汝南。吳氏《表》卷一將其列入汝陰郡，未見根據，誤。治所在今安徽潁上縣北。

15、原鹿
按：《續漢志》屬，《晉志》屬汝陰郡，據《宋志》：「汝陰太守，晉武帝分汝南立。」則原鹿縣在未被劃於西晉之汝陰郡前應屬汝南。吳氏《表》卷一將其列入汝陰郡，未見根據，乃誤。治所在今安徽阜南縣南。

16、固始

按：《續漢志》屬，《晉志》屬汝陰郡，今檢《淮南子・人間訓》：「寢邱者，其地墝石而名醜。」高誘注：「寢邱，今汝南固始地。」高誘注《淮南子》在建安十年至黃初三年之間（詳本州梁國考證），則建安末黃初三年前，固始確屬汝南郡，又據《宋志》：「汝陰太守，晉武帝分汝南立。」則固始縣在未被劃於西晉之汝陰郡前應屬汝南。吳氏《表》卷一將其列入汝陰郡，未見根據，乃誤。治所在今安徽臨泉縣。

17、鮦陽

按：《續漢志》屬，《晉志》屬汝陰郡，今檢《史記》卷四十《楚世家》「武王卒師中而兵罷」條裴駰《集解》引《皇覽》：「楚武王冢在汝南郡鮦陽縣葛陂鄉城東北，民謂之楚王岑。」據兗州東平國考證，《皇覽》成書於延康後黃初四年前，則黃初時確有鮦陽縣，且屬汝南郡。據宋本《春秋經傳集解・襄公四年》傳文「春，楚師爲陳叛故，猶在繁陽」杜預注：「繁陽，楚地，在汝南鮦陽縣南。」則太康元年時鮦陽縣仍屬汝南郡。據《宋志》：「汝陰太守，晉武帝分汝南立。」又《晉志》：「魏置郡，後廢，泰始二年復置。」則武帝泰始二年分汝南郡置汝陰郡。鮦陽縣漢魏以來皆屬汝南郡，當於太康元年後移屬汝陰郡。洪氏《補志》、謝氏《補注》、吳氏《表》卷一均將其列入汝陰郡，皆誤。治所在今安徽臨泉縣西。

18、宋

按：《續漢志》屬，《晉志》屬汝陰郡，據《魏志》卷三《明帝紀》：「（景初二年）分沛國蕭……虹十縣爲汝陰郡，宋縣、陳郡苦縣皆屬譙郡。」吳氏《考證》卷一詳列四條理由，以爲「爲汝陰郡」爲衍文，是，則景初二年前宋縣割屬沛國，其後移屬譙郡。又《宋志》：「汝陰太守，晉武帝分汝南立。」則宋縣在未屬西晉之汝陰郡前應屬汝南，吳氏《表》卷一將其列入汝陰郡，誤。則宋縣移屬譙郡，後又還屬，然其確年乏考。治所在今安徽界首市東北。

19、汝陰

按：《續漢志》屬，《晉志》屬汝陰郡，黃初三年屬汝陰郡，景元元年後復還，入晉後又屬汝陰郡，詳汝陰郡汝陰縣考證。治所在今安徽阜

陽市。

20、南頓

按：《續漢志》、《晉志》均屬。黃初三年屬汝陰郡，景元元年後復還，詳
　　汝陰郡南頓縣考證。治所在今河南項城市西北。

21、汝陽

按：《續漢志》、《晉志》均屬。黃初三年屬汝陰郡，景元元年後復還，詳
　　汝陰郡汝陽縣考證。治所在今河南周口市西南。

22、新蔡

按：《續漢志》屬，《晉志》屬汝陰郡，黃初三年屬汝陰郡，景元元年後
　　復還，入晉後又屬汝陰郡，詳汝陰郡新蔡縣考證。治所在今河南新
　　蔡縣。

23、褒信

按：《續漢志》屬，《晉志》屬汝陰郡，黃初三年屬汝陰郡，景元元年後
　　復還，入晉後又屬汝陰郡，詳汝陰郡褒信縣考證。治所在今河南新
　　蔡縣南。

24、西華

按：《續漢志》屬，《晉志》無此縣。《宋志》：「（西華）晉初省。」則西
　　華終魏屬焉。治所在今河南周口市西。

25、新陽

按：《續漢志》屬，《晉志》無此縣。《輿地廣記》卷九京西北路緊蔡州中
　　眞陽條：「漢新陽縣屬汝南郡，後漢因之，晉省焉。」則新陽終魏屬
　　焉。治所在今安徽界首市北。

26、富陂

按：《續漢志》作「富波」屬，《晉志》無此縣。《吳志》卷九《呂蒙傳》：
　　「呂蒙……汝南富陂人。」盧氏《集解》引孫叔敖碑以爲「波」、「陂」
　　古字通，是。富陂縣其時當屬汝南郡，入晉後似省，吳氏《表》卷
　　一未列，誤，今補入。治所在今安徽阜南縣東南。

27、弋陽

按：《續漢志》屬，《晉志》屬弋陽郡，黃初中弋陽郡置後屬弋陽郡，詳
　　弋陽郡考證。治所在今河南潢川縣西。

28、期思

按：《續漢志》屬，《晉志》屬弋陽郡，黃初中弋陽郡置後屬弋陽郡，詳
弋陽郡考證。治所在今河南淮濱縣東南。

四、汝陰郡，治乏考，領縣五，景元元年後郡廢，五縣還屬汝南郡。

按：《續漢志》無此郡，《魏志》卷三《明帝紀》：「（景初二年）分沛國蕭、
相、竹邑、符離、蘄、銍、龍亢、山桑、洨、虹十縣爲汝陰郡，宋縣、
陳郡苦縣皆屬譙郡。」錢氏《考異》卷十五以爲《晉志》汝陰郡所載
八縣於此無一同者，遂疑有誤，今檢《晉志》汝陰郡下明言「魏置郡，
後廢，泰始二年復置。」《宋志》：「汝陰太守，晉武帝分汝南立」乃
指泰始二年復置汝陰郡時之情況，則魏、晉汝陰郡本不相承，錢氏所
疑無據。然《元和志》卷七河南道潁州汝陰縣條載：「汝陰縣……魏
文帝黃初三年屬汝陰郡。」則黃初三年已置汝陰郡，這與《魏志》卷
三《明帝紀》所載矛盾，吳氏《考證》卷一詳列四條理由，以爲《魏
志》卷三《明帝紀》所謂「爲汝陰郡」爲衍文，汝陰郡當置於黃初三
年，是，從之。又《元和志》河南道潁州條：「魏、晉於此置汝陰郡，
司馬宣王使鄧艾於此置屯田。」據《魏志》卷二十八《鄧艾傳》：「正
始二年，乃開廣漕渠……資食有儲，而無水害，艾所建也。」鄧艾屯
田始於正始二年，則至此汝陰郡仍未廢，吳氏《表》卷一據《魏志》
卷四《三少帝紀》：「嘉平五年……郡國、縣道，多所省置」以爲此時
汝陰郡見廢，所領諸縣皆還汝南，此屬猜測，無足采信，今檢《晉書》
卷三十九《王沈傳》：「及高貴鄉公將攻文帝……（王）沈、（王）業
馳白帝……（王沈）尋遷尙書，出監豫州諸軍事，奮武將軍，豫州刺
史。至鎮，乃下教……於是九郡之士，咸悅道教，移風易俗。」高貴
鄉公事在景元元年前，則景元元年後豫州實領九郡，又據本州考證其
時豫州恰領九郡，若汝陰郡嘉平已廢，則此時豫州惟領八郡，故吳氏
誤，則汝陰見廢當在景元元年後。吳氏《表》卷一汝陰郡列有汝陰等
十縣，今詳考之，惟有五縣。

1、汝陰

按：《續漢志》屬汝南郡，《晉志》屬。《元和志》卷七河南道潁州汝陰縣
條載：「汝陰縣……魏文帝黃初三年屬汝陰郡。」據本郡考證，景元

元年後復屬汝南郡。治所在今安徽阜陽市。

2、南頓

按：《續漢志》、《晉志》皆屬汝南郡，吳氏《表》卷一將其歸屬汝陰郡，然未出考證，楊氏《補正》據《宋志》引《何志》以爲南頓曾屬汝陰，今查《宋志》引何氏曰：「（南頓）故屬汝陽，晉武帝改屬汝南。」而沈約按語云：「《晉太康地志》、王隱《地道》無汝陽郡。」則何氏所謂「汝陽」似爲「汝陰」之訛，方愷《新校晉書地理志》：「竊疑汝陽當作汝陰。」是。則南頓當「故屬汝陰」，兩漢無汝陰郡，則黃初三年汝陰郡置後南頓屬焉，景元元年後汝陰郡見廢，南頓縣又復屬汝南郡，入晉後汝陰復置而南頓未屬，故何氏所言「晉武帝改屬汝南」亦誤。治所在今河南項城市西北。

3、汝陽

按：《續漢志》、《晉志》均屬汝南郡，據《宋志》引何氏云：「（汝陽）故屬汝陰，晉武改屬汝南。」兩漢無汝陰郡，則黃初三年汝陰郡置後汝陽縣移屬焉，景元元年後汝陰郡見廢，汝陽縣又復屬汝南郡，入晉後汝陰復置而汝陽縣未屬，故何氏所言「晉武改屬汝南」亦誤。治所在今河南周口市西南。

4、新蔡

按：《續漢志》屬汝南郡，《晉志》屬。據《輿地廣記》卷九京西北路望蔡州中新蔡縣條：「新蔡縣……魏、晉屬汝陰郡。」則新蔡魏時屬汝陰，據本郡考證，黃初三年來屬，景元元年後汝陰郡廢，其復屬汝南郡。治所在今河南新蔡縣。

5、褒信

按：《續漢志》屬汝南郡，《晉志》屬。據《輿地廣記》卷九京西北路蔡州中褒信縣條：「褒信縣……魏、晉屬汝陰郡。」則魏時屬汝陰，據本郡考證，黃初三年米屬，景元元年後汝陰郡廢，其復屬汝南郡。治所在今河南新蔡縣南。

五、弋陽郡，治弋陽，領縣五。

按：《續漢志》無此郡，據《晉志》弋陽郡乃「魏文分汝南立弋陽郡。」錢氏《考異》卷十五據《魏志·田豫傳》以爲「弋陽置郡當在建安之世，

《晉志》謂魏文帝所置，似未然。」洪氏《補志》亦疑焉，吳氏《考證》卷一據《魏志》卷二十六所載田豫爲弋陽太守其年爲建安二十三年，以爲弋陽郡建安時已置，又據《後漢書・百官志》注所引《獻帝起居注》所載：「建安十八年三月庚寅，省州併郡」豫州所轄六郡無有弋陽，以爲弋陽郡當置於此後，李曉傑《東漢政區地理》第一章第四節是之。今檢《宋志》：「弋陽太守，本縣名，屬汝南，魏文帝分立。」《宋志》明言魏文帝時立，當有確據，今檢《魏志》卷十六《鄭渾傳》：「文帝即位，（鄭渾）爲侍御使，加駙馬都尉，遷陽平、沛郡二太守。」而陽平郡據《魏志》卷二《文帝紀》：「（黃初二年）以魏郡東部爲陽平郡。」陳壽於弋陽郡、陽平郡置前有弋陽太守、陽平太守之載，似爲史家追書終言之法，非爲堅據。同時，細繹《宋志》所謂「弋陽太守本縣名」似弋陽爲以縣名領太守，而以縣名領太守者其時亦有，《晉書》卷五十七有「洛陽太守。」故凡加太守者非必爲郡守。吳氏據《魏志》建安二十三年有弋陽太守之文以疑《宋志》確載，立論不堅，今不從。據《輿地廣記》卷二十一淮南西路上廣州上定城縣條：「故黃國也……二漢爲弋陽縣，屬汝南郡，故城在今縣西，魏置弋陽郡。」則弋陽郡始置時，似治弋陽縣。據《魏志》卷二十《曹彪傳》：「（黃初）三年封（曹彪）弋陽王，其年徙封吳王，五年改封壽春縣。」則弋陽郡黃初三年爲侯國，其後復爲郡，則文帝分置弋陽郡至遲在黃初三年。治所在今河南潢川縣西。

1、弋陽

按：《續漢志》屬汝南郡，《晉志》屬。今檢《輿地廣記》卷二十一淮南西路上廣州上定城縣條：「故黃國也……二漢爲弋陽縣，屬汝南郡，故城在今縣西，魏置弋陽郡。」則弋陽置郡時弋陽縣當割屬焉。治所在今河南潢川縣西。

2、期思

按：《續漢志》屬汝南郡，《晉志》屬。吳氏《表》卷一將之列入弋陽郡，未有確據，今檢《寰宇記》卷一百二十七淮南道光州固始縣期思城條：「（期思縣）魏、晉屬弋陽。」則其時期思確屬弋陽郡。治所在今河南淮濱縣東南。

3、西陽

按：《續漢志》屬江夏郡，《晉志》屬。據《宋志》：「西陽太守，本縣名，二漢屬江夏，魏立弋陽郡又屬焉。」故魏時西陽縣確屬弋陽郡，《晉志》所謂「魏文分汝南立弋陽郡」誤，當是魏文分汝南、江夏立弋陽郡。吳氏《考證》卷三據《釋地》、《晉略》諸書，以為魏之西陽縣屬境移動，非漢舊縣地，楊氏《補正》據《寰宇記》、《晉書》以駁之，是。治所在今河南光山縣西南。

4、西陵

按：《續漢志》屬江夏郡，《晉志》屬。據《輿地廣記》卷二十七荊湖南路上緊鄂州上武昌縣條：「故西陵縣，二漢屬江夏郡，魏屬弋陽郡。」則西陵魏時確屬弋陽郡。吳氏《考證》卷三據《釋地》、《晉略》諸書，以為魏之西陵縣屬境移動，非漢舊縣地，楊氏《補正》據《寰宇記》、《晉書》以駁之，是。治所在今湖北團風縣西。

5、軑

按：《續漢志》屬江夏郡，《晉志》屬。今檢《方輿勝覽》卷五十淮西路光州沿革「（光州）漢屬汝南郡之弋陽國及期思縣、江夏郡之西陽縣及軑縣……魏置弋陽郡。」據上考弋陽縣、期思縣、西陽縣魏時均屬弋陽郡，則軑縣亦當屬焉。治所在今河南羅山縣東。

六、陳郡，治乏考，領七縣，景初二年苦縣移屬譙郡，領六縣。

按：陳郡本為陳國，後國郡往復，變化較為複雜，吳氏《表》卷一據《元和志》、《魏志》以為漢末國除為郡，黃初四年復封為國，六年還國為郡，太和六年又封為國，旋又廢國為郡，是，從之。趙萬里《漢魏南北朝墓志集釋》錄有《鮑捐神坐》文曰：「魏故持節僕射陳郡鮑捐之神坐」、《鮑寄神坐》文曰：「魏故處士陳郡鮑寄之神坐」，則其時確有「陳郡」。據《晉志》：「及武帝受命……合陳郡於梁國。」則既見於《續漢志》陳國又見於《晉志》梁國之縣，魏時當仍屬陳郡。《續漢志》陳國所領九縣中，有寧平、新平、扶樂三縣乏考，暫闕不錄。

1、陳

按：《續漢志》屬陳國，《晉志》屬梁國，據本郡考證，魏時當屬陳郡。治所在今河南淮陽縣。

2、苦

按：《續漢志》屬陳國，《晉志》屬梁國，據本郡考證，魏時當屬陳郡，
又據《魏志》卷三《明帝紀》：「（景初二年）分沛國蕭、相、竹邑、
符離、蘄、銍、龍亢、山桑、洨、虹十縣爲汝陰郡，宋縣、陳郡苦
縣皆屬譙郡。」則苦縣景初二年移屬譙郡，入晉後又屬梁國。治所
在今河南鹿邑縣。

3、武平

按：《續漢志》屬陳國，《晉志》屬梁國，據本郡考證，魏時當屬陳郡。
治所在今河南鹿邑縣西北。

4、陽夏

按：《續漢志》屬陳國，《晉志》屬梁國，據本郡考證，魏時當屬陳郡。
吳氏《表》卷一將其列入梁國，未有確據，誤，不從。治所在今河
南太康縣。

5、長平

按：《續漢志》屬陳國，《晉志》屬穎川郡。然《晉志》梁國下又有長平
一縣，洪氏《補志》據《元和志》以爲長平爲長社所分置，確年乏
考。謝氏《補注》據《續漢志》以爲長平縣漢時即有，屬陳國，洪
氏誤，是。謝氏又以爲入晉後方屬穎川郡，是。中華書局標點本《晉
書》「梁國之長平」條校勘記引馬與龍《晉書地理志注》：「縣已見前
穎川郡，此誤復出。」是。治所在今河南西華縣東北。

6、項

按：《續漢志》屬汝南郡，《晉志》屬梁國，《宋志》引《太康地志》：「（項
城）屬陳郡。」則項縣似於魏時屬陳郡，後於陳郡併入梁國時，歸
屬梁國，吳氏《表》卷一先將之列入汝陰郡，非也，後將之列入陳
郡，是，然其何時屬陳郡，已難確考。治所在今河南沈丘縣。

7、柘

按：《續漢志》屬陳國，《晉志》無此縣。據《元和志》河南道宋州柘城
縣條：「柘城縣，《續漢志》屬陳郡，至晉太康中廢。」故《晉志》
不載，又據《魏志》卷十五《梁習傳》載梁習「陳郡柘人也。」可
知魏時其確屬陳郡。治所在今河南柘城縣。

七、魯國，治魯，領縣六。

按：《續漢志》作魯國，《晉志》作魯郡，《魏志》卷十七《張遼傳》：「袁紹破，（曹操）別遣（張）遼定魯國諸縣。」則漢末仍未改國為郡，今檢《史記》卷七十五《孟嘗君列傳》「嬰卒，諡為靖郭君」條裴駰《集解》引《皇覽》：「靖郭君冢在魯國薛城中東南陬。」據兗州東平國考證，《皇覽》成書於延康後黃初四年前，則黃初時以為魯國。又據《寰宇記》卷二十一河南道兗州條：「晉改為魯郡。」則入晉後方改國為郡，吳氏《表》卷一作魯郡，誤，不從。治所在今山東曲阜市。

1、魯

按：治所在今山東曲阜市。

2、汶陽

按：治所在今山東泰安市北。

3、卞

按：治所在今山東泗水縣東。

4、鄒

按：治所在今山東鄒城市東南。

5、蕃

按：治所在今山東滕州市。

6、薛

按：治所在今山東微山縣北。

八、沛國，治沛，領縣十五，景初二年割十一縣屬譙郡，彭城國廣戚縣來屬，領縣五。

按：《續漢志》、《晉志》均作沛國，吳氏《表》卷一據《魏志·司馬芝傳》，以為漢末已改沛國為沛郡，其又據《魏志》鄧城王曹林改封沛國事，以為太和六年沛郡又復為國，是，從之。洪氏《補志》以為沛景初元年作國，誤甚。《續漢志》沛國原領二十一縣，《晉志》惟領九縣，變化複雜，據《魏志》卷三《明帝紀》：「（景初二年）分沛國蕭、相、竹邑、符離、蘄、銍、龍亢、山桑、洨、虹十縣為汝陰郡，宋縣、陳郡苦縣皆屬譙郡。以沛、杼秋、公丘，彭城豐國、廣戚并五縣，為沛王國。」汝陰郡考證中已說明引文中「為汝陰郡」乃衍文。錢

氏《考異》卷十五以爲「豐本屬沛，今繫彭城之下，恐誤。」謝氏
《補注》以爲豐魏初移屬彭城後，於此時又復屬沛，故志文不誤，
然不出考證，顯爲牽強。盧氏《集解》以爲「豐」當在「彭城」前，
因其時「彭城」爲王國，「豐」爲王國實在嘉平六年此時不應稱「豐
國」，故其時豐縣仍屬沛國，是乃灼見，從之。治所在今江蘇沛縣。

1、沛

按：治所在今江蘇沛縣。

2、杼秋

按：治所在今安徽蕭縣西北。

3、豐

按：《續漢志》、《晉志》皆屬。據《魏志》卷二十《曹昂傳》：「嘉平六年，
　　以（曹）婉襲（曹）昂爵，爲豐王。」則嘉平六年後豐縣爲王國。
　　治所在江蘇豐縣。

4、公丘

按：《續漢志》屬，《晉志》屬魯郡，據《魏志》卷三《明帝紀》：「（景初
　　二年）以沛、杼秋、公丘，彭城、豐國、廣戚并五縣爲沛王國。」
　　則公丘縣其時仍屬沛國，入晉後似屬魯郡。治所在今山東滕州市西。

5、蘄

按：《續漢志》屬，《晉志》屬譙郡，景初二年割屬譙郡，詳見本郡考證。
　　治所在今安徽宿州市南。

6、銍

按：《續漢志》屬，《晉志》屬譙郡，景初二年割屬譙郡，詳見本郡考證。
　　治所在今安徽宿州市西。

7、龍亢

按：《續漢志》屬，《晉志》屬譙郡，景初二年割屬譙郡，詳見本郡考證。
　　治所在今安徽蒙城縣東。

8、山桑

按：《續漢志》屬汝南郡，《晉志》屬譙郡，景初二年割屬譙郡，詳見本
　　郡考證。治所在今安徽蒙城縣北。

9、蕭

按：《續漢志》、《晉志》皆屬。景初二年割屬譙郡，詳見本郡考證，而《晉志》屬。似入晉後還屬。據《魏志》卷十九《曹熊傳》：「蕭懷王熊，早薨……太和三年，又追封爵爲王，青龍二年，子哀王曹（炳）嗣，食邑二千五百戶，六年，薨，無子，國除。」則青龍二年至六年蕭縣爲王國。治所在今安徽蕭縣西北。

10、相

按：《續漢志》、《晉志》皆屬。景初二年割屬譙郡，詳見本郡考證，而《晉志》屬。似入晉後還屬。治所在今安徽淮北市西。

11、竹邑

按：《續漢志》屬，《晉志》作「竺邑」屬，據中華書局標點本《晉書》校勘記當作「竹邑」是也，景初二年割屬譙郡，詳見本郡考證，而《晉志》屬。似入晉後還屬。治所在今安徽宿州市北。

12、符離

按：《續漢志》、《晉志》屬。景初二年割屬譙郡，詳本郡考證。《晉志》屬，似入晉後還屬。治所在今安徽宿州市東。

13、虹

按：《續漢志》、《晉志》屬。景初二年割屬譙郡，詳本郡考證。《晉志》屬，似入晉後還屬。治所在今安徽五河縣西北。

14、洨

按：《續漢志》、《晉志》皆屬。景初二年割屬譙郡，詳見上文考證。《晉志》屬。似入晉後還屬。治所在今安徽固鎮縣東。

15、宋

按：《續漢志》、《晉志》皆屬汝南郡。魏時來屬，景初二年割屬譙郡，詳汝南郡宋縣考證。治所在今安徽界首市東北。

16.b 廣戚

按：《續漢志》屬兗州彭城國，《晉志》屬徐州彭城國，景初二年由彭城國來屬，詳見本郡考證，其復屬徐州彭城國之確年乏考。治所在今江蘇沛縣東。

九、譙郡，治譙，領縣三，景初二年沛國十一縣，陳郡苦縣來屬，領縣十五，後宋縣回屬汝南郡，領縣十四。

按：《續漢志》無此郡，《晉志》魏武分沛立譙郡，《宋志》引《何志》言「（譙郡）故屬沛，魏明帝分立。」沈約據王粲詩「既入譙郡界，曠然消人憂」以爲「（王）粲是建安中亡，（譙郡）非明帝時立明矣」駁之，是。吳氏《考證》卷一又據《魏志》推論王粲作此詩時當爲建安二十一年，今查《文選》此詩乃王粲《從軍行》第五首，陸侃如《中古文學繫年》亦將之繫於建安二十一年，吳氏、陸氏推斷皆是，《水經注》卷三十載：「魏黃初中，文帝以酇、城父、山桑、銍置譙郡。」誤。吳氏又據《後漢書‧百官志》所引《獻帝起居注》所載建安十八年豫州諸郡不領譙郡，以爲譙郡乃建安十八年夏五月魏國既建後分沛國所置，從之。據《魏志》卷二十《曹林傳》：「（黃初）三年爲譙王，五年改封（曹林）譙縣。」則譙郡黃初三年改爲譙國，五年復爲郡，《元和志》卷七河南道亳州條：「黃初元年，以先人舊郡，又立爲譙國，與長安、許昌、鄴、洛陽，號爲五都。」此條舛亂，中華書局標點本校勘記未能出校，誤。治所在今安徽亳州市。

1、譙

按：《續漢志》屬沛國，《晉志》屬。據《魏志》卷十八《許褚傳》：「許褚字仲康，譙國譙人也。」則譙縣魏時確屬譙國，其當於建安十八年後移屬譙郡，又《唐鈔〈文選集注〉彙存》卷一百一十三所收《夏侯常侍誄一首》：「夏侯湛字孝若，譙國譙人也……元康元年夏五月壬辰寢疾，卒於延喜里第。」宋本《六臣注文選》同，胡克家翻刻《李善注文選》「譙國譙人」作「譙人」，胡氏《文選考異》已指出其異，是，則至晉初未改。《魏志》卷二十《曹林傳》：「（黃初）三年爲譙王，五年改封（曹林）譙縣，七年徙封鄄城。」則譙縣黃初五年至黃初七年爲王國。治所在今安徽亳州市。

2、酇

按：《續漢志》屬沛國，《晉志》屬。據《元和志》卷七河南道亳州酇縣條：「魏，酇縣屬譙郡。」《寰宇記》卷十二河南道亳州酇縣條引《輿地記》：「魏以酇縣屬譙郡。」則酇縣魏時確屬譙郡，據本郡考證，當於建安十八年移屬焉。治所在今河南永城市西。

3、城父

按：《續漢志》屬汝南郡，《晉志》屬。吳氏《表》卷一據《輿地廣記》
以爲魏時城父屬譙郡，今遍檢《輿地廣記》未見吳氏所據之文，《宋
志》引《太康地志》城父「屬譙」，則晉初城父即屬譙郡。今遍查文
獻，城父縣魏時情況乏考（《水經注》卷七「魏黃初中，文帝以酇、
城父、山桑、銍置譙郡」此言舛亂殊甚，不可爲據），漢魏之際州郡
變化十分複雜，晉承魏制州郡變化較之前者較爲簡單，今城父縣魏
時似未廢又必當屬某郡，且晉初即屬譙郡，權衡之後將其列入譙郡，
較爲合理。治所在今安徽渦陽縣西北。

4、銍

按：《續漢志》屬沛國，《晉志》屬。景初二年由沛國來屬譙郡，詳沛國
考證。治所在今安徽宿州市西。

5、龍亢

按：《續漢志》屬沛國，《晉志》屬。景初二年由沛國來屬譙郡，詳沛國
考證。治所在今安徽蒙城縣東。

6、山桑

按：《續漢志》屬汝南郡，《晉志》屬。景初二年由沛國來屬譙郡，詳沛
國考證。治所在今安徽蒙城縣北。

7、蕭

按：《續漢志》、《晉志》均屬沛國，景初二年由沛國來屬譙郡，詳沛國考
證。《晉志》屬沛國，似入晉後還屬。治所在今安徽蕭縣西北。

8、相

按：《續漢志》、《晉志》均屬沛國，景初二年由沛國來屬譙郡，詳沛國考
證。《晉志》屬沛國，似入晉後還屬。治所在今安徽淮北市西。

9、竹邑

按：《續漢志》、《晉志》均屬沛國，景初二年由沛國來屬譙郡，詳沛國考
證。《晉志》屬沛國，似入晉後還屬。治所在今安徽宿州市北。

10、符離

按：《續漢志》、《晉志》均屬沛國，景初二年由沛國來屬譙郡，詳見沛國
考證。《晉志》屬沛國，似入晉後還屬。治所在今安徽宿州市東。

11、虹

按：《續漢志》、《晉志》均屬沛國，景初二年由沛國來屬譙郡，詳見沛國
考證。《晉志》屬沛國，似入晉後還屬。治所在今安徽五河縣西北。

12、洨

按：《續漢志》、《晉志》均屬沛國，景初二年由沛國來屬譙郡，詳見沛國
考證。《晉志》屬沛國，似入晉後還屬。治所在今安徽固鎮縣東。

13、蘄

按：《續漢志》屬沛國，《晉志》屬。景初二年由沛國來屬譙郡，詳沛國
考證。治所在今安徽宿州市南。

14、苦

按：《續漢志》屬陳郡，《晉志》屬梁國，景初二年由陳郡來屬，詳見陳
郡苦縣考證。《晉志》屬梁國，似入晉後割屬梁國。治所在今河南鹿
邑縣。

15、宋

按：《續漢志》、《晉志》屬汝南郡。景初二年割屬譙郡，後回屬汝南郡，
詳汝南郡宋縣考證。治所在今安徽界首市東北。

十、梁國，治未詳，領六縣。

按：《續漢志》為梁國，《晉志》亦為梁國，吳氏《考證》卷一據《魏志·
盧毓傳》載魏初時盧毓曾為梁郡太守，以為其時已改「梁國」為「梁
郡」。今檢《魏志》卷二十二《盧毓傳》：「文帝踐阼，徙（盧毓）黃
門侍郎，出為濟陰相，梁、譙二郡太守……（盧毓）上表徙民於梁
國，就沃衍。」則其時梁國並未改名，所謂二郡太守乃統而言之也，
又《淮南子·地形訓》「宋之孟諸」高誘注：「孟諸，在今梁國睢陽
縣東北澤是也。」檢高誘《淮南子序》：「建安十年闢司空掾，除東
郡濮陽令，覩時人少為《淮南》者，懼遂陵遲。於是……為之注解，
悉載本文并舉音讀……至十七年，遷監河東，復更補足。」則高誘
注《淮南子》當在建安十年之後，至十七年又加以增補。又檢今本
《淮南子·地形訓》高誘注有「扶風美陽縣」、「馮翊池陽縣」。據《晉
志》：「魏文帝即位……馮翊、扶風各除左右。」又《通典》卷一百
七十三岐州條：「魏除右字，但為扶風郡，亦為重鎮。晉因之。」又

《通典》卷一百七十三同州條：「魏除左字，但爲馮翊郡。晉因之。」則魏文帝時方有「扶風」、「馮翊」之稱，則高誘至魏黃初時又增補其注。又《淮南子・地形訓》：「何謂六水，曰：河水、赤水、遼水、黑水、江水、淮水。」高誘注：「淮水出桐柏山，南陽平氏縣也。」又據荊州義陽郡平氏縣考證，平氏於黃初三年割屬魏之義陽郡，故高誘注《淮南子》至遲於黃初三年，故高誘注《淮南子》在建安十年至黃初三年之間，則其時仍作「梁國」。又《元和志》卷七河南道宋州條：「自漢至晉爲梁國，屬豫州，宋改爲梁郡。」則吳氏之誤，明矣。穀熟縣《續漢志》、《晉志》皆屬梁國，《寰宇記》卷十二河南道宋州穀熟縣條載：「（穀熟縣）魏文帝廢。」吳氏《表》卷一據此以爲其時穀熟已省，是，從之。《續漢志》鄢縣屬梁國，吳氏《表》卷一引《寰宇記》以爲晉時鄢縣省，魏時仍屬梁國，今遍檢《寰宇記》未見吳氏所據之引文，故不從。《續漢志》薄縣屬梁國，魏時情況文獻乏考，暫不列入。

1、睢陽

按：治所在今河南商丘市睢陽區。

2、蒙

按：治所在今河南商丘市東南。

3、虞

按：治所在今河南虞城縣北。

4、下邑

按：治所在今安徽碭山縣。

5、寧陵

按：《續漢志》、《晉志》皆屬。據《魏志》卷九《曹仁傳》：「黃初四年……轉封（曹泰）寧陵侯。」則寧陵爲侯國當在黃初四年後。治所在今河南寧陵縣。

6、碭

按：《續漢志》屬，《晉志》無此縣。據《元和志》卷七河南道宋州碭山縣條：「碭山縣，漢碭縣，屬梁國，後漢不改，晉以其地併入下邑。」西晉下邑仍屬梁國，故其地魏時似仍屬梁國。治所在今安徽碭山縣南。

第三節　冀州沿革

冀州，治信都，在今河北冀州市。《續漢志》冀州領郡九：魏郡、鉅鹿、常山國、中山國、安平國、河間國、清河國、趙國、勃海。《續漢書·百官志》注引《獻帝起居注》冀州領郡三十二：「建安十八年三月庚寅，省州並郡，復《禹貢》之九州，冀州得魏郡、安平、鉅鹿、河間、清河、博陵、常山、趙國、勃海、甘陵、平原、太原、上黨、西河、定襄、雁門、雲中、五原、朔方、河東、河內、涿郡、漁陽、廣陽、右北平、上谷、代郡、遼東、遼東屬國、遼西、玄菟、樂浪，凡三十二郡。」前後郡數懸殊殊甚，其中包含《續漢志》幽州刺史部、并州刺史部所領諸郡，據《魏志》卷二十四《崔林傳》：「文帝踐阼，拜（崔林）尚書，出爲幽州刺史。」又據《元和志》卷十三河東道太原府條：「後漢末，省并州入冀州，魏文帝黃初元年，復置并州。」則《獻帝起居注》中冀州所領三十二郡當囊括冀州、并州、幽州屬郡，黃初元年後冀、并、幽三分，郡數自然減少。又《晉志》冀州領郡十三：趙國、鉅鹿、安平、平原、樂陵國、勃海、章武國、河間國、高陽國、博陵、清河國、中山國、常山，與《獻帝起居注》冀州領郡同者凡十郡。《晉志》所領樂陵國建安十八年增置，詳樂陵郡考證。章武國漢末置，後廢，晉初復置，詳章武國考證。據《晉志》高陽國泰始元年置，故冀州魏時領郡可考者凡十二郡。又《晉志》載：「冀州……歷後漢至晉不改。」今據上文，并州、幽州於黃初元年由冀州分出，所謂「歷後漢至晉不改」顯誤。吳氏《表》卷二將魏郡、陽平郡、廣平郡列入冀州，吳氏誤，詳司隸魏郡考證。今檢《後魏志》：「曹操爲冀州，治鄴，魏、晉治信都。」又鄴縣屬魏郡，魏郡黃初時屬司隸，則冀州建安時初治鄴，黃初時已移治信都，《寰宇記》卷六十三河北道冀州條：「魏黃初中，冀州刺史自鄴徙理信都。」所謂「黃初中」微誤，當作「魏黃初元年，冀州刺史自鄴徙理信都」。

一、鉅鹿郡，治廮陶，領縣十一。又割廣宗屬安平郡，領縣十，黃初二年割三縣屬廣平郡，領縣七。

按：《續漢志》鉅鹿郡領縣十五，《晉志》領縣二，據《魏志》卷一《武帝紀》：「（建安十七年）割河內之蕩陰、朝歌、林慮，東郡之衛國、頓丘、東武陽、發干，鉅鹿之廮陶、曲周、南和，廣平之任城（錢氏《考異》卷十五以爲「廣平之任城」當爲「廣平、任」，是，詳廣平郡考

證），趙之襄國、邯鄲、易陽，以益魏郡。」則建安十七年後廮陶、曲周、南和、廣平、任五縣割屬魏郡，廮陶縣旋還，詳司隸魏郡考證，鉅鹿郡領縣十一。黃初二年後列人、廣年、斥漳三縣又割屬廣平郡，詳司隸廣平郡考證，則鉅鹿郡領縣八。《續漢志》鉅鹿郡領有廣宗縣，後割屬安平郡，詳安平郡考證。《續漢志》鉅鹿郡領有平鄉縣，《晉志》屬趙國，其間歸屬情況文獻乏考，吳氏《表》卷二引《順德府志》將之列入鉅鹿郡，非爲堅據，今不從。吳氏《表》卷二據《左傳》定公元年杜預注「鉅鹿大陸縣」以爲魏立大陸縣屬鉅鹿郡，而大陸縣《漢志》、《續漢志》、《宋志》、《後魏志》、《晉志》均無，據《元和志》卷十七河北道趙州昭慶縣條：隋大業二年始有大陸縣之置，今查宋本《春秋經傳集解・定公元年》傳文「魏獻子屬役於韓簡子，及原壽過，而田於大陸，焚焉」條杜預注：「《禹貢》大陸在鉅鹿北嫌絕遠，疑此田在汲郡吳澤荒蕪之地。」孔穎達疏文引孔安國曰：「大陸，澤名。」則吳氏曲解注文，誤甚。且據清人丁晏《尚書余論》（《續皇清經解》卷八百四十四）：「王肅注書，多同孔《傳》，再見於唐孔氏《正義》」條考證孔安國所作《尚書》注乃王肅所僞造，王肅乃魏時人，則孔穎達所引孔安國注文乃王肅所撰，據此僞作之文「大陸，澤名。」可知大陸在魏時不爲縣仍爲澤，故不從吳氏。謝氏《補注》以爲鉅鹿郡魏時領有廮陶、鉅鹿、楊氏、南縊四縣，不列下曲陽、鄡二縣，亦誤。據《輿地廣記》卷十二河北西路下望趙州望寧晉縣條：「寧晉縣，本廮陶縣地，漢屬鉅鹿郡，後漢、晉、元魏爲郡治焉。」則魏時鉅鹿郡治所似爲廮陶。在今河北寧晉縣西南。

1、廮陶

按：《續漢志》、《晉志》均屬。建安十七年屬魏郡，旋還，詳司隸魏郡考證，又據本郡考證，魏時鉅鹿郡治此縣。治所在今河北寧晉縣西南。

2、鉅鹿

按：《續漢志》、《晉志》均屬。據《魏志》卷二十《曹幹傳》：「（黃初）三年爲河間王，五年改封樂城縣，七年徙封鉅鹿，太和六年改封趙王。」則鉅鹿黃初七年至太和六年爲王國，後復爲縣。治所在今河北平鄉縣西南。

3、南欒

按：《續漢志》屬，《晉志》無此縣。《後魏志》：「南欒，二漢屬鉅鹿，晉罷，後復。」今查《後漢書》卷一上《光武帝紀》：「光武逆戰於南欒」條章懷太子注曰「（南欒）縣名，屬鉅鹿郡……左傳齊國夏伐晉取欒，即其地也。」則「南欒」即「南欒」也，故「南欒」晉省，而「南欒」縣魏時歸屬情況文獻無考，今暫將之列入，吳氏《表》卷二據《輿地廣記》以爲「南欒」晉時省，今遍查《輿地廣記》不見此文，吳氏誤引。治所在今河北鉅鹿縣北。

4、下曲陽

按：《續漢志》屬，《晉志》屬趙國，吳氏《表》卷二據《左傳》昭公十二年杜預注「鉅鹿下曲陽」以爲晉初仍沿魏舊，後改屬趙國，並將之列入鉅鹿郡，是，從之。治所在今河北晉州市西。

5、楊氏

按：《續漢志》屬，《晉志》無此縣。據《寰宇記》卷六十河北道趙州寧晉縣條：「寧晉縣東南三十五里……漢楊氏縣屬鉅鹿郡……晉省。」遍查文獻楊氏魏時歸屬情況乏考，暫將之列入鉅鹿郡。治所在今河北寧晉縣西南。

6、鄡

按：《續漢志》屬，《晉志》屬趙國，《輿地廣記》卷十一河北西路上望深州望靜安縣條：「故陸澤縣，本鄡，漢屬鉅鹿郡，後漢作鄡，晉屬趙國。」則魏時鄡縣確屬鉅鹿郡，似於晉初移屬趙國。治所在今河北晉州市東。

7、平鄉

按：《續漢志》屬鉅鹿郡，《晉志》屬趙國，其間歸屬情況文獻乏考，又似未廢，故暫將列入鉅鹿郡。治所在今河北平鄉縣西南。

二、趙國，治未詳，領縣六。

按：《續漢志》趙國領縣五，據《魏志》卷一《武帝紀》：「（建安十七年）割河內之蕩陰、朝歌、林慮，東郡之衛國、頓丘、東武陽、發干，鉅鹿之廮陶、曲周、南和，廣平之任城，趙之襄國、邯鄲、易陽，以益魏郡。」則建安十七年後襄國、邯鄲、易陽三縣割屬魏郡，趙

國領縣二，常山郡元氏縣魏時來屬，確年乏考。據《魏志》卷二十
《曹幹傳》：「（黃初）三年爲河間王，五年改封樂城縣，七年徙封鉅
鹿，太和六年改封趙王。」則趙郡太和六年後爲王國。

1、柏人

按：治所在今河北內丘縣東北。

2、中丘

按：《續漢志》、《晉志》皆屬。據《魏志》卷二十《曹茂》：「樂陵王（曹）
　　茂⋯⋯（黃初）七年徙封中丘⋯⋯太和元年徙封聊城公。」則中丘
　　自黃初七年爲侯國。治所在今河北內丘縣。

3、元氏

按：《續漢志》屬常山郡，《晉志》屬。據《輿地廣記》卷十一河北西路上
　　次府眞定府次畿元氏縣條：「元氏縣⋯⋯魏、晉、元魏屬趙國。」則
　　元氏縣魏時確屬趙國，而來屬時間乏考。治所在今河北元氏縣西北。

4、房子

按：《續漢志》屬常山，《晉志》屬。今遍查文獻，房子縣魏時歸屬情況
　　乏考，又似未廢，故暫將之列入趙國。治所在今河北高邑縣西南。

5、平棘

按：《續漢志》屬常山，《晉志》屬。今遍查文獻，平棘縣魏時歸屬情況
　　乏考，又似未廢，故暫將之列入趙國。治所在今河北趙縣。

6、高邑

按：《續漢志》屬常山，《晉志》屬。今遍查文獻，高邑縣魏時歸屬情況
　　乏考，又似未廢，故暫將之列入趙國。治所在今河北高邑縣東。

三、安平郡，治信都，領縣十一。

按：《續漢志》領縣十三，《晉志》領縣八，其中安平、饒陽、南深澤三
　　縣魏時已由安平郡分出屬博陵國，則安平郡領縣十一，詳博陵郡考證，
　　吳氏《表》卷二將此三縣仍列入安平郡，誤，《中國歷史地圖集·三
　　國圖組》也將此三縣畫入安平郡，亦誤，今並不從。《續漢志》鉅鹿
　　郡有廣宗縣，據《魏志》卷五《后妃傳》：「文德郭皇后，安平廣宗
　　人也。」則廣宗後漢末已歸屬安平郡。吳氏《表》卷二據《元和志》
　　以爲棗強縣魏時置，又據《畿輔志》以爲棗強魏時屬廣平郡，今檢

《後魏志》：「棗強，前漢屬清河，後漢罷，晉復，屬廣川。」《宋志》：「〔晉〕成帝咸康四年……又僑立廣川郡，領廣川一縣。」「何《志》，廣川江左所立。」又《晉志》：「咸康四年，僑置魏郡、廣川、高陽、堂邑等諸郡。」則廣川郡乃東晉咸康四年僑置，棗強復置並屬之當在咸康四年後，魏時未有棗強縣，則吳氏所據不堅，誤，《中國歷史地圖集·三國圖組》冀州安平郡畫有棗強縣，亦誤，並不從。又吳氏《表》卷二列有博陸縣，誤，當屬博陵郡，詳博陵郡考證。治所在今河北冀州市。

1、信都

按：治所在今河北冀州市。

2、下博

按：治所在今河北武強縣西南。

3、武邑

按：治所在今河北武邑縣。

4、武遂

按：治所在今河北武強縣北。

5、觀津

按：《續漢志》、《晉志》皆屬。據《魏志》卷五《后妃傳》：「青龍三年……帝進（郭）表爵爲觀津侯。」則其後觀津爲侯國。治所在今河北阜城縣西南。

6、扶柳

按：治所在今河北冀州市西北。

7、經

按：《續漢志》、《晉志》均屬。據《魏志》卷二十《曹協傳》：「太和五年，追封（曹協）諡曰：經殤公……（青龍）三年子殤王（曹）尋嗣……正始九年（曹尋）薨，無子國除。」則經縣自太和五年至正始九年爲公國。治所在今河北廣宗縣東北。

8、南宮

按：《續漢志》屬，今查《晉志》、《宋志》皆不載南宮縣，惟有《後魏志》：「南宮……後漢、晉屬安平。」又《輿地廣記》卷十河北東路上冀

州上南宮縣條：「南宮縣……後漢屬安平國，晉省之，後復置。」南宮縣魏縣情況雖文獻乏考，然據上述引文南宮縣似魏時未廢仍屬安平郡，入晉後廢，故《晉志》不錄，今暫將之列入。治所在今河北寧南宮市。

9、堂陽

按：《續漢志》屬，今查《晉志》、《宋志》皆不載堂陽縣，惟有《後魏志》：「堂陽……後漢、晉屬安平國。」又《輿地廣記》卷十河北東路上冀州上南宮縣條：「堂陽鎮本漢堂陽縣……後漢屬安平國，晉省之，後復置。」堂陽縣魏縣情況雖文獻乏考，然據上述引文堂陽縣似魏時未廢仍屬安平郡，入晉後廢，故《晉志》不錄，今暫將之列入。治所在今河北新河縣北。

10、阜城

按：《續漢志》屬，《晉志》屬勃海郡，今查《水經注》卷十：「衡水又北逕昌城縣故城西……闞駰曰：『昌城本名阜城矣。』應劭曰：『堂陽縣北三十里有昌城，故縣也』。」又據《水經注》卷十經文「（濁漳水）又北過堂陽縣西，又東北過扶柳縣北，又東北過信都縣西，又東北過下博縣之西。」則昌城在下博縣南，汪士鐸《水經注圖·清淇蕩洹濁漳清漳圖》描繪衡水在逕昌城縣（汪氏作「昌成」，誤）後北上直至安平郡下博縣與長盧水合為漳水，是，此與勃海郡絕遠，則似有兩阜城。而據《漢志》昌城屬信都國，阜城屬勃海郡，又《續漢志》：「阜城，故昌城。」則似後漢時將勃海之阜城廢去又將信都之昌城改為阜城並割屬安平國。又據《輿地廣記》卷十河北東路上冀州望信都縣條：「漢昌城縣，屬信都國，後漢改為阜城，後徙焉。」其後又似將安平之阜城移徙它處。又據《毛詩·邶鄘衛譜》唐人孔穎達疏解鄭玄箋「北逾衡漳」條引《地理志》：「漳水……東北至安平阜城入河。」唐人賈公彥《周禮注疏》卷二十二亦引《地理志》：「漳水……東北至安平阜城入河。」又《水經注》卷十經文「（濁漳水）又東北過下博縣之西，又東北過阜城縣北，又東北至昌亭，與滹沱河會。」則此阜城在下博縣北，其時黃河河道離之絕遠，則上引所謂「入河」之河似乎指「滹沱河」。則此二水合口之阜城即安平之阜城，故阜城移徙後仍屬安平且已昵近勃海，而移徙確年乏考但

當在漢末晉初之間，其後又重歸勃海郡而確年亦無考，故暫將其列入。吳氏《表》卷二據《皇輿表》將之列入，是，但所據不堅。治所在今河北阜城縣東。

11、廣宗

按：《續漢志》屬鉅鹿郡，《晉志》屬。漢末來屬，詳本郡考證。治所在今河北廣宗縣東南。

四、博陵郡，治未詳，領縣七。

按：據《水經注》卷十一「（滱水）又東北逕博陵縣故城南……漢質帝本初元年，續孝沖爲帝，追尊父翼陵曰博陵，因以爲縣，又置郡焉，漢末罷，還安平。」楊守敬疏文以爲：「《寰宇記》引《十三州志》，本初元年，蠡吾侯志繼孝質，是爲孝桓帝。追尊皇考蠡吾侯翼爲孝崇皇帝，陵曰博陵，因以爲郡。蓋酈氏所據，當本是孝桓繼爲帝，傳抄誤作繼孝沖爲帝耳。」是。又《輿地廣記》卷十二河北西路下同下州永寧軍望博野縣條：「博野縣本蠡吾，漢屬涿郡，後漢屬中山國，桓帝父蠡吾後葬此，追尊爲孝崇皇，其陵曰博陵，（漢桓帝）因分（蠡吾縣）置博陵縣，晉改爲博陸，爲高陽國治。」則漢桓帝即位初置博陵縣並置博陵郡。今孔廟內仍存「漢博陵太守孔彪碑」碑，王昶《金石萃編》卷十四著錄孔彪碑碑陰刻文曰：「故吏司徒掾博陵安平崔烈字威考』故吏齊□博陵安平崔恢字行孫』故吏乘氏令博陵安平王沛字公豫』故吏司空掾博陵安國劉憙字伯桓』故吏外黃令博陵安國劉楊字子長』故吏白馬尉博陵博陵齊智字子周（洪氏晦木齋本洪適《隸釋》卷八《漢博陵太守孔彪碑陰》作「博陵齊智。」錢大昕《潛研堂金石文跋尾》卷一「貞博陵太守孔彪碑并碑陰」條：「洪氏《隸釋》本重出『博陵』，俗刻本少兩字，蓋校書者誤以爲爲重複而去之。」是。）』故吏五官掾博陵安平劉麟字幼公』故吏五官掾博陵安平王瑤字顯祖』故吏五官掾博陵安平孟循字敬節』故吏五官掾博陵高陽史應字子聲』故吏五官掾博陵南深澤程祺字伯友』故吏五官掾博陵南深澤程祚字元祐』故吏五官掾博陵安國劉機字□閣。」其正面碑文中有「建寧四年七月辛未□□□哀哉。」錢大昕《潛研堂金石文跋尾》卷一「貞博陵太守孔彪碑并碑陰」條據此以爲碑主

孔彪建寧四年七月卒（歐陽修《集古錄》卷下、趙明誠《金石錄》卷中皆以爲孔彪建寧四月十月卒，並誤），是，則至建寧四年博陵郡仍未廢。又據《魏志》卷二十三《常林傳》：「後刺史梁習薦州界名士（常）林及楊俊、王淩、汪象、荀緯，太祖皆以爲縣長，（常）林宰南和治化有成，超遷博陵太守。」則漢末建安時有博陵郡，《魏志》卷十五《梁習傳》：「建安十八年，（并）州並屬冀州」而《續漢書‧百官志》注引《獻帝起居注》并州諸郡已入冀州，則其所載之冀州諸郡乃建安十八年後之情況，其中冀州又有「博陵」郡，故建安十八年有博陵郡。又據《寰宇記》卷六十三河北道深州條：「深州饒陽郡……漢爲饒陽，地屬涿郡，後漢屬安平國，桓帝以後爲博陵郡，晉爲博陵郡。」《輿地廣記》卷十一河北西路上望深州條：「深州……後漢屬安平國，魏、晉爲博陵國，後魏、北齊、後周爲博陵郡。」則從東漢桓帝直至魏博陵郡未廢，故《水經注》注文所謂「漢末罷」誤甚，王鳴盛《十七史商榷》卷三十三「博陵郡」條以爲博陵郡漢末罷，亦誤。據《孔彪碑》博陵郡其時可考屬縣有安平、南深澤、安國、高陽、博陵，凡五縣，今撿《晉志》博陵國領縣四：安平、饒陽、南深澤、安國，而高陽、博陸（晉改博陵爲博陸，見上引《輿地廣記》）二縣《晉志》屬高陽國，而據《晉志》高陽國泰始元年置，則此二縣似於晉初泰始元年高陽國設置時割屬焉。吳氏《考證》卷二沿酈道元之謬，不列博陵郡，誤甚，《中國歷史地圖集‧三國圖組》不畫博陵郡並將博陸縣（其時博陵縣名仍未改，誤）畫入安平郡，亦誤，今並不從。又饒陽縣屬焉，詳下考證。又蠡吾縣屬焉，詳下考證，則魏時博陵郡領縣七。

1、安平

按：《續漢志》屬安平國，《晉志》屬，據本郡考證，安平縣魏時當屬博陵郡。治所在今河北安平縣。

2、饒陽

按：《續漢志》屬安平國，《晉志》屬。據《寰宇記》卷六十三河北道深州條：「深州饒陽郡……漢爲饒陽，地屬涿郡，後漢屬安平國，桓帝以後爲博陵郡，晉爲博陵郡。」又《輿地廣記》卷十一河北西路上望深州望饒陽縣條：「饒陽縣，漢屬涿郡，後漢屬安平國，魏、晉屬

博陵國。」則饒陽魏時屬博陵郡，而歸屬確年乏考。治所在今河北
饒陽縣東北。

3、南深澤

按：《續漢志》屬安平國，《晉志》屬。宋紹興刊本《後漢書》作「南深
國」，中華書局標點本據殿本改作「南深澤」，是，從之。據本郡考
證，南深澤縣魏時當屬博陵郡。治所在今河北安平縣西。

4、安國

按：《續漢志》屬中山國，《晉志》屬。據《魏志》卷二十四《高柔傳》：
「高貴鄉公即位，進封（高柔）安國侯……景元四年，年九十薨……
孫（高）渾嗣，咸熙中開建五等……改封（高）渾昌陸子。」則安
國自正元元年至咸熙中爲侯國。治所在今河北安國市東南。

5、高陽

按：《續漢志》屬河間國，《晉志》屬高陽。據本郡考證泰始元年移屬高
陽國。治所在今河北高陽縣東。

6、博陵

按：《續漢志》無此縣，《晉志》作「博陸」屬高陽國。今檢《輿地廣記》
卷十二河北西路下同下州永寧軍望博野縣條：「（漢桓帝）因分（蠡
吾縣）置博陵縣，晉改爲博陸，爲高陽國治。」則後漢桓帝時分蠡
吾縣置博陵縣，入晉後改博陵縣爲博陸縣，又據本郡考證，泰始元
年移屬高陽國。治所在今河北蠡縣北。

7、蠡吾

按：《續漢志》屬中山國，《晉志》屬高陽國，據《水經注》卷十一注文
「滱水東北逕蠡吾縣故城南，《地理風俗記》曰：『縣，故饒陽之下
鄉者也。』自河間分屬博陵。」據本郡考證饒陽縣屬博陵郡，蠡吾
與其地近，《水經注》注文又明言「屬博陵。」則蠡吾縣當屬博陵郡，
又博陵、高陽二縣泰始元年置高陽國時並屬之，蠡吾《晉志》亦屬
高陽，則蠡吾似與博陵、高陽二縣一併割屬高陽國，而《水經注》
注文所謂「自河間分屬」似誤，當爲「自中山分屬。」吳氏《表》
卷二將蠡吾縣列入中山國，不出考證，未知所據，《中國歷史地圖集·
三國圖組》亦沿其誤，今並不從。治所在今河北博野縣。

五、中山國，治盧奴，領縣十。

按：據《續漢志》中山國領縣十三，《晉志》領縣八，其中《續漢志》中
山國所領安國縣、蠡吾縣魏時屬博陵郡，吳氏《表》卷二將此二縣
列入中山國，誤，詳博陵郡考證，不從。《續漢志》中山國又有廣昌
縣，《晉志》屬代郡，據《寰宇記》卷五十一河東道蔚州飛狐縣條：
「飛狐縣……本漢廣昌縣地屬代郡，後漢屬中山國，魏封樂進爲廣
昌侯即謂此，後廢，晉又屬代郡。」考《魏志》卷十七《樂進傳》
樂進封侯乃漢末建安時事，此後廣昌何時見廢文獻乏考，又上庸郡
魏時有廣昌縣，詳荊州上庸廣昌縣考證，一國不當有兩廣昌，吳氏
《表》卷二暫將之列入中山國，不出考證，今不從，暫闕不列。楊
氏《補正》據《魏志》、《水經注》以爲靈丘縣桓、靈時復置，今查
《晉志》、《宋志》均無此縣，又《後魏志》：「靈丘，前漢屬代，後
漢、晉罷。」則靈丘縣漢末當罷，楊氏誤，今不從。據《魏志》卷
二十《曹袞傳》：「（黃初）四年改封（曹袞）贊王，（黃初）七年徙
封濮陽……（太和）六年改封中山王。」則中山自太和六年始爲王
國。治所在今河北定州市。

1、盧奴

按：治所在今河北定州市。

2、北平

按：治所在今河北滿城縣北。

3、新市

按：治所在今河北新樂市北。

4、望都

按：治所在今河北望都縣。

5、唐

按：治所在今河北順平縣西北。

6、蒲陰

按：治所在今河北順平縣東。

7、安喜

按：《續漢志》作「安憙」屬，《魏志》卷五《后妃傳》：「（青龍四年）追封

（甄）逸世婦張爲安喜君。」《晉志》亦作「安喜」屬，則魏後均作「安喜」，吳氏《表》卷二作「安熹」，誤。治所在今河北安國市西北。

8、魏昌

按：《續漢志》作「漢昌」屬，《晉志》作「魏昌」屬，據《元和志》卷十八河北道定州陘邑縣條：「陘邑縣……漢屬中山國，章帝改爲漢昌，魏文帝改爲魏昌。」則魏時有魏昌縣，且屬中山國。《宋志》：「魏昌，魏立，屬中山。」當爲「魏昌，魏改」。治所在今河北深澤縣西北。

9、無極

按：《續漢志》作「毋極」屬，《晉志》無此縣。據宋本《魏志》卷五《后妃傳》：「文昭甄皇后，中山無極人。」又宋本《後漢書》卷七十注引《袁紹傳》：「甄氏，中山無極人。」則漢末「毋極」已改爲「無極」。又《輿地廣記》卷十一河北西路次府中山府緊無極縣條：「二漢爲毋極屬中山國，晉省之……武后改毋極爲無極。」則無極縣魏時未廢，然歸屬情況無考，今暫將之列入，而引文中所謂「武后改毋極爲無極」，誤，吳氏《表》卷二作「毋極」。《中國歷史地圖集·三國圖組》同作「毋極」。並誤，今不從。治所在今河北無極縣西。

10、上曲陽

按：《續漢志》屬，《晉志》屬常山郡，據西晉杜預《春秋釋例》卷七：「北嶽，中山上曲陽縣西北恒山也。」則上曲陽晉初仍屬中山國，其於魏時亦當屬中山國，吳氏《表》卷二據《畿輔志》以爲上曲陽魏屬常山郡，所據不堅，今不從。治所在今河北曲陽縣。

六、河間郡，治樂城，領縣九，東平舒縣嘉平中復還，領縣十。

按：吳氏《表》卷二據《魏志》以爲「河間國」魏初爲「河間郡」。黃初三年爲王國，黃初五年復爲「河間郡」，是，從之。《續漢志》領縣十一，《晉志》領縣六，其中《續漢志》載河間國所領高陽縣，漢末已割屬博陵郡，詳博陵郡考證。又《續漢志》載河間國所領東平舒建安末割屬章武郡，嘉平中復還，詳章武郡考證。治所在今河北獻縣東南。

1、樂城

按：《續漢志》作「樂成」屬，《晉志》作「樂城」屬，據《魏志》卷二十《曹幹傳》：「（黃初）五年改封（曹幹）樂城縣。七年，徙封鉅鹿。」

又《魏志》卷九《曹洪傳》:「明帝即位拜（曹洪）後將軍,更封樂城侯。」則魏時當作「樂城」。吳氏《表》卷二作「樂成」,誤。《中國歷史地圖集・三國圖組》亦誤作「樂成」,今不從。又據兗州陳留郡考證魏制:黃初元年至黃初五年皆以郡爲王,黃初五年至太和六年皆以縣爲王,太和六年後復以郡爲王。由上引《魏志》文可知樂城縣自黃初五年至七年爲王國,後又於明帝即位時即太和元年始爲侯國。治所在今河北獻縣東南。

2、武垣

按:治所在今河北河間市北。

3、鄭

按:《續漢志》、《晉志》皆屬。據《魏志》卷十七《張郃傳》:「及文帝踐阼,進封（張郃）鄭侯。」則自黃初元年始鄭縣即爲侯國。治所在今河北雄縣南。

4、易

按:《續漢志》作「易」屬,《晉志》作「易城」屬,吳氏《表》卷二據《保定府志》以爲魏時當作「易城」。楊氏《補正》據《後魏志》、《水經注》駁之,是,《中國歷史地圖集・三國圖組》同作「易城」,亦誤,今從楊氏。治所在今河北雄縣。

5、中水

按:治所在今河北獻縣西北。

6、成平

按:治所在今河北南皮縣西北。

7、弓高

按:《續漢志》屬,《晉志》無此縣。據《寰宇記》卷六十三河北道冀州阜城縣條:「弓高城……晉省縣。」《寰宇記》卷六十八河北道定遠軍東光縣條:「廢弓高縣……漢時屬河間國……晉廢。」又《輿地廣記》卷十河北東路同下州永靜軍緊東光縣條:「弓高鎮,本漢縣屬河間國,後漢因之,晉省焉。」則弓高縣直至入晉後方廢,其在魏時當屬河間國,吳氏《表》卷二河間國漏列弓高縣且不出考證,《中國歷史地圖集・三國圖組》河間國亦漏畫弓高縣,並誤,今不從。治

所在今河北阜城縣南。

8、東平舒

按:《續漢志》屬,《晉志》屬章武國,建安末割屬章武郡,嘉平中復還,西晉泰始元年移屬章武國,詳章武郡東平舒縣考證。治所今河北青縣北。

9、文安

按:《續漢志》屬,《晉志》屬章武國,而魏時情況文獻無考,文安縣似未廢,今暫將之列入,吳氏《表》卷二據《一統志》將之列入章武郡,所據不堅,今不從。據《魏志》卷二十《曹蕤傳》:「景初二年立(曹贊)爲饒安王,正始七年徙封文安。」則正始七年後,文安始爲王國。治所今河北文安縣。

10、束州

按:《續漢志》屬,《晉志》屬章武國,而魏時情況文獻無考,束州縣似未廢,今暫將之列入,吳氏《表》卷二據《畿輔志》將之列入章武郡,所據不堅,今不從。治所今河北河間市東。

七、勃海郡,治南皮,領縣九。

按:《續漢志》勃海郡領縣八,《晉志》領縣十,其中陽信縣移屬樂陵郡,詳樂陵郡考證。清河國廣川縣來屬,詳下考證。治所在今河北南皮縣北。

1、南皮

按:治所在今河北南皮縣北。

2、高城

按:治所在今河北鹽山縣東南。

3、重合

按:治所在今山東樂陵縣西。

4、東光

按:治所在今河北南皮縣南。

5、浮陽

按:治所在今河北滄州市東南。

6、蓨

按：《續漢志》作「修」屬，《晉志》作「蓨」亦屬焉，據《元和志》卷
十七河北道德州蓨縣條：「蓨縣，本漢條縣……漢條縣屬信都國，後
漢屬勃海郡。晉改『條』為『修』。隋開皇三年廢勃海郡，屬冀州。
五年改修縣為蓨縣，屬觀州。」今查《漢志》信都國有「修」縣，《續
漢志》勃海郡有「修」縣，又《魏志》卷十一《田疇傳》：「建安十
二年，太祖北征烏丸……拜（田疇）為蓨令。」則漢末以為「蓨」
縣，《晉志》又作「蓨」縣，故《元和志》於此舛亂殊甚，魏時當作
「蓨」。治所在今河北景縣。

7、廣川

按：《續漢志》屬清河國，《晉志》屬。據《宋志》：「廣川縣，前漢屬信
都，後漢屬清河，魏屬勃海，晉還清河。」則廣川縣魏時確屬勃海
郡，而歸屬確年無考，晉時還屬清河郡。治所在今河北棗強縣東。

8、饒安

按：《續漢志》無此縣，《晉志》屬。吳氏《考證》卷二據《魏志》卷二
《文帝紀》、《元和志》、《水經注》以為饒安縣延康元年置且屬勃海
郡，是，今從之。又據《魏志》卷二十《曹蕤傳》：「景初二年立（曹
贊）為饒安王，正始七年徙封文安。」則饒安自景初二年至正始七
年為王國。治所在今山東樂陵縣西北。

9、章武

按：《續漢志》屬，《晉志》屬章武國，而魏時情況文獻無考，章武縣似
未廢，今暫將之列入，吳氏《表》卷二據《一統志》將之列入章武
郡，所據不堅，今不從。治所今河北青縣東。

八、章武郡，治乏考，領縣一。

按：吳氏《考證》卷二據《魏志》杜畿傳、《獻帝起居注》、《晉志·序例》
以為章武郡建安末置，且於嘉平中省，西晉泰始元年復置章武國，
是。今從之。楊氏《補正》據《水經注》引《魏土地記》以為章武
郡治東平舒，非也，《魏土地記》乃記後魏地理，詳司隸平陽郡考證，
今不從。吳氏《表》卷二據《畿輔志》以為束州縣屬焉，據《一統
志》以為文安、章武二縣亦屬焉，所據不堅，今並不從。

1、東平舒

按：《續漢志》屬河間國，《晉志》屬章武國，章武郡廢後，當還屬河間郡，至泰始元年章武國復置，又割屬焉。治所今河北青縣北。

九、清河郡，治清河，領縣六。

按：《續漢志》領縣七，《晉志》領縣六，《續漢志》清河國所領廣川縣魏時割屬勃海郡，詳勃海郡考證。又《續漢志》：「清河國，高帝置，桓帝建和四年改爲甘陵。」吳氏《表》卷二據《後漢書》獻帝紀、《輿地廣記》以爲魏時復爲清河郡，是，從之。據《魏志》卷二十《曹貢傳》：「清河悼王（曹）貢，黃初三年封，四年薨，無子，國除。」則清河郡，黃初三年至黃初四年爲王國。治所在今山東臨清市東北。

1、清河

按：《續漢志》作「甘陵」屬，《晉志》作「清河」屬，據本郡考證清河國曾名甘陵郡，則甘陵縣似即清河縣，《魏志》卷三《明帝紀》：「（黃初）七年，立皇子冏爲清河王……冬十月，清河王冏薨。」吳氏《考證》卷二以爲此清河王爲縣王，是，則其時甘陵已改爲清河，而清河縣於黃初七年曾暫爲王國。治所在今山東臨清市東北。

2、貝丘

按：治所在今山東臨清市東南。

3、東武城

按：《續漢志》、《晉志》皆屬。宋紹興刊本《後漢書》作「東武成」，中華書局標點本據汲本、殿本改爲「東武城」，是，從之。治所在今河北故城縣西南。

4、鄃

按：《續漢志》、《晉志》均屬。《魏志》卷十七《張郃傳》裴注引《九州春秋》：「文帝即位，封（朱）靈鄃侯。」則黃初元年始，鄃即爲侯國。治所在今山東高唐縣東北。

5、靈

按：治所在今山東高唐縣北。

6、繹幕

按：治所在今山東平原縣西北。

十、常山郡，治真定，領縣八。

按：《續漢志》領縣十三，《晉志》領縣八。《續漢志》常山郡所領元氏、
房子、平棘、高邑四縣割屬趙國，詳趙國考證。《續漢志》常山郡有
都鄉縣，今查《晉志》、《宋志》、《後魏志》、《南齊志》、《隋志》皆
無此縣，而《魏志》為都鄉侯者數十處，據《魏志》卷五《后妃傳》：
「初太后弟（卞）秉以功封都鄉侯」條下盧氏《集解》引錢大昕曰：
「東京人封都鄉侯者甚多，都鄉者近郭之鄉，班在鄉侯之上。」則
《魏志》中眾多「都鄉侯」難知孰為都鄉縣之侯國，孰為近郭之都
鄉侯國，惟知入晉後都鄉縣當省，而魏時都鄉縣歸屬情況乏考，吳
氏《表》卷二闕如，今姑且從之。《續漢志》常山郡有欒城縣，吳氏
《表》卷二據《元和志》以為後漢末省，是。據《輿地廣記》卷十
一河北西路上次府真定府次赤真定縣條：「真定縣……東漢併入常
山，魏、晉為郡治。」則魏時常山郡治真定縣，在今河北石家莊市。

1、真定
按：《續漢志》、《晉志》皆屬。據《魏志》卷二十《曹彪傳》：「（正元元
年）封（曹）彪世子（曹）嘉為常山真定王。」則真定正元元年為
王國。治所在今河北石家莊市。

2、井陘
按：治所在今河北井陘縣北。

3、蒲吾
按：《續漢志》、《晉志》皆屬。吳氏《表》卷二據《寰宇記》以為魏廢去
蒲吾縣，據《晉志》常山郡明有蒲吾縣，《後魏志》：「蒲吾，二漢、
晉屬（常山郡）。」《輿地廣記》卷十一河北西路上次府真定府次畿
平山縣條：「平山縣……二漢為蒲吾縣屬常山郡，魏、晉皆因之。」
皆未言蒲吾縣有廢置情況，今查《寰宇記》卷六十一河北道鎮州平
山縣條：「平山縣，本漢蒲吾縣地，屬常山郡，後漢於此立房山縣，
魏晉以來廢，隋開皇十六年又置。」此謂房山縣魏晉以來廢，非指
蒲吾縣也，吳氏誤讀志文，今不從。治所在今河北石家莊市西北。

4、南行唐
按：治所在今河北行唐縣北。

5、靈壽

按：治所在今河北靈壽縣。

6、九門

按：治所在今河北正定縣東。

7、石邑

按：《續漢志》無此縣，《晉志》屬。據《魏志》卷二《文帝紀》（吳氏《表》
卷二誤引《魏志》武帝紀，且作建安二十五年，並誤）「（延康元年）
八月石邑縣言鳳皇集。」則漢末石邑縣復置，且當屬焉。又《後魏
志》：「石邑，前漢屬（常山），後漢罷，晉復，屬（常山）。」則所
謂「晉復」，當作「魏復」，中華書局標點本《魏書》失校。治所在
今河北石家莊市西南。

8、上艾

按：《續漢志》屬，《晉志》屬并州樂平郡，其魏時歸屬情況乏考，今暫
將之列入常山郡。治所在今山西陽泉市東南。

十一、平原郡，治平原，領縣十。

按：吳氏《考證》卷二據《晉志》、《獻帝起居注》以爲建安末平原郡由
青州來屬冀州，是，從之。《續漢志》領縣十（原作九，關西平昌縣，
詳下），《晉志》領縣九。又兗州東郡之博平、聊城二縣，兗州濟北
之荏平縣來屬，詳下考證。《續漢志》平原郡所領樂陵縣、厭次縣後
屬樂陵郡，詳樂陵郡考證。則魏時平原郡領縣十。《續漢志》平原郡
所領祝阿縣後屬青州濟南郡，詳青州濟南郡考證。據《魏志》卷二
《文帝紀》：「（黃初三年）三月乙丑，立齊公（曹）叡爲平原王。」
又《魏志》卷三《明帝紀》：「（黃初）三年爲平原王……七年夏五月，
（文）帝病篤，乃立爲皇太子，丁巳即皇帝位。」則平原郡自黃初
三年至黃初七年爲王國。治所在今山東平原縣南。

1、平原

按：治所在今山東平原縣南。

2、高唐

按：治所在今山東高唐縣東。

3、安德

按：治所在今山東陵縣北。

4、般

按：治所在今山東商河縣北。

5、鬲

按：宋本《漢書》、《後漢書》、《晉書》地理志平原郡皆有「鬲」縣，中華
書局標點本《漢書》、《後漢書》、《晉書》皆作「鬲」，且均未出校記，
似以「鬲」與「鬲」爲一字。據宋本《春秋經傳集解・襄公四年》傳
文「靡奔有鬲氏」杜預注「有鬲，國名，今平原鬲縣。」則確當作
「鬲」縣，又陸德明《釋文》：「（鬲）音革。」今檢《漢志》平原郡
「鬲」縣條顏師古注曰：「讀與隔同。」唐何超《晉書音義》卷之上
《志第四卷》：「鬲，音革。」四部叢刊初編宋本《爾雅音釋中》：「鬲，
（音）革。」則此「鬲」唐時確乎音革，而宋雍熙本《說文解字・第
三下》鬲部引孫愐《唐韻》：「（鬲）郎激切。」即使古人重聲不重字，
其二字之音亦復相異，故「鬲」、「鬲」明爲兩字。又《劉宋明曇憘墓
志》（拓片見《南京太平門外劉宋明曇憘墓》，《考古》1976年第一期）：
「君諱憘，字永源，平原鬲人也。」則六朝時寫作「鬲」。又敦煌殘
寫本《箋注本切韻》（斯二七〇一）：「鬲，縣名，在平原。」則唐時
寫本亦作「鬲」。中華書局標點本《漢書》、《後漢書》、《晉書》作「鬲」
者皆誤，《中國歷史地圖集・三國圖組》冀州平原郡亦繪有「鬲」縣，
並誤，當改作「鬲」縣。治所在今山東德州市北。

6、西平昌

按：宋紹興刊本《後漢書》平原郡無「西平昌」縣，而平原郡後之樂安
國下小注：「高帝西平昌置。」錢氏《考異》卷十四引《後漢書》宦
者傳以爲「西平昌」三字當是衍文，當屬上文平原郡，且平原郡領
縣九，當爲領縣十，是，從之，則《續漢志》屬，《晉志》亦屬焉。
治所在今山東商河縣西北。

7、博平

按：《續漢志》屬兗州東郡，《晉志》屬。今查《輿地廣記》卷十河北東
路上博州緊博平縣條：「博平縣，漢屬東郡，魏、晉屬平原國。」則
魏時博平縣來屬，而確年乏考。治所在今山東聊城市北。

8、聊城

按：《續漢志》屬兗州東郡，《晉志》屬。今查《輿地廣記》卷十河北東路上博州望聊城縣條：「聊城縣……二漢屬東郡，魏、晉屬平原國。」則魏時聊城縣來屬，而確年乏考。又《魏志》卷二十《曹茂傳》：「太和元年徙（曹茂）封聊城公，其年爲王……六年改封曲陽王。」則聊城縣太和元年爲公國，隨即改爲王國，六年復爲縣。治所在今山東聊城市北。

9、茌平

按：宋景祐本《漢志》作「茬平」屬東郡，宋紹興本《續漢志》作「茌平」屬兗州濟北國，宋本《晉志》作「茌平」屬，今檢宋雍熙本《說文解字·第二下》：「茬，艸皃，從艸在聲，濟北有茬平縣。」王先謙《漢書補注》以爲當作「茬平」，是，從之。《漢志》從篆文隸定，作「茬平」，似可。《續漢志》、《晉志》皆誤，吳氏《表》卷三作「茌平」，誤。今查《輿地廣記》卷十河北東路上博州望聊城縣條：「漢茬平縣屬東郡，後漢屬濟北郡，魏、晉屬平原國。」則魏時茬平縣來屬，而確年乏考。治所在今山東聊城市東。

10、漯陰

按：《續漢志》作「濕陰」屬，《晉志》無此縣。今查《魏志》卷十一《王修傳》：「（袁）譚之敗，劉詢起兵漯陰，諸城皆應。」則漢末時作「漯陰」。又《漢志》作「漯陰」，《水經注》卷五：「漯水又東北逕漯陰縣故城北。」則「濕陰」似爲「漯陰」之訛。又《漢書》卷五十五《霍去病傳》：「（漢武帝）封渾邪王萬戶爲漯陰侯」顏師古注：「如淳曰：『漯陰，平原縣也。』」又據顏師古《漢書敘例》：「如淳，馮翊人，魏陳郡丞。」則魏時漯陰縣仍屬平原郡，吳氏《表》卷三據《左傳》杜預注逆推「濕陰」屬青州濟南郡，《中國歷史地圖集·三國圖組》將「漯陰」繪入青州濟南郡，並誤，今不從。治所在今山東濟陽縣西南。

十二、樂陵郡，治厭次，領縣五。

按：吳氏《考證》卷二據《魏志·韓暨傳》、《獻帝起居注》、《宋志》、《晉志》考訂樂陵郡建安十八年置，屬冀州，是，從之。又《宋志》：「樂陵太守，晉武帝分平原立。」誤甚。《寰宇記》卷六十五河北道棣州

厭次縣條：「厭次縣……本漢富平縣也，屬平原郡……魏樂陵國、晉樂陵郡理於此。」則樂陵郡治厭次縣，在今山東陽信縣東南。

1、厭次

按：《續漢志》屬兗州平原郡，《晉志》屬。據《寰宇記》卷六十四河北道棣州厭次縣條：「厭次縣，本漢富平縣也，屬平原郡……魏樂陵國、晉樂陵郡理於此。」則厭次縣於樂陵郡置時即割屬之。治所在今山東陽信縣東南。

2、樂陵

按：《續漢志》屬兗州平原郡，《晉志》屬。魏時樂陵縣歸屬情況無考，然樂陵郡似未廢，今暫將之列入。據《魏志》卷二十《曹茂傳》：「（太和）六年，改封曲陽王……（正始）五年徙封（曹茂）樂陵。」則自正始五年始樂陵縣為王國。治所在今山東樂陵市南。

3、陽信

按：《續漢志》屬勃海郡，《晉志》屬。據《元和志》卷十七河北道棣州陽信縣條：「陽信縣，本漢舊縣屬勃海郡，魏屬樂陵國。」則陽信縣魏時割屬樂陵郡，又據《宋志》：「魏分平原為樂陵郡，屬冀州。」似樂陵郡初置時無此縣，陽信縣歸屬確年乏考。治所在今山東無棣縣北。

4、新樂

按：《續漢志》無此縣，《晉志》屬。據《宋志》：「新樂令，二漢無，魏分平原為樂陵郡，屬冀州，而新樂縣屬焉。」細繹引文，新樂縣當為魏所置，且屬樂陵郡。治所在今河北南皮縣東南。

5、漯沃

按：《續漢志》無此縣，《晉志》屬。據《宋志》：「溼沃令，前漢屬千乘，後漢無。何云：『魏立』，當是魏復立也」。今查《漢志》千乘郡確有溼沃縣，錢氏《考異》卷五以為：「『溼』當作『濕』，音它合反」是。又顧炎武《金石文字記》卷一「李翕析里橋郙閣銘」條詳考「濕」即「漯」，是。則「溼沃」即「濕沃」，「濕沃」即「漯沃」。故《宋志》之「溼沃」即《晉志》之「漯沃」。《宋志》引何承天說已明言漯沃縣當是魏立，又《元和志》卷十七河北道棣州條：「棣州……漢為平原、渤海、千乘三郡地，曹魏屬樂陵國。」據此魏時樂陵郡屬縣當來自平

原、渤海、千乘三郡地，今已考出厭次縣、陽信縣屬樂陵郡且分別來自平原郡、渤海郡，恰少來自千乘郡之屬縣，而漯沃縣正屬千乘郡，故魏時漯沃屬樂陵郡當確然無疑，而《後魏志》：「濕沃，前漢屬千乘國，後罷，晉復，屬（樂陵郡）。」《輿地廣記》卷十河北東路上棣州中滴河縣：「漢濕沃縣，屬千乘郡，後漢省之，晉復置，屬樂陵國」亦以爲濕沃縣晉復置，並誤，《寰宇記》卷六十四河北道濱州蒲臺縣條：「蒲臺縣……本漢濕沃縣屬千乘國，《續漢書志》無濕沃縣，宋復置濕沃縣屬樂陵郡。」誤甚。治所在今山東利津縣西。

第四節　兗州沿革

兗州，治廩丘，在今山東鄆城縣西北。據《宋志》：「兗州刺史，後漢治山陽昌邑，魏、晉治廩丘。」則魏時兗州治廩丘。《續漢志》兗州領陳留、東郡、東平、任城、泰山、濟北、山陽、濟陰等八郡，《晉志》兗州領陳留、濮陽、濟陰、高平、任城、東平、濟北、泰山等八郡，其中《晉志》之濮陽、高平乃是承襲《續漢志》之東郡、山陽而來，詳見考證，則兗州所領八郡自漢末歷魏未有變化。

一、陳留郡，治陳留，領縣十四。

按：《續漢志》領縣十七，《晉志》領縣十。《續漢志》陳留郡有東昏縣，據《輿地廣記》卷五四京東京開封府畿東明縣條：「東明縣，本漢東昏縣屬陳留郡……後漢復曰東昏，後省爲東明鎮。」則東昏縣後漢末已省。《續漢志》陳留郡有平丘縣，而《晉志》無此縣，今遍查文獻平丘縣魏時情況乏考，吳氏《表》卷二引《開封府志》以爲晉省且將之列入陳留郡，所據不堅，今不從，暫闕不錄。《續漢志》陳留郡又有已吾縣，《晉志》無此縣，今查《魏志》卷一《武帝紀》載：「（中平六年，曹操）始起兵於已吾。」楊氏《補正》據此並《一統志》以爲已吾縣至晉方省，太祖時實爲漢末非魏時，《一統志》亦非堅據，故不從，暫闕不錄。據《魏志》卷二十《曹據傳》：「（黃初）五年詔曰：『先王建國，隨時而制，漢祖增秦所置郡，至光武以天下損耗，并省郡縣。以今比之，益不及焉。其改封諸王，皆爲縣王』，（曹）據改封定陶縣。太和六年，改封諸王，皆以郡爲國，（曹）據

復封彭城。」則魏制：黃初元年至黃初五年皆以郡爲王，黃初五年
至太和六年皆以縣爲王，太和六年後復以郡爲王，今檢《魏志》卷
二十《曹峻傳》：「（黃初）三年，（曹峻）爲陳留王，五年改封襄邑
縣，太和六年又封陳留。」則陳留郡自黃初三年至黃初五年爲王國，
太和六年後復爲王國。治所在今河南開封市西南。

1、陳留

按：《續漢志》屬，《晉志》無此縣，據《輿地廣記》卷五四京東京開封
府畿陳留縣條：「漢武帝元狩元年置陳留郡，晉爲陳留國，治小黃，
而省陳留縣。」又《晉志》無陳留縣，則陳留縣入晉後省，而確年
乏考，《寰宇記》卷一河南道開封府陳留縣條：「陳留縣……西晉末
郡縣並廢。」當誤。治所在今河南開封市西南。

2、浚儀

按：《續漢志》、《晉志》皆屬。據《魏志》卷十九《曹植傳》：「太和元年
徙（曹植）封浚儀，二年復還雍丘。」則自太和元年至二年浚儀爲
侯國。治所在今河南開封市。

3、封丘

按：治所在今河南封丘縣西南。

4、尉氏

按：治所在今河南尉氏縣。

5、雍丘

按：《續漢志》、《晉志》皆屬。據《魏志》卷十九《曹植傳》：「（黃初）
四年徙（曹植）封雍丘王……太和元年徙（曹植）封浚儀，二年復
還雍丘……三年徙封東阿。」則自黃初四年年至太和元年雍丘爲王
國，太和二年至三年復爲王國。治所在今河南杞縣。

6、襄邑

按：《續漢志》、《晉志》皆屬。據兗州陳留郡考證魏制：黃初元年至黃初
五年皆以郡爲王，黃初五年至太和六年皆以縣爲王，太和六年後復
以郡爲王，今檢《魏志》卷二十《曹峻傳》：「（黃初）五年，改封（曹
峻）襄邑縣。太和六年，又封陳留。」則襄邑縣自黃初五年至太和
六年爲王國。吳氏《表》卷二據《晉書》宗室傳以爲咸熙元年後襄

邑縣爲男相,是。治所在今河南睢縣。

7、外黃

按:治所在今河南蘭考縣東北。

8、小黃

按:治所在今河南開封市東南。

9、濟陽

按:《續漢志》、《晉志》皆屬。據《魏志》卷二十《曹玹傳》:「黃初二年,
改封（曹壹）爲濟陽侯,四年進爵爲公。」則自黃初四年起濟陽爲
公國。治所在今河南蘭考縣東北。

10、酸棗

按:治所在今河南延津縣西南。

11、長垣

按:《續漢志》、《晉志》皆屬。據《魏志》卷二十二《衛臻傳》:「正始中,
進（衛臻）長垣侯。」則正始後長垣爲侯國。治所在今河南長垣縣
東北。

12、考城

按:《續漢志》屬,《晉志》無此縣。今查《藝文類聚》卷五十有蔡邕《考
城縣頌》:「暖暖玄路,北至考城。」蔡邕漢末時人則考城縣漢末時
仍未廢,又《晉書》卷七十七《蔡謨傳》:「蔡謨,字道明,陳留考
城人也。」蔡謨西晉時人則考城縣西晉時亦未廢,又《宋志》:「考
城令……章帝更名屬陳留,《太康地志》無。」且《晉志》亦不載考
城縣惟有:「義熙七年……以盱眙立盱眙郡,統考城、直瀆、陽城三
縣。」則考城縣似於西晉時見廢,東晉又復置而確年無考。治所在
今河南民權縣東。

13、圉

按:《續漢志》屬,《晉志》無此縣。今查《魏志》卷二十四《高柔傳》:
「高柔,字文惠,陳留圉人也。」又《晉書》卷四十一《高光傳》:
「高光,字宣茂,陳留圉城人,魏太尉（高）柔之子也。」高光西
晉時人,則圉縣歷三國至西晉時未廢,又《宋志》:「圉縣令,前漢
屬淮陽,後漢屬陳留,《晉太康地志》無此縣」,且《晉志》亦不載

圍縣，則圍縣似於西晉時見廢，而魏時當屬焉。治所在今河南杞縣南。

14、扶溝

按：《續漢志》屬，《晉志》無此縣。今查杜預《春秋釋例》卷五：「或以為陳留扶溝縣東北有圍城，迂遠，非。」又《宋志》：「（扶溝）前漢屬淮陽，後漢、《晉太康地志》屬陳留。」則扶溝似至入晉後仍未廢。又《輿地廣記》卷五四京東京開封府畿扶溝縣條：「扶溝縣……漢屬淮陽國，東漢屬陳留郡，晉省，元魏復置，東魏屬許昌郡。」則扶溝縣似於西晉太康後見廢。又《後魏志》：「扶溝，前漢屬淮陽，後漢、晉屬陳留……（真君七年）後屬（許昌郡）。」則其後似又復置。又《元和志》卷八河南道許州扶溝縣條：「扶溝縣，本漢舊縣，屬淮陽國，後漢屬陳留郡，魏屬許昌郡」、《寰宇記》卷一開封府扶溝縣條：「扶溝縣……後漢屬陳留郡，魏隸許昌郡。」魏時無許昌郡，所謂「魏屬許昌郡」、「魏隸許昌郡」均誤，似當為「後魏屬許昌郡」、「後魏隸許昌郡」。治所在今河南扶溝縣東北。

二、東郡，治濮陽，領縣九。

按：吳氏《表》卷二據《魏志》武帝紀以為東郡治所曾由濮陽徙治東武陽後又復還，是，從之。《晉志》無東郡，據《史記》卷一《五帝本紀》「顓頊崩」條裴駰《集解》引《皇覽》：「顓頊塚在東郡濮陽頓丘城門廣陽里中。」據本州東平國考證，《皇覽》成書於延康後黃初四年前，則其時確有東郡，又《宋志》：「南濮陽太守，本東郡，屬兗州，晉武帝咸寧二年以封子（司馬）允，以『東』不可為國名，東郡有濮陽縣，故曰濮陽國。」又《晉志》：「濮陽國，故屬東郡，晉初分東郡置。」則東郡乃於西晉初改名，《晉志》濮陽國所領四縣：濮陽、白馬、廩丘、鄄城，在魏時當屬東郡，其中廩丘、鄄城二縣原屬濟陰郡。又《續漢志》東郡所領衛國、頓丘、東武陽、發干四縣建安中割屬司隸魏郡，所領陽平、樂平二縣魏時屬司隸陽平郡，詳司隸陽平郡考證，所領博平、聊城二縣魏時割屬冀州平原郡，詳冀州平原郡考證。《續漢志》東郡領縣十五，共割出八縣，又從濟陰郡割屬二縣，則領縣九。治所在今河南濮陽縣南。

1、濮陽

按：《續漢志》屬，《晉志》屬濮陽國，其於魏時當屬焉，詳本郡考證。據《魏志》卷二十《曹袞傳》：「（黃初）四年改封贊王，（黃初）七年徙（曹袞）封濮陽……（太和）六年改封中山。」則濮陽自黃初七年至太和六年爲王國。治所在今河南濮陽縣南。

2、白馬

按：《續漢志》屬，《晉志》屬濮陽國，其於魏時當屬焉，詳本郡考證。據《魏志》卷二十《曹彪傳》：「（黃初）三年封（曹彪）弋陽王……（黃初）七年徙（曹彪）封白馬……（太和）六年改封楚。」則白馬自黃初七年至太和六年爲王國。治所在今河南滑縣東。

3、廩丘

按：《續漢志》屬濟陰郡，《晉志》屬濮陽國，其於魏時當屬焉，而歸屬確年乏考，詳本郡考證。治所在今山東鄆城縣西北。

4、鄄城

按：《續漢志》屬濟陰郡，《晉志》屬濮陽國，其於魏時當屬焉，而歸屬確年乏考，詳本郡考證。據《魏志》卷十九《曹植傳》：「（黃初）三年立（曹植）爲鄄城王……四年徙封雍丘王。」又《魏志》卷二十《曹林傳》：「（黃初）七年徙（曹林）封鄄城……（太和）六年改封沛。」則鄄城自黃初三年至四年，黃初七年至太和六年爲王國。治所在今山東鄄城縣北。

5、燕

按：《續漢志》屬，《晉志》無此縣。今查宋本《春秋經傳集解·隱公五年》：「衛人以燕師伐鄭」條杜預注：「南燕國，今東郡燕縣。」則太康元年燕縣仍屬東郡，故其於魏時當屬焉，又《宋志》：「燕縣，前漢曰南燕，後漢曰燕，並屬東郡，《太康地志》屬濮陽。」則燕縣西晉太康三年屬濮陽國，後廢。治所在今河南延津縣東北。

6、東阿

按：《續漢志》屬，《晉志》屬濟北國，今查《魏志》卷十四《陳昱傳》：「程昱，字仲德，東郡東阿人也。」《晉書》卷六十三《魏濬傳》：「魏濬，東郡東阿人也。」則魏時東阿當屬東郡，入晉後屬濟北國，吳

氏《表》卷二據杜預注有「濟北東阿」以爲東阿縣魏時已經割屬濟
北國，論證牽強，楊氏《補正》已疑之，今不從，《中國歷史地圖集‧
三國圖組》並誤。據《魏志》卷十九《曹植傳》：「（太和）三年徙（曹
植）封東阿……（六年）以陳四縣封植爲陳王。」則自太和三年至
六年東阿爲王國。治所在山東陽穀縣東。

7、穀城

按：《續漢志》屬，《晉志》屬濟北國，今檢《史記》卷七《項羽本紀》「以
　　魯公禮葬項王穀城」條裴駰《集解》引《皇覽》：「項羽冢在東郡穀城，
　　東去縣十五里。」據兗州東平國考證，《皇覽》成書於延康後黃初四
　　年前，則黃初時確有穀城縣，且屬東郡。又查北魏賈思勰《齊民要術》
　　卷四種棗第三十三引《廣志》：「東郡穀城紫棗長二寸。」《隋書‧經
　　籍志》子部雜家類著錄「廣志二卷，郭義恭撰。」姚振宗《隋書經籍
　　志考證》卷三十以爲「郭義恭，始末未詳。」據《齊民要術》卷四柰
　　林擒第三十九引《廣志》：「魏明帝時，諸王朝，夜賜東城柰一區」則
　　郭氏必是魏以後人，又《齊民要術》卷二種芋第十六引《廣志》：「蜀
　　漢既繁芋，民以爲資」，《齊民要術》卷六養雞第五十九引《廣志》：「吳
　　中送長鳴雞，雞鳴長倍於常雞。」可見郭氏頻用「蜀漢」、「吳中」等
　　詞乃是去三國鼎立之時未遠之證，故郭氏當是三國末期西晉初期時
　　人，《說郛》卷六、《玉函山房輯佚書‧子編道家類》、《漢學堂知足齋
　　叢書‧子史鈎沈》皆輯錄《廣志》且題曰：晉郭義恭撰，此所謂「晉」
　　當指「西晉初」。其謂「東郡穀城。」則魏時穀城當屬東郡，而據《宋
　　志》：「穀城令，前漢無，後漢屬東郡，《晉太康地志》屬濟北。」則
　　太康後穀城割屬濟北國，吳氏《表》卷二據杜預注有濟北穀城逆推穀
　　城縣魏時已經割屬濟北國，論證牽強，楊氏《補正》已疑之，《中國
　　歷史地圖集‧三國圖組》同吳氏，並誤。治所在山東平陰縣西南。

8、臨邑

按：《續漢志》屬，《晉志》屬濟北國，今查《元和志》卷十河南道齊州
　　臨邑縣條：「臨邑縣，本漢舊縣，屬東郡，至晉，屬濟北國」文義昭
　　然，臨邑縣當入晉後屬濟北國，吳氏《表》卷二據《宋志》所引《晉
　　太康地志》濟北有臨邑縣逆推臨邑縣魏時屬濟北國，論證牽強，楊
　　氏《補正》已疑之，今知吳氏誤，故不從，《中國歷史地圖集‧三國

《圖組》同吳氏，並誤。治所在山東東阿縣。

9、範

按：《續漢志》屬，《晉志》屬東平國，今查《水經注》卷二十四經文：「（瓠子河）又北過東郡范縣東北。」《水經注》經文爲三國時人所撰（詳司隸弘農盧氏縣考證），則范縣在魏時當仍屬東郡，吳氏《表》卷二據杜預注有「東平範縣」逆推范縣魏時屬東平國，論證牽強，誤，今不從，《中國歷史地圖集‧三國圖組》同吳氏，並誤。治所在今山東梁山縣西。

三、濟北國，治盧，領縣三。

按：《續漢志》領縣五，其所領茌平縣魏時割屬冀州平原郡，詳冀州平原郡考證，所領剛縣魏時割屬東平國，詳東平郡考證，所領成縣，文獻無考，暫闕不錄。據《魏志》卷十九《曹植傳》：「（太和六年）其二月，以陳四縣，封（曹）植爲陳王……子（曹）志嗣，徙封濟北王。」則太和六年後，濟北爲王國。治所在今山東肥城市北。

1、盧

按：治所在山東肥城市北。

2、蛇丘

按：治所在山東寧陽縣北。

3、肥城

按：《續漢志》、《晉志》均無此縣，楊氏《補正》據《後魏志》以爲後漢濟北國有肥成縣至晉方省，《續漢志》脫此縣。今檢《輿地廣記》卷七京東西路東平大都督府上平陰縣條：「漢肥城縣，故肥子國也，屬泰山郡。後漢省之，其後復焉。」則《續漢志》或非漏載，肥城縣其先似已廢後又復置而已，又《後魏志》：「肥城，前漢屬泰山，後漢屬濟北，晉罷。」則魏時肥城縣當屬濟北國至晉方省，且楊氏所謂「肥成」應作「肥城」。《中國歷史地圖集‧三國圖組》沿楊氏之訛繪作「肥成」誤。吳氏《表》卷二闕載肥城縣，李曉傑《東漢政區地理》濟北國亦未列此縣（P47），並誤。治所在今山東肥城市。

四、東平國，治壽張，領縣八。

按：吳氏《考證》卷二詳考史志以爲東平國治壽張，是。今檢《史記》卷

一《五帝本紀》「（黃帝）遂擒殺蚩尤」條裴駰《集解》引《皇覽》：「蚩尤冢在東平郡壽張縣闞鄉城中……肩髀冢在山陽郡鉅野縣重聚。」司馬貞《索隱》謂：「注《皇覽》，書名也。記先代冢墓之處，宜皇王之省覽，故曰《皇覽》。是魏人王象、繆襲等所撰也。」又《魏志》卷九《曹眞傳》注引《魏略》：「延康中，（桓範）爲羽林左監。以有文學，與王象等典集《皇覽》。」又《魏志》卷二十二《楊俊傳》裴注引《魏略》：「王象字羲伯……魏有天下，拜象散騎侍郎，遷爲常侍，封列侯。受詔撰《皇覽》，使象領秘書監。象從延康元年始撰集，數歲成，藏於秘府，合四十餘部，部有數十篇，通合八百餘萬字。」則裴駰所引《皇覽》爲曹魏時王象等人所編集，成書於黃初年間。據《魏志》卷二十《曹徽傳》：「（黃初）四年徙（曹徽）封壽張王，五年改封壽張縣，太和六年改封東平。」魏制：黃初元年至黃初五年皆以郡爲王，黃初五年至太和六年皆以縣爲王，太和六年後復以郡爲王（詳兗州陳留郡考證），上引《皇覽》有「東平郡壽張縣」，則黃初時有東平郡，至遲於黃初四年改名壽張郡，故有《魏志》所謂壽張王，黃初五年後復爲郡，太和六年似又改壽張郡爲東平且爲王國，而《皇覽》所撰成亦必在延康後黃初四年之前。治所在今山東東平縣南。

1、壽張

按：《續漢志》、《晉志》皆屬。今檢《史記》卷一《五帝本紀》「（黃帝）遂擒殺蚩尤」條裴駰《集解》引《皇覽》：「蚩尤冢在東平郡壽張縣闞鄉城中。」據本郡考證《皇覽》成書於延康後黃初四年前，則其時壽張縣屬東平郡。據《魏志》卷二十《曹徽傳》：「（黃初）四年徙（曹徽）封壽張王，五年改封壽張縣，太和六年改封東平。」則壽張縣自黃初五年至太和六年爲王國。治所在今山東東平縣南。

2、無鹽

按：治所在今山東東平縣東。

3、東平陸

按：治所在今山東汶上縣北。

4、富城

按：《續漢志》作「富成」屬，《漢志》、《後魏志》、《晉志》皆作「富城」

屬，故「成」似爲「城」之訛，吳氏《表》卷二作「富成」，亦誤。
治所在今山東肥城市西南。

5、須昌

按：治所在今山東東平縣西。

6、寧陽

按：《續漢志》屬，《晉志》無此縣。據《輿地廣記》卷七京東西路襲慶
府大都督府兗州上龔丘縣條：「龔丘縣本漢寧陽縣屬泰山郡，後漢屬
東平國，晉省之。」則寧陽魏時屬東平國，晉初見廢。治所在今山
東寧陽縣南。

7、章

按：《續漢志》屬，《晉志》無此縣。今查《水經注》卷二十四經文：「（汶
水）又西南過東平章縣西。」《水經注》經文既是三國時人所撰（詳
司隸弘農盧氏縣考證），則章縣於魏時當屬東平國，吳氏《表》卷二
東平國漏載章縣，《中國歷史地圖集·三國圖組》漏繪章縣，並誤。
治所在今山東寧陽縣西北。

8、剛

按：《續漢志》屬濟北國，《晉志》作「剛父」屬。遍查文獻剛縣魏時情
況乏考，其時該縣似未廢，今暫將之列入東平國。楊氏《補正》據
《水經注》、《後魏志》以爲魏時仍作「剛」，入晉後方改爲「剛父」，
是，從之。治所在今山東寧陽縣北。

五、濟陰郡，治定陶，領縣九。

按：《續漢志》濟陰郡領縣十一，《晉志》領縣九，《續漢志》濟陰郡所領
後稟丘、鄄城二縣魏時割屬東郡，詳東郡考證。又《魏志》卷二十
《曹據傳》：「黃初二年進（曹據）爵爲公，三年爲章陵王，其年徙
封義陽。文帝以南方下濕，又以環太妃彭城人，徙封彭城，又徙封
濟陰。五年詔曰：『先王建國，隨時而制，漢祖增秦所置郡，至光武
以天下損耗并省郡縣，以今比之，益不及焉，其改封諸王，皆爲縣
王』，（曹）據改封定陶縣。」則濟陰曾於黃初三年至五年爲王國，
旋復爲郡。治所在今山東定陶縣。

1、定陶

按：《續漢志》、《晉志》皆屬。據兗州陳留郡考證魏制：黃初元年至黃初五年皆以郡爲王，黃初五年至太和六年皆以縣爲王，太和六年後復以郡爲王，今檢《魏志》卷二十《曹據傳》：「（黃初）五年（曹）據改封定陶縣，太和六年改封諸王，皆以郡爲國，（曹）據復封彭城。」則自黃初五年至太和六年定陶爲王國。治所在今山東定陶縣。

2、乘氏

按：《續漢志》、《晉志》皆屬。據《魏志》卷二十《曹茂傳》：「（黃初）三年進（曹茂）爵，徙封乘氏公，七年徙封中丘。」則自黃初三年至黃初七年乘氏爲公國。治所在今山東菏澤市東。

3、句陽

按：《續漢志》、《晉志》皆屬。據《魏志》卷二十《曹矩傳》：「（黃初）七年徙（曹敏）封句陽……（太和六年）改封（曹敏）琅邪王。」則自黃初七年至太和六年句陽爲王國。治所在今山東菏澤市北。

4、離狐

按：《續漢志》、《晉志》皆屬。《魏志》卷十八《李典傳》載：「遷（李典）離狐太守。」錢氏《考異》卷十五據此以爲「離狐縣，前漢屬東郡，後漢屬濟陰郡，史無置郡之文，蓋建安初暫置而即罷。」趙氏《注補》亦據此以爲離狐曾置郡，吳氏《表》卷二亦同之，以縣名領太守者其時亦有，今查《晉書》卷五十七《馬隆傳》有「洛陽太守」，故凡加太守者非必爲郡守，錢氏、趙氏、吳氏三家之說未必確然。治所在今山東東明縣北。

5、單父

按：《續漢志》、《晉志》皆屬。據兗州陳留郡考證魏制：黃初元年至黃初五年皆以郡爲王，黃初五年至太和六年皆以縣爲王，太和六年後復以郡爲王，今檢《魏志》卷二十《曹宇傳》：「（黃初）五年（曹宇）改封單父縣，太和六年改封（曹宇）燕王。」則自黃初五年至太和六年單父爲王國。治所在今山東單縣。

6、成武

按：《續漢志》、《晉志》皆屬。據《魏志》卷二十《曹整傳》：「郿戴公子（曹）整……（建安）二十三年薨，無子……以彭城王（曹）據子（曹）范

奉（曹）整後，（黃初）三年封平氏侯，（黃初）四年（曹范）徙封成武……青龍三年薨。」則自黃初四年至青龍三年成武爲侯國，吳氏《表》卷二以爲封成武者爲曹整，誤。治所在今山東成武縣。

7、己氏

按：《續漢志》、《晉志》皆屬。今檢《史記》卷三《殷本紀》「既葬伊尹於亳」條裴駰《集解》引《皇覽》：「伊尹冢在濟陰己氏平利鄉，亳近己氏。」據本州東平國考證，《皇覽》成書於延康後黃初四年前，則黃初時確有己氏縣，且屬濟陰郡。據《魏志》卷二十《曹琮傳》：「（黃初）四年徙封（曹琮）己氏公……景初元年（曹）琮坐於中尚方作禁物，削戶三百，貶爵爲都鄉侯。」則自黃初四年至景初元年己氏爲公國。治所在今山東單縣西南。

8、冤句

按：《續漢志》作「冤句」屬，《晉志》作「宛句」屬。今查《漢志》、《宋志》、《後魏志》均作「冤句」，故「宛」似爲「冤」之訛。治所在今山東定陶縣西。

9、成陽

按：《續漢志》作「成陽」屬，《晉志》作「城陽」屬，今查《漢志》、《水經注》卷四十均作「成陽」，故「城」似爲「成」之訛。治所在今山東菏澤市東北。

六、泰山郡，治奉高，領縣十四。

按：《續漢志》領縣十二，《晉志》領縣十一，《續漢志》泰山郡所領費縣割屬兗州琅邪國，詳兗州琅邪國考證。治所在今山東泰安市東。

1、奉高

按：治所在今山東泰安市東。

2、博

按：治所在今山東泰安市東南。

3、矩平

按：治所在今山東泰安市南。

4、山茌

按：《續漢志》作「茌」屬，《晉志》作「山茌」屬，據《魏志》卷三《明帝紀》：「景初元年春正月壬辰，山茌縣言黃龍見。」《宋志》亦作「山茌」，則「茌」似為「山茌」之訛，中華書局標點本《後漢書》校勘記引錢大昕說將「茌「改為「山茌」是也，洪氏《補志》作「山茌」是也，謝氏《補注》誤引《魏志》卷三《明帝紀》：「泰山茌縣言黃龍見」以為仍當作「茌」。不知所據何本，王先謙《後漢書集解》已駁之。吳氏《考證》卷二亦引《魏志》卷三《明帝紀》卻作「山茌縣言黃龍見」並據之以為當作「山茌」。今查百衲本影印宋紹興刊本〔註1〕《三國志》作「山茌縣言黃龍見。」吳氏所見不知何本，誤。治所在今山東長清縣西北。

5、梁父

按：《續漢志》作「梁甫」屬，《晉志》作「梁父」屬，今查《漢志》、《宋志》、《後魏志》皆作「梁父」。又《淮南子‧氾論訓》：「夫顏喙聚，梁父之大盜也。」高誘注：「梁父，齊邑，今屬太山。」高誘注《淮南子》在建安十年至黃初三年之間（詳豫州梁國考證），則其時亦作「梁父」，則「甫」似為「父」之訛。治所在今山東新泰市縣西。

6、嬴

按：治所在今山東萊蕪市西北。

7、萊蕪

按：治所在今山東淄博市南。

8、南武陽

按：治所在今山東平邑縣。

9、南城

按：《續漢志》作「南城」屬，《晉志》作「南武城」屬，中華書局標點本《晉書》校勘記據錢氏《考異》以為「南武城」當作「南城」並改之，是，從之。治所在今山東棗莊市北。

10、牟

按：《續漢志》作「牟」屬，《晉志》作「東牟」屬，中華書局標點本《晉書》校勘記據錢氏《考異》以為「東」字衍當作「牟」並改之，是，

〔註1〕承蒙西北師範大學沈暢兄告知是書版本源流，深表謝忱。

從之。治所在今山東萊蕪市東。

11、平陽

按：《續漢志》無此縣，《晉志》作「新泰」屬，吳氏《考證》卷二據《魏志》、《左傳》杜預注、《水經注》、《晉志》以爲魏時置「平陽縣」至晉改爲「新泰縣」，是，楊氏《補正》據《水經注》以爲「平陽」前當加「東」字，誤。治所在今山東新泰市。

12、蓋

按：《續漢志》屬，《晉志》屬徐州東莞郡，今查《水經注》卷二十五經文：「洙水出泰山蓋縣臨樂山。」《水經注》經文爲三國人所撰（詳司隸弘農盧氏縣考證），則蓋縣魏時當屬泰山郡，吳氏《表》卷三據《魏志·國淵傳》「國淵，字子尼，樂安蓋人也」認定蓋縣魏時屬青州樂安郡，楊氏《補正》以爲蓋縣與樂安地不相接，《魏志》所謂「樂安」當爲「東安」之訛，錢氏《考異》卷十五以爲「樂安蓋人」當爲「樂安益人」之訛，趙氏《注補》亦以爲「蓋」爲「益」之訛，錢說是、楊說非，吳氏所據《魏志》之文非爲堅據，故不從。治所在今山東沂源縣東南。

13、華

按：《續漢志》無此縣，《晉志》屬徐州琅邪國，洪氏《補志》據《泰山都尉孔宙碑》以爲華縣復置於漢末，是。吳氏《考證》卷二據《左傳》杜預注等以爲華縣漢末置屬徐州琅邪國，楊氏《補正》引《後漢書》、《魏志》、《泰山都尉孔宙碑》以爲華縣魏時屬泰山郡，今查《水經注》卷二十四經文「時水東至臨淄縣西，屈南過太山華縣東，又南至費縣，東入於沂。」《水經注》經文爲三國人所撰（詳司隸弘農盧氏縣考證），則魏時華縣確屬泰山郡，吳氏誤。治所在今山東費縣東。

14、蒙陰

按：《續漢志》無此縣，《漢志》屬，《晉志》屬徐州琅邪國，今查《後漢書》卷十二章懷太子注引《袁山松書》：「劉洪，字元卓，泰山蒙陰人……延熹中以校尉應太史徵，拜郎中，遷常山長史。」則漢末蒙陰縣已重置且屬泰山郡，又《水經注》卷四十經文「蒙山在太山蒙陰縣西南。」《水經注》經文爲三國人所撰（詳司隸弘農盧氏縣考證），則魏時蒙陰縣仍屬泰山郡，《輿地廣記》卷六京東東路上沂州中新泰

縣條：「漢蒙陰縣屬泰山郡，後漢省之，晉復，屬琅邪國」當爲「漢末復，魏屬泰山郡，晉屬琅邪國。」洪氏《補志》據《晉志》以爲蒙陰縣魏時屬徐州琅邪國，吳氏《表》卷二據《左傳》杜預注逆推魏時蒙陰縣徐州屬東莞郡，《中國歷史地圖集‧三國圖組》亦將蒙陰繪入徐州東莞郡，並誤，不從。治所在今山東蒙陰縣南。

七、山陽郡，治昌邑，領縣九。

按：《續漢志》領縣十，《晉志》無山陽郡。今檢《史記》卷一《五帝本紀》「（黃帝）遂擒殺蚩尤」條裴駰《集解》引《皇覽》：「蚩尤冢在東平郡壽張縣闞鄉城中……肩髀冢在山陽郡鉅野縣重聚。」據東平國考證《皇覽》成書於延康後黃初四年前，而上文《皇覽》所引有「山陽郡鉅鹿縣」，則黃初時確有山陽郡。又《宋志》：「高平太守，故梁國，漢景帝中六年，分爲山陽國，武帝建元五年爲郡，晉武帝泰始元年更名。」《後魏志》：「高平郡，故梁國，漢景帝分爲山陽國，武帝改爲郡，晉武帝更名。」則武帝泰始元年改山陽郡爲高平國。《晉志》：「高平國，故屬梁國，晉初分山陽置。」當爲「晉初改山陽置」。則《晉志》高平國所領七縣魏時當屬山陽郡，《續漢志》山陽郡所領防東縣，遍查文獻魏時情況乏考，暫闕不錄。治所在今山東金鄉縣西北。

1、昌邑

按：《續漢志》屬，《晉志》屬高平國，則其魏時屬焉，詳本郡考證。據《魏志》卷二十六《滿寵傳》：「明帝即位，進封（滿寵）昌邑侯。」則太和元年之後昌邑爲侯國。治所在今山東金鄉縣西北。

2、鉅野

按：《續漢志》屬，《晉志》屬高平國，今檢《史記》卷一《五帝本紀》「（黃帝）遂擒殺蚩尤」條裴駰《集解》引《皇覽》：「蚩尤冢在東平郡壽張縣闞鄉城中……肩髀冢在山陽郡鉅野縣重聚。」據東平國考證《皇覽》成書於延康後黃初四年前，則其時確有鉅野縣且屬山陽郡。至晉初仍屬焉，詳本郡考證。治所在今山東巨野縣北。

3、方與

按：《續漢志》屬，《晉志》屬高平國，則其魏時屬焉，詳本郡考證。治所在今山東魚臺縣西。

4、金鄉

按：《續漢志》屬，《晉志》屬高平國，則其魏時屬焉，詳本郡考證。治
　　所在今山東金鄉縣北。

5、湖陸

按：《續漢志》屬，《晉志》作「陸湖」屬高平國，中華書局標點本校勘
　　記引吳士鑒《晉書斠注》等以爲當作「湖陸」而乙正，是，則其魏
　　時屬焉，詳本郡考證。治所在今山東魚臺縣東南。

6、高平

按：《續漢志》屬，《晉志》屬高平國，則其魏時屬焉，詳本郡考證。據
　　《魏志》卷二十八《諸葛誕傳》：「（正元中）進封（諸葛誕）高平侯……
　　（甘露三年）斬（諸葛）誕，傳首，夷三族。」則自正元中至甘露
　　三年高平爲侯國。治所在今山東魚臺縣東北。

7、南平陽

按：《續漢志》屬，《晉志》屬高平國，則其魏時屬焉，詳本郡考證。治
　　所在今山東鄒城市。

8、瑕丘

按：《續漢志》屬，《晉志》無此縣。據《輿地廣記》卷七京東西路襲慶
　　大都督府兗州上瑕丘縣條：「瑕丘縣……二漢屬山陽郡，晉省入南平
　　陽屬高平國。」則魏時瑕丘未廢，又宋本《春秋經傳集解·哀公七
　　年》傳文「負瑕故有繹」杜預注「高平南平陽縣西北有瑕丘城。」
　　則晉太康元年時瑕丘縣已省且併入南平陽，吳氏《表》卷二雖將瑕
　　丘縣列入山陽郡，然其引《兗州府志》，所據不堅，未爲確證。治所
　　在今山東兗州市。

9、東緡

按：《續漢志》屬，《晉志》無此縣。今查《水經注》卷八經文「（濟水）
　　又東過東緡縣北。」《水經注》經文爲三國人所撰（詳司隸弘農盧氏
　　縣考證），則三國時東緡縣仍未廢，又宋本《春秋經傳集解·僖公二
　　十三年》經文「（僖公）二十有三年，春，齊侯伐宋，圍緡」杜預注
　　「緡，宋邑，高平昌邑縣東南有東緡城。」則晉太康元年東緡縣已
　　省且併入昌邑縣，故《晉志》無此縣。吳氏《表》卷二漏列此縣，

誤，今不從。治所在今山東金鄉縣。

八、任城郡，治任城，領縣三。

按：《續漢志》、《晉志》所領三縣皆同，故任城國自漢末歷魏至晉初所領
諸縣未變也。據《魏志》卷十九《曹彰傳》：「（黃初）三年立（曹彰）
爲任城王，四年朝京都，疾，薨於邸……（曹彰）子（曹）楷嗣徙
封中牟，五年改封任城縣，太和六年復改封任城國……正始七年徙
封濟南。」則自黃初三年至四年、自太和六年至正始七年任城爲王
國。治所在今山東鄒城市西南。

1、任城

按：《續漢志》、《晉志》皆屬。據《魏志》卷十九《曹彰傳》：「（曹彰）
子（曹）楷嗣徙封中牟，（黃初）五年改封任城縣，太和六年復改封
任城國。」則自黃初五年至太和六年任城縣爲王國。治所在今山東
鄒城市西南。

2、亢父

按：治所在今山東濟寧市南。

3、樊

按：《續漢志》、《晉志》皆屬。據《魏志》卷二十《曹均傳》：「建安二十
二年封（曹均）樊侯，二十四年薨，（曹均）子（曹）抗嗣，（黃初）
三年徙封抗薊公。」則自黃初元年至於黃初三年樊縣爲公國。治所
在今山東濟寧市東。

第五節　徐州沿革

徐州，治彭城，在今江蘇徐州市。據《宋志》：「徐州刺史，後漢治東海
郯縣，魏、晉、宋治彭城。」《後魏志》：「徐州，後漢治東海郡，魏、晉治彭
城。」則徐州魏時確治彭城，吳氏《考證》卷一詳列《魏志》諸傳以爲當治
下邳，雖推斷似乎有據，但所引各條均未明言徐州其時治下邳，故不從，金
氏《校補》以爲有時移治下邳，近是，然常治彭城也。《續漢志》徐州領東海、
琅邪、彭城、廣陵、下邳五郡，《續漢書·百官志》注引《獻帝起居注》：「（建
安十八年）徐州部郡得下邳、廣陵、彭城、東海、琅邪、利城、城陽、東莞。」
其中利城郡旋置旋廢，詳東海國考證，東莞郡亦旋置旋廢，詳琅邪國考證，

故領郡六，吳氏《考證》卷三引《通鑑》胡注以爲城陽郡魏時屬青州，非爲堅據，今不從。

一、彭城國，治彭城，領縣七。景初二年廣戚移屬豫州沛國，領縣六。

按：《續漢志》領縣八，《晉志》領縣七，《續漢志》彭城國所領菑丘縣魏時歸屬情況文獻乏考，暫闕不錄。吳氏《表》卷二將豐縣列入，誤，詳豫州沛國考證。據《魏志》卷二十《曹據傳》：「（黃初三年）徙（曹據）封彭城，又徙封濟陰……太和六年（曹）據復封彭城。」則黃初三年彭城郡爲王國，其後復爲郡，太和六年後又爲王國。治所在今江蘇徐州市。

1、彭城

按：治所在今江蘇徐州市。

2、留

按：治所在今江蘇沛縣東南。

3、傅陽

按：治所在今江蘇邳州市西北。

4、武原

按：治所在今江蘇邳州市西北。

5、呂

按：治所在今江蘇徐州市東。

6、梧

按：治所在今江蘇蕭縣南。

7、廣戚

按：《續漢志》、《晉志》均屬。景初二年割屬豫州沛國，而復屬確年乏考，詳豫州沛國考證。治所在今江蘇沛縣東。

二、下邳郡，治下邳，領縣十二。

按：《續漢志》領縣十七，《晉志》領縣七，又據《晉志》：「太康元年，復分下邳屬縣在淮南者置臨淮郡」則《晉志》臨淮郡所領十縣於太康前當屬下邳國，《續漢志》下邳國所領高山、盱臺、東城、潘旌四縣據吳氏《考證》卷二以爲是魏、吳兩界棄地，是，從之。其所領

淮浦縣魏時割屬廣陵，詳廣陵郡考證。據兗州陳留郡考證，魏制：黃初元年至黃初五年皆以郡爲王，黃初五年至太和六年皆以縣爲王，太和六年後復以郡爲王，今檢《魏志》卷二十《曹宇傳》：「（黃初）三年，（曹宇）爲下邳王，五年改封單父縣。」則下邳郡自黃初三年至黃初五年爲王國。治所在今江蘇邳州市南。

1、下邳

按：治所在今江蘇邳州市南。

2、睢陵

按：治所在今江蘇睢寧縣。

3、夏丘

按：治所在今江蘇泗縣。

4、取慮

按：治所在今江蘇睢寧縣西南。

5、僮

按：治所在今江蘇睢寧縣南。

6、良成

按：《續漢志》作「良成」屬，《晉志》作「良城」屬，據《魏志》卷十八《臧霸傳》：「及（魏文帝）踐阼，進封（臧霸）開陽侯，徙封良成侯。」則魏時當作「良成」。又《宋志》、《後魏志》皆作「良城」，似後改「良成」爲「良城。」又據上引《魏志》可知黃初元年後，良成縣爲侯國。治所在今江蘇邳州市東。

7、下相

按：《續漢志》屬，《晉志》屬臨淮郡，則其魏時當屬下邳郡，詳本郡考證。治所在今江蘇宿遷市。

8、司吾

按：《續漢志》屬，《晉志》屬臨淮郡，則其魏時當屬下邳郡，詳本郡考證。治所在今江蘇宿遷市北。

9、徐

按：《續漢志》屬，《晉志》屬臨淮郡，則其魏時當屬下邳郡，詳本郡考

證。治所在今江蘇泗洪縣南。

10、淮陵

按：《續漢志》屬，《晉志》屬臨淮郡，則其魏時當屬下邳郡，詳本郡考
證。治所在今江蘇盱眙縣西。

11、曲陽

按：《續漢志》屬，《晉志》無此縣。今查《宋志》：「曲陽令，前漢屬東
海，後漢屬下邳，《晉太康地志》無。」《後魏志》：「曲陽，前漢屬
東海，後漢屬下邳，晉罷。」則曲陽縣至晉初方省，其在魏似當屬
下邳郡，今暫將之列入。又《魏志》卷二十《曹茂傳》：「（太和）六
年改封（曹茂）曲陽王……（正始）五年徙封樂陵。」則曲陽縣自
太和六年至正始五年爲王國。治所在今江蘇沭陽縣東南。

12、淮陰

按：《續漢志》屬，《晉志》屬廣陵郡，吳氏《考證》卷二據《魏志》、《吳
志》推論淮陰魏時屬廣陵郡並爲郡治，楊氏《補正》引《水經注》
經文「又東北至下邳淮陰縣西」以爲淮陰於魏時當仍屬下邳郡，楊
說是，吳氏誤，《中國歷史地圖集・三國圖組》從吳氏考證，亦誤。
治所在今江蘇淮安市淮陰區。

三、廣陵郡，治乏考，領縣二。

按：《續漢志》領縣十一，《晉志》領縣八，廣陵郡原治廣陵，據《吳志》
卷一《孫策傳》裴注引《江表傳》：「廣陵太守陳登，治射陽。」則
廣陵郡漢末已移治射陽，又《續漢志》廣陵郡所領廣陵、江都、射
陽、高郵五縣魏時已廢，吳氏《考證》卷二引《宋志》以證之，是，
則廣陵郡治所已乏考，吳氏《考證》卷二引《魏志》、《吳志》以爲
其時廣陵郡治淮陰，而其時淮陰縣屬下邳郡，吳氏推斷誤，不從，
詳下邳郡考證。又吳氏《考證》卷二據《吳志》、《通鑒》胡注以爲
《續漢志》廣陵郡所領堂邑、輿、東陽、安平、鹽瀆五縣爲魏、吳
間棄地，是，從之。又《續漢志》廣陵郡所領淩縣，據《宋志》：「淩
令，前漢屬泗水，後漢屬廣陵，三國時廢，晉武帝太康二年又立，
屬廣陵。」吳氏《表》卷二將之列入廣陵郡，《中國歷史地圖集・三
國圖組》亦將之畫入廣陵郡，並誤。

1、海西

按：《續漢志》屬，《晉志》無此縣。今檢《魏志》卷二十二《徐宣傳》：「徐宣，字寶堅，廣陵海西人也。」則魏時海西未廢且屬廣陵郡。又《宋書》卷二十九《符瑞下》：「太康三年六月，木連理生廣陵海西。」則晉太康三年廣陵郡有海西縣，又《宋志》：「海西令，前漢屬東海，後漢、晉屬廣陵。」則西晉有海西且屬廣陵郡，明矣，《晉志》廣陵郡失載海西縣，中華書局標點本《晉書》失校。治所在今江蘇灌南縣。

2、淮浦

按：《續漢志》屬下邳郡，《晉志》屬。吳氏《表》卷二據《魏志‧徐宣傳》以為淮浦縣魏時屬廣陵郡，是，從之。治所在今江蘇漣水縣。

四、東海國，治郯，領縣十一。

按：吳氏《表》卷二據《輿地廣記》：「後漢至晉皆治郯」以為魏時治郯，是，從之。《續漢志》領縣十三，《晉志》領縣十二，據《魏志》卷一《武帝紀》：「（建安三年）分琅邪、東海、北海為城陽、利城、昌慮郡。」又《魏志》卷二十八《諸葛誕傳》：「黃初中利城郡反，殺太守徐箕。」則利城郡至黃初時仍未廢，洪氏《補志》以為因利城郡反叛遂廢之，吳氏《表》卷二是之，今姑從之，利城郡廢後利城縣當還屬東海國。《續漢志》東海國所領贛榆縣，據《宋志》：「贛榆令，前漢屬琅邪，後漢屬東海，魏省，晉武帝太康元年復立。」則魏時無贛榆縣。又其所領陰平縣，魏時歸屬情況文獻乏考，暫闕不錄。又據《魏志》卷二十《曹霖傳》：「太和六年，改封（曹霖）東海。嘉平元年薨。子啟嗣。景初、正元、景元中，累增邑，并前六千二百戶。」則太和六年後，東海郡為王國。治所在今山東郯城縣。

1、郯

按：《續漢志》、《晉志》皆屬。據《魏志》卷四《三少帝紀》：「正始五年，封（曹髦）郯縣高貴鄉公。」則自正始五年至正元元年，郯縣為公國。吳氏《表》卷二據《晉書》陳騫傳以為郯縣魏末為侯國，是。治所在今山東郯城縣。

2、祝其

按：治所在今江蘇贛榆縣西北。

3、朐

按：治所在今江蘇連雲港市西南。

4、襄賁

按：治所在今山東郯城縣西北。

5、昌慮

按：治所在今山東棗莊市西。

6、厚丘

按：《續漢志》作「厚丘」屬，《晉志》作「原丘」屬，中華書局標點本《晉書》校勘記據殿本《晉書》、《漢志》、《續漢志》、《水經注》、《寰宇記》以爲「原丘」當作「厚丘」並改之，是，從之。治所在今江蘇沭陽縣北。

7、蘭陵

按：《續漢志》、《晉志》皆屬。據《魏志》卷十三《王朗傳》：「明帝即位，進封（王朗）蘭陵侯⋯⋯（咸熙中）改封（王）恂爲承子。」則蘭陵縣自太和元年至咸熙中爲侯國。治所在今山東郯城縣西南。

8、承

按：《續漢志》、《晉志》均作「承」，據宋紹熙刊本《魏志》卷十三《王朗傳》：「（咸熙中）改封（王）恂爲承子。」則確當作「承」。吳氏《表》卷二作「丞」，《中國歷史地圖集・三國圖組》亦作「丞」並誤。據上引《魏志》承縣咸熙後爲子相。治所在今山東棗莊市南。

9、戚

按：治所在今山東微山縣。

10、合鄉

按：《續漢志》作「合城」屬，《晉志》作「合鄉」屬，中華書局標點本《後漢書》引王先謙《後漢書集解》以爲當作「合鄉」並改之，是，從之。吳氏《表》卷二作「合城」，《中國歷史地圖集・三國圖組》亦作「合城」並誤。治所在今山東滕州市東北。

11、利城

按：《續漢志》、《晉志》均屬。曾屬利城郡，黃初時利城郡廢，其復屬焉，詳本郡考證。治所在今江蘇贛榆縣西。

五、琅邪國，治開陽，領縣十。

按：據《輿地廣記》卷六京東東路上沂州望臨沂縣條：「漢開陽縣屬東海郡……後漢、晉為琅邪國治。」則琅邪國治開陽。《續漢志》領縣十三，《晉志》領縣七，《續漢志》琅邪國所領琅邪縣，據吳氏《表》卷二引《元和志》以為其建安時省入東武縣，今遍檢《元和志》未見此語，不知吳氏所據何本。據《寰宇記》卷二十四河南道密州諸城縣條：「秦琅琊郡故城在今縣東南一百六十里古城是也，曹魏省並東武」。則琅邪縣曹魏時確已省入東武縣。所領東武、莒、諸三縣魏時割屬城陽郡，詳城陽郡考證，其所領西海縣，魏時歸屬情況文獻乏考，暫闕不錄。據《魏志》卷二十《曹矩傳》：「（太和六年）改封（曹）敏琅邪王。」則太和六年後琅邪郡為王國。治所在今山東臨沂市北。

1、開陽

按：《續漢志》、《晉志》皆屬。據《魏志》卷五《后妃傳》：「黃初七年，進封（卞秉）開陽侯。」則黃初七年後開陽為侯國。治所在今山東臨沂市北。

2、臨沂

按：治所在今山東臨沂市北。

3、陽都

按：治所在今山東沂南縣南。

4、繒

按：治所在今山東蒼山縣西北。

5、即丘

按：治所在今山東臨沂市東南。

6、東安

按：《續漢志》、《晉志》均屬。吳氏《表》卷二據《宋志》所引《晉太康地志》：「（東安）屬東莞」逆推東安縣魏時亦屬東莞郡，今查《輿地廣記》卷六京東東路上沂州望沂水縣條：「東安，漢屬城陽國，後漢及晉屬琅邪國。」則東安縣又似於晉初移屬東莞，吳氏逆推魏時情況，文獻無徵，故不從其說。治所在今山東沂南縣北。

7、費

按：《續漢志》無此縣，《晉志》屬。吳氏《考證》卷二據《左傳》杜預注等推斷費縣魏時屬琅邪國，而《宋志》引《晉太康地志》亦云：「（費縣）屬琅邪。」今費縣魏時歸屬情況文獻乏考，暫從吳氏之說。治所在今山東費縣北。

8、安丘

按：《續漢志》屬青州北海國，《晉志》屬徐州東莞郡，吳氏《表》卷二據《宋志》所引《晉太康地志》：「（安丘）屬琅邪」以爲魏時安丘縣屬琅邪國，今遍查文獻安丘縣魏時歸屬情況乏考，暫從吳氏之說，《中國歷史地圖集・三國圖組》將安丘縣繪入北海國，不知所據，今不從。治所在今山東安丘市東南。

9、東莞

按：《續漢志》屬，《晉志》屬東莞郡，今查《水經注》卷二十六經文「沭水（《太平御覽》卷六十三引《水經》作「沐水出琅邪東莞縣西北山」、《寰宇記》卷二十二引《水經》作「沐水出琅邪東莞縣西北大弁山。」「沐水」當爲「沭水」之訛）出琅邪東莞縣西北山。」《水經注》經文爲三國人所撰（詳司隸弘農盧氏縣考證），則魏時東莞縣當屬琅邪國，吳氏《考證》卷二據《魏志》有「東莞太守」之載以爲魏時有東莞郡且東莞縣屬東莞郡，錢氏《考異》卷十九亦據其時有「東莞太守」以爲魏時有東莞郡。今檢《宋志》：「東莞太守，晉武帝泰始元年，分琅邪立，咸寧三年復以合琅邪，太康十年復立。」又《後魏志》：「東莞郡，晉武帝置。」又《晉志》：「及太康（此爲再置）元年……分琅邪置東莞郡。」皆未言魏時置東莞郡。而以縣名領太守者其時亦有，今查《晉書》卷五十七《馬隆傳》有「洛陽太守」，故凡加太守者非必爲郡守，則吳氏、錢氏所引《魏志》諸傳有「東莞太守」者非爲確據，故不從。且據《續漢書・百官志》注引《獻帝起居注》東莞置郡當在漢末建安時，不久當廢，《通鑑》卷七十五嘉平四年「（張後）東莞太守（張）緝之女也」條胡注以爲「當是魏既分（東莞郡）而復屬於琅邪，晉又分也。」近是。治所在今山東沂水縣。

10、姑幕

按：《續漢志》屬，《晉志》屬城陽郡，今檢《水經注》卷二十五：「京相

璠曰：『琅邪姑幕縣南四十里員亭，故魯鄆邑，世變其字，非也』。」
又《水經注》卷十六載：「京相璠與裴司空彥季修《晉輿地圖》、作
《春秋地名》。」又《隋書・經籍志》：「《春秋土地名》三卷，晉裴
秀客京相璠等撰。」則酈道元所謂裴司空即裴秀，姚振宗《隋書經
籍志考證》以爲「《晉書・裴秀傳》：（裴）秀爲司空，作《禹貢地域
圖》十八篇，奏之。（京相）璠等是書蓋作於其時，晉武帝泰始中也。」
是，則京相璠所謂「琅邪姑幕縣」當是晉泰始時情況，故姑幕縣自
漢末至晉初皆屬琅邪國，吳氏《表》卷三據《左傳》杜預注有「城
陽姑幕」逆推姑幕縣魏時屬城陽郡，《中國歷史地圖集・三國圖組》
亦將姑幕縣繪入城陽郡，並誤，今不從。治所在今山東安丘市南。

六、城陽郡，治莒，後治東武，領縣十。

　按：據《魏志》卷一《武帝紀》：「（建安三年）分琅邪、東海、北海爲城
　　　陽、利城、昌慮郡。」則城陽郡建安三年置，且其所領諸縣當來自
　　　琅邪、東海、北海三郡地。而《晉志》：「城陽郡，漢置，屬北海，
　　　自魏至晉，分北海而立焉。」據下考諸縣情況，《晉志》誤，當作「分
　　　琅邪、北海而立焉」，中華書局標點本《晉書》失校。據《寰宇記》
　　　卷二十四河南道密州莒縣條：「漢文帝二年封朱虛侯章爲城陽王，都
　　　莒，魏明帝以爲城陽郡，莒縣屬焉，而城陽郡移理東武。」則魏明
　　　帝前似爲城陽國且治莒，此後治東武。吳氏《表》卷三據《宋志》
　　　所引《晉太康地志》：「（黔陬縣）屬城陽」逆推黔陬縣魏時屬城陽郡，
　　　今查黔陬縣《續漢志》屬青州東萊郡，據《魏志》卷一《武帝紀》：
　　　「（建安三年）分琅邪、東海、北海爲城陽、利城、昌慮郡」，黔陬
　　　縣不屬琅邪、東海、北海三郡地，故不從吳氏之說。

1、莒

　按：《續漢志》屬琅邪國，《晉志》屬。據《寰宇記》卷二十四河南道密
　　　州莒縣條：「漢文帝二年封朱虛侯章爲城陽王，都莒，魏明帝以爲城
　　　陽郡，莒縣屬焉，而城陽郡徙理東武。」則莒縣魏時確屬城陽郡。
　　　治所在今山東莒縣。

2、東武

　按：《續漢志》屬琅邪國，《晉志》屬。據《寰宇記》卷二十四河南道密

州莒縣條：「漢文帝二年封朱虛侯章爲城陽王，都莒，魏明帝以爲城陽郡，莒縣屬焉，而城陽郡徙理東武。」則東武縣魏時確屬城陽郡。據《魏志》卷二十七《王基傳》：「壽春既拔……淮南初定，轉（王）基爲征東將軍，都督揚州諸軍事，進封東武侯。」則正始後東武縣爲侯國。治所在今山東諸城市。

3、諸

按：《續漢志》屬琅邪國，《晉志》屬。吳氏《表》卷三據《左傳》杜預注有「城陽諸縣」逆推諸縣魏時屬城陽郡，今遍查文獻諸縣魏時歸屬情況乏考，據《魏志》卷一《武帝紀》：「（建安三年）分琅邪、東海、北海爲城陽、利城、昌慮郡」，而諸縣原屬琅邪國，其割屬城陽郡亦屬可能，故暫從吳氏之說。治所在今山東諸城市西南。

4、壯武

按：《續漢志》屬青州北海國，《晉志》屬。吳氏《表》卷三據《左傳》杜預注有「城陽壯武」逆推壯武縣魏時屬城陽郡，今遍查文獻壯武縣魏時歸屬情況乏考，據《魏志》卷一《武帝紀》：「（建安三年）分琅邪、東海、北海爲城陽、利城、昌慮郡」，而壯武縣原屬北海國，其割屬城陽郡亦屬可能，故暫從吳氏之說。治所在今山東膠州市東北。

5、淳于

按：《續漢志》屬青州北海國，《晉志》屬。吳氏《表》卷三據《宋志》所引《晉太康地志》：「屬城陽」逆推淳于縣魏時屬城陽郡，今遍查文獻淳于縣魏時歸屬情況乏考，據《魏志》卷一《武帝紀》：「（建安三年）分琅邪、東海、北海爲城陽、利城、昌慮郡」，而淳于縣原屬北海國，其割屬城陽郡亦屬可能，故暫從吳氏之說。治所在今山東安丘市東北。

6、高密

按：《續漢志》屬青州北海國，《晉志》屬。今查《輿地廣記》卷六京東東路上密州上高密縣條：「高密縣……後漢屬北海郡，魏、晉屬城陽郡。」則高密縣魏時確屬城陽郡，又據《魏志》卷一《武帝紀》：「（建安三年）分琅邪、東海、北海爲城陽、利城、昌慮郡。」則高密縣似於建安三年割屬城陽郡。治所在今山東高密市西南。

7、朱虛

按：《續漢志》屬青州北海國，《晉志》屬東莞郡，吳氏《表》卷三據《宋志》所引《晉太康地志》：「屬城陽」逆推朱虛縣魏時屬城陽郡，今遍查文獻朱虛縣魏時歸屬情況乏考，據《魏志》卷一《武帝紀》：「（建安三年）分琅邪、東海、北海爲城陽、利城、昌慮郡」，而朱虛縣原屬北海國，其割屬城陽郡亦屬可能，故暫從吳氏之說。治所在今山東臨朐縣東南。

8、昌安

按：《續漢志》屬青州北海國，《晉志》屬。吳氏《表》卷三據《宋志》所引《晉太康地志》：「屬城陽」逆推昌安縣魏時屬城陽郡，今遍查文獻昌安縣魏時歸屬情況乏考，據《魏志》卷一《武帝紀》：「（建安三年）分琅邪、東海、北海爲城陽、利城、昌慮郡」，而昌安縣原屬北海國，其割屬城陽郡亦屬可能，故暫從吳氏之說。治所在今山東安丘市東南。

9、平昌

按：《續漢志》屬青州北海國，《晉志》屬。據《宋志》：「平昌太守，故屬城陽，魏文帝分城陽立，後省，晉惠帝又立。」又《宋志》引《晉太康地志》：「（平昌縣）屬城陽。」則平昌縣曾屬城陽郡，其後魏文帝置平昌郡，平昌縣當屬焉，其後平昌郡廢，平昌縣又復屬城陽，而確年不可考，故暫將之列入。治所在今山東諸城市北。

10、夷安

按：《續漢志》屬青州北海國，《晉志》無此縣。據《後魏志》：「夷安，前漢屬（高密），後漢屬北海，晉屬城陽。」則西晉時城陽郡有夷安縣。《晉志》闕載夷安縣，中華書局標點本《晉書》失校。吳氏《表》卷三據《宋志》所引《晉太康地志》：「屬城陽」逆推夷安縣魏時屬城陽郡，今遍查文獻夷安縣魏時歸屬情況乏考，據《魏志》卷一《武帝紀》：「（建安三年）分琅邪、東海、北海爲城陽、利城、昌慮郡」，而夷安縣原屬北海國，其割屬城陽郡亦屬可能，故暫從吳氏之說，則夷安縣魏時似屬城陽郡。治所在今山東高密市。

第六節　揚州沿革

揚州，治壽春，在今安徽壽縣。《續漢志》揚州領郡六，據《晉志》：「江西廬江、九江之地，自合肥之北至壽春悉屬魏。」則魏之揚州惟領廬江、九江兩郡。又《魏志》卷二十三《常林傳》裴注引《魏略》：「時苗……建安中入丞相府，出爲壽春令。令行風靡，揚州治在其縣。」又《宋志》：「揚州刺史……魏、晉治壽春。」則魏之揚州治壽春，吳氏《考證》卷四據《魏志》、《吳志》以爲魏揚州之治所屢變，而以壽春爲常，是。黃初年間分廬江郡置安豐郡，於嘉平五年後廢，縣復屬廬江，詳安豐郡考證，吳氏《表》卷一將之列入豫州，廬江本屬揚州，安豐郡由之分出，後又復入廬江，則安豐郡當屬揚州無疑，吳氏顯誤，不從。

一、淮南郡，治壽春，領縣十，後鍾離縣復置，領縣十一。

按：據《宋志》：「淮南太守，秦立九江郡……漢高帝四年，更名淮南國……〔漢〕武帝元狩元年，復爲九江郡……魏復曰淮南，徙治壽春。晉武帝太康元年，復立歷陽、當塗、逡道諸縣，二年復立鍾離縣，并二漢舊縣也。三國時，江淮爲戰爭之地，其間不居者各數百里，此諸縣并在江北淮南，虛其地，無復民戶。」《魏志》卷二十《曹邕傳》：「黃初二年，封（曹邕）淮南公，以九江郡爲國，三年進爲淮南王，四年改封陳。」又《魏志》卷二十《曹彪傳》：「（太和）六年乃改封楚……嘉平元年……（楚王曹）彪自殺……國除爲淮南郡。」則黃初二年九江郡改爲淮南公國，翌年爲王國，旋廢，又後似於太和六年前改名爲楚國，嘉平元年復爲郡。《續漢志》九江郡領縣十四，《晉志》淮南郡領縣十六，其中歷年未變者有壽春等縣，魏時歷陽、當塗、逡道（《漢志》、《晉志》皆作「逡遒」，《續漢志》、《南齊志》、《水經注》卷三十二作「瀋遒」，《宋志》：「逡道令，漢作逡遒，晉作逡道。」中華書局標點本《宋志》校勘記已疑之，沈氏似誤）三縣「虛其地，無復民戶。」吳氏《考證》卷四據《吳志·孫權傳》裴注所引《吳曆》推斷正始初年鍾離縣復置，魏末又省，是，從之。《淮南子·俶眞訓》：「夫歷陽之都，一夕反而爲湖」高誘注：「歷陽，淮南國之縣名，今屬江都。」高誘注《淮南子》在建安十年至建安十七年之間（詳豫州梁國考證），則其時似曾置江都郡，後又旋廢，詳情乏考。治所在今安徽壽縣。

1、壽春

按：《續漢志》、《晉志》皆屬。據《魏志》卷二十《曹彪傳》：「（黃初）三年封（曹彪）弋陽王，其年徙封吳王，五年改封壽春縣，七年徙封白馬。」則黃初五年至七年壽春縣爲王國。治所在今安徽壽縣。

2、成德

按：治所在今安徽合肥市西北。

3、下蔡

按：治所在今安徽鳳臺縣。

4、義城

按：治所在今安徽蚌埠市西北。

5、西曲陽

按：治所在今安徽淮南市東南。

6、平阿

按：治所在今安徽淮南市北。

7、全淑

按：治所在今安徽全淑縣。

8、阜陵

按：治所在今安徽全淑縣東南。

9、合肥

按：治所在今安徽合肥市。

10、陰陵

按：治所在今安徽長豐縣西北。

11、鍾離

按：《續漢志》屬九江郡，《晉志》屬。吳氏《考證》卷四據《吳志·孫權傳》裴注所引《吳曆》推斷止始初年鍾離縣復置，魏末又省，是，從之。治所在今安徽蚌埠市東。

二、盧江郡，治六安，領縣五，嘉平五年後，安豐郡廢，所屬四縣屬焉，領九縣。

按：吳氏《考證》卷四據《魏志》、《吳志》以爲盧江郡治所屢變，楊氏

《補正》引《陳善餘集·答吳郡書》以爲吳氏《考證》卷四初稿以爲廬江郡治六安，後復修改乃非，並附以考證以顯吳氏之誤改，是，今從之。據《魏志》卷二十《曹徽傳》：「東平靈王（曹）徽……（黃初）三年爲廬江王，四年徙封壽張王。」可見廬江曾一度爲王國。《續漢志》廬江郡領縣十四，據吳氏《表》卷四臨湖、襄安、皖、尋陽四縣建安中即入吳境，又據《考證》卷四舒、居巢二縣爲魏、吳兩境之間，難定何屬，是，今從之。治所在今安徽六安市北。

1、六安

按：治所在今安徽六安市北。

2、龍舒

按：治所在今安徽霍山縣東南。

3、潛

按：治所在今安徽六安市南。

4、雩婁

按：《續漢志》屬，《晉志》屬安豐郡，魏時情況乏考，似安豐郡見廢復置，姑將雩婁列於廬江郡。汪士鐸《三國廬江郡考》（《汪梅村先生集》卷二）以爲黃初元年後雩婁屬安豐郡，而不出考證，文獻無徵，不從。治所在今安徽金寨縣北。

5、安豐

按：《續漢志》屬，《晉志》屬安豐郡，今檢《水經注》卷三十經文「（淮水）又東過廬江安豐縣東北，決水從北來注之。」《水經注》卷四十經文：「大別山在廬江安豐縣西南」《水經注》經文爲三國人所撰（詳司隸弘農盧氏縣考證），則安豐縣其時屬廬江郡。汪士鐸《三國廬江郡考》（《汪梅村先生集》卷二）以爲黃初元年後安豐屬安豐郡，不出考證，文獻無徵，不從。治所在今安徽固始縣南。

6、松滋

按：《續漢志》無此縣，《晉志》屬安豐郡，松滋縣當於嘉平五年移屬廬江郡，詳安豐郡考證。治所在今安徽霍邱縣東。

7、陽泉

按：《續漢志》、《晉志》均屬。據安豐郡考證，陽泉縣當於嘉平五年移屬

廬江郡。治所在今安徽壽縣西南。

8、安風

按：《續漢志》屬，《晉志》屬安豐郡，蓼縣當於嘉平五年移屬廬江郡，詳安豐郡考證。治所在今安徽霍邱縣西南。

9、蓼

按：《續漢志》屬，《晉志》屬安豐郡，蓼縣當於嘉平五年移屬廬江郡，詳安豐郡考證。治所在今河南固始縣北。

三、安豐郡，治乏考，黃初年間分廬江郡置，領縣四，嘉平五年後廢，四縣復屬廬江郡，晉武帝時復置安豐郡。

按：《宋志》：「安豐太守，魏文帝分廬江立。」又《宋志》：「安豐縣名……晉武帝立爲安豐郡。」洪氏《補志》據《宋志》太康元年「改蘄春之安豐爲高陵」以爲魏立安豐郡後旋廢並以其縣屬蘄春郡，後又於晉武帝時廢蘄春重置安豐郡，吳氏《考證》卷一以爲魏文帝時蘄春入吳，魏不得有蘄春地，洪氏誤解《宋志》之文，是。楊氏《補正》據《寰宇記》以爲蘄春之安豐縣非魏之安豐縣，亦是。吳氏《考證》卷一又據《晉書·李胤傳》以爲至高貴鄉公正元、甘露之際魏仍有安豐太守則安豐終魏未廢，然《晉書》乃唐人官修，據之以證，稍顯乏力，若安豐郡終魏未廢，《宋志》所謂「晉武帝立爲安豐郡」無從解釋，謝氏《補注》據《魏志》引《魏略》嘉平五年張特遷安豐太守，以爲安豐郡魏文帝時置，於嘉平五年後廢，縣復屬廬江郡，今查《寰宇記》卷一百四十六山南東道荊州松滋縣條：「（松滋縣）漢屬江陵郡，後漢省，魏復立之以屬安豐及廬江郡。」則松滋縣似於安豐郡置後復立，其後安豐郡廢，再屬廬江郡，故有所謂「以屬安豐及廬江郡」之說，可見吳氏顯誤，謝氏推斷是也，今從之。

1、松滋

按：《續漢志》無此縣，《晉志》屬。據《寰宇記》卷一百四十六山南東道荊州松滋縣條：「（松滋縣）漢屬江陵郡，後漢省，魏復立之以屬安豐及廬江郡。」則松滋縣黃初後確屬安豐郡。吳氏《考證》卷一以爲松滋縣晉始立縣，查《漢志》有松滋、《宋志》：「松滋伯相，前漢屬廬江。」吳氏誤。吳氏又以漢無江陵郡，楊氏《補正》以爲「江

陵」乃「廬江」之訛，是。治所在今安徽霍邱縣東。

2、陽泉

按：《續漢志》、《晉志》均屬廬江郡，據《輿地廣記》卷二十一淮南西路緊壽州望安豐縣條：「安豐縣，漢陽泉、安風、蓼三縣地，屬六安國，東漢屬廬江郡，魏置安豐郡。」則陽泉縣黃初後確屬安豐郡。吳氏《表》卷四將之列入廬江郡，誤，不從。治所在今安徽壽縣西南。

3、安風

按：《續漢志》屬廬江郡，《晉志》屬。據《輿地廣記》卷二十一淮南西路緊壽州望安豐縣條：「安豐縣，漢陽泉、安風、蓼三縣地，屬六安國，東漢屬廬江郡，魏置安豐郡。」則安風縣黃初後確屬安豐郡。治所在今安徽霍邱縣西南。

4、蓼

按：《續漢志》屬廬江郡，《晉志》屬。據《輿地廣記》卷二十一淮南西路緊壽州望安豐縣條：「安豐縣，漢陽泉、安風、蓼三縣地，屬六安國，東漢屬廬江郡，魏置安豐郡。」則蓼縣黃初後確屬安豐郡。治所在今河南固始縣北。

第七節　青州沿革

青州，治廣縣。據《寰宇記》卷十八河南道青州條：「（青州）謂理廣固，魏因之。」又據《元和志》卷十河南道青州益都縣條：「廣固城，在（益都）縣西四里。晉永嘉五年，東萊牟平人曹嶷為刺史所築，有大澗，甚廣固，故謂之廣固。」則魏時未有廣固，而廣固縣傍靠益都，益都魏時分廣縣立，詳下齊國廣縣、益都縣考證，則青州魏時治所似在廣縣，吳氏《表》卷三以為青州魏時治所在臨淄，不出考證，今不從。《續漢志》青州領濟南、平原、樂安、北海、東萊、齊國六郡，《續漢書·百官志》劉昭注引《獻帝起居注》：「青州得齊國、北海、東萊、濟南、樂安。」則建安末青州領郡五，《晉志》青州領齊國、濟南、樂安、城陽、東萊、長廣六郡，其中「濟南」實為「北海」之訛，詳北海國考證，而「濟南」郡縣則闕載，詳濟南郡考證。洪氏《補志》據《魏志》以為青州當有長廣郡，吳氏《考證》卷三詳考諸書，以為長廣郡初置於建安初旋廢，後又於晉初咸寧時復置，以駁洪氏，吳氏論證精當，是，

故從之。治所在今山東青州市。

一、北海國，治乏考，領縣七。

按：北海國《晉志》不載，今查《魏志》卷二十《曹袞傳》：「（黃初）三年，（曹袞）爲北海王……（黃初）七年徙封濮陽」，同卷《曹蕤傳》：「太和六年（曹蕤）改封北海，青龍元年薨，二年以琅邪王子（曹）贊奉（曹）蕤後封昌鄉公。」《宋書》卷二十八《符瑞志中》：「泰始三年五月乙卯，白鸞見北海都昌，青州刺史沈文秀以獻。」《宋書》卷十七《禮志四》：「太學博士傅休議：『《禮》無皇子出後告廟明文』，晉太康四年封北海王（司馬）寔紹廣漢殤王後。」則自魏至晉初北海國皆未廢。又《晉書》卷十四殿本考證曰：「按：注總數雖符，細計之，止得一百七十一，未見漢景所置北海郡，又考《宋書》則此書濟南所領之縣皆彼北海所領，而彼濟南所領者皆此書之所無，再檢《文獻通考》卻與此書同，當是本書有脫誤耳。」是，則《晉志》濟南郡即北海國。除祝阿縣外（其屬濟南國，詳濟南國考證），其所領：平壽、下密、膠東、即墨四縣，魏時當屬北海郡，而《晉志》闕載濟南郡所領諸縣。楊氏《補正》據《九州春秋》以爲其時北海國當治都昌，今遍查《九州春秋》未見其所據之文，今人吳之稱爲楊氏《補正》作汗亦以爲楊氏之說恐不足據，故不從。《續漢志》領縣十八，其中淳于、高密、壯武、平昌、朱虛、昌安、夷安七縣魏時割屬徐州城陽郡，詳徐州城陽郡考證，其中安丘縣魏時割屬徐州琅邪國，詳徐州琅邪國考證，其中東安平縣魏時割屬齊國，詳齊國考證，其中挺縣魏時割屬東萊郡，詳東萊郡考證，其中觀陽縣《晉志》、《宋志》無此縣，據《後魏志》：「前漢屬膠東，後漢屬北海，後罷，興和中復。」則觀陽縣魏時已廢，據上引《魏志》自黃初三年至黃初七年，自太和六年至青龍元年北海爲王國。

1、平壽

按：《續漢志》屬，《晉志》屬濟南郡，則其於魏時當屬北海國，詳本郡考證。治所在今山東濰坊市南。

2、下密

按：《續漢志》屬，《晉志》屬濟南郡，則其於魏時當屬北海國，詳本郡

考證。治所在今山東昌邑市東。

3、膠東

按：《續漢志》屬，《晉志》屬濟南郡，則其於魏時當屬北海國，詳本郡
考證。治所在今山東平度市。

4、即墨

按：《續漢志》屬，《晉志》屬濟南郡，則其於魏時當屬北海國，詳本郡
考證。治所在今山東平度市東南。

5、都昌

按：《續漢志》屬，《晉志》無此縣。今查《宋書》卷二十八《符瑞志中》：
「泰始三年五月己卯，白鷺見北海都昌，青州刺史沈文秀以獻。」
又宋本《春秋經傳集解·莊西元年》經文「齊師遷紀邢、鄑、郚」
杜預注「北海都昌縣西有訾城。」則都昌縣至晉太康元年仍未廢，
又據《寰宇記》卷十八河南道濰州昌邑縣條：「（都昌）漢、魏、晉
為縣，屬北海郡，後廢。」則都昌縣魏時確屬北海國。治所在今山
東昌邑市。

6、營陵

按：《續漢志》屬，《晉志》屬徐州東莞郡，今檢《太平御覽》卷八百八
十四引《列異傳》：「北海營陵有道人。」查《隋書·經籍志》：「《列
異傳》三卷，魏文帝撰。」又《舊唐書·經籍志》：「《列異傳》三卷，
張華撰」、《新唐書·藝文志》：「（張華）《列異傳》一卷。」姚振宗
《隋書經籍志考證》詳考歷代《列異傳》著錄情況推斷「張華續文
帝書而後人合之。」是，故《列異傳》所載內容乃魏文帝與晉初張
華之見聞，據此，所謂「北海營陵」之載可證營陵縣於魏初或是晉
初時仍屬北海國，故將營陵列入北海國，吳氏《考證》卷三據《宋
志》所引《晉太康地志》有「（營陵）屬城陽」逆推營陵縣魏屬城陽
郡，誤，今不從。治所在今山東濰坊市南。

7、劇

按：《續漢志》屬，《晉志》屬徐州東莞郡，吳氏《表》卷二據《宋志》
所引《晉太康地志》：「（劇縣）屬琅邪」逆推劇縣魏時屬琅邪國，今
查《寰宇記》卷十八河南道濰州條引《魏志》：「徐幹，北海劇人。」

又徐幹《中論》有序曰：「世有雅達君子者，姓徐名幹，字偉長，北海劇人也。」嚴可均輯《全三國文》卷五十五收有此序並云：「《中論》元板本。按：此序徐幹同時人作，舊無名氏。」又《中論序》言：「先目其德，以發其姓名，述其雅好、不刊之行，屬之篇首，以爲之序」、「會上公撥亂，王路始闢，（徐幹）遂力疾應命」、「餘數侍坐，觀君之言常怖，篤意自勉，而心自薄也。」則撰者確爲魏時人，故嚴說是也。據《魏志》卷二十一徐幹建安二十二年卒（《中論序》作「建安二十三年卒。」盧氏《集解》詳考諸書以爲徐幹卒年當作「建安二十二年」，是），則劇縣至建安時仍當屬北海國，吳氏之說非爲的論，今遍查文獻劇縣魏時歸屬情況乏考，而劇縣未廢，暫將之列入北海國。治所在今山東昌樂縣西。

二、東萊郡，治黃縣，領縣十二。

按：吳氏《表》卷三據《寰宇記》：「後漢移理黃縣，至魏不改」以爲東萊郡魏時治黃縣，是。《續漢志》領縣十三，《晉志》領縣六，《續漢志》東萊郡所領東牟縣，《晉志》、《宋志》並無此縣，遍查其他文獻亦無東牟縣廢置之文，故暫闕不錄，吳氏《表》卷三據《登州府志》以爲東牟縣魏時屬東萊郡，所據不堅，今不從。又其所領葛盧縣魏時歸屬情況乏考，暫闕不錄。北海國挺縣來屬，詳下考證。治所在今山東蓬萊市東。

1、黃

按：治所在今山東蓬萊市東。

2、掖

按：治所在今山東掖縣。

3、當利

按：治所在今山東掖縣西南。

4、盧鄉

按：治所在今山東掖縣南。

5、曲城

按：《續漢志》作「曲成」屬，《晉志》作「曲城」屬，今查《魏志》卷二十七《王基傳》：「王基，字伯輿，東萊曲城人也。」《宋志》、《後

魏志》皆作「曲城」，則「曲成」當是「曲城」之訛，或是「成」、「城」音同可通，然吳氏《表》卷三、《中國歷史地圖集・三國圖組》均作「曲成」似誤。治所在今山東招遠市西北。

6、惤

按：《續漢志》作「惉」屬，《晉志》作「惤」屬，中華書局標點本《後漢書》校勘記引張森楷《校勘記》以爲「惉」當作「惤」，是，吳氏《表》卷三作「惉」，誤。治所在今山東蓬萊市西南。

7、長廣

按：《續漢志》屬，《晉志》屬長廣郡，今查《晉志》：「長廣郡，咸寧三年置。」又《宋志》：「長廣太守，本長廣縣，前漢屬琅邪，後漢屬東萊，《晉太康地志》云：『故屬東萊』。」「長廣令，前漢屬琅邪，後漢屬東萊，《晉太康地志》屬長廣。」則晉武帝咸寧三年分東萊郡置長廣郡，《晉志》長廣郡有長廣縣，則長廣縣魏時當屬東萊郡，西晉咸寧三年分置長廣郡時移屬焉。治所在今山東萊陽市東。

8、不其

按：《續漢志》作「不期」屬，《晉志》作「不其」屬長廣郡，中華書局標點本《後漢書》校勘記以爲「不期」當作「不其」。今查《漢志》、《宋志》、《後魏志》均作「不其」。故「不期」當爲「不其」之訛，吳氏《表》卷三作「不期」，誤。今查《晉志》：「長廣郡，咸寧三年置。」又《宋志》：「長廣太守，本長廣縣，前漢屬琅邪，後漢屬東萊，《晉太康地志》云：『故屬東萊』。」「不其令，前漢屬琅邪，後漢屬東萊，《晉太康地志》屬長廣。」則晉武帝咸寧三年分東萊郡置長廣郡，《晉志》長廣郡有不其縣，則不其縣魏時當屬東萊郡，西晉咸寧三年分置長廣郡時移屬焉。治所在今山東即墨市西南。

9、挺

按：《續漢志》作「拒」屬北海國，《晉志》作「挺」屬長廣郡，中華書局標點本《後漢書》校勘記據《後漢書集解》所引錢大昕考證及《宋志》以爲「拒」當作「挺」，是。今查《晉志》：「長廣郡，咸寧三年置。」又《宋志》：「長廣太守，本長廣縣，前漢屬琅邪，後漢屬東萊，《晉太康地志》云：『故屬東萊』。」「挺令，前漢屬膠東，後漢

屬北海，《晉太康地志》屬長廣。」則晉武帝咸寧三年分東萊郡置長廣郡，《晉志》長廣郡有挺縣，則挺縣魏時當屬東萊郡，西晉咸寧三年分置長廣郡時移屬焉。治所在今山東萊陽市南。

10、牟平

按：《續漢志》屬，《晉志》無此縣。今查《後魏志》：「牟平，二漢屬東萊，晉罷。」《寰宇記》卷二十河南道登州文登縣條：「文登縣……本漢牟平縣地……本屬東萊郡，自漢魏皆爲牟平縣地。」則牟平縣晉時方省，魏時當屬東萊郡。治所在今山東煙臺市西。

11、昌陽

按：《續漢志》屬，《晉志》無此縣。今查《後魏志》：「昌陽，二漢屬東萊，後罷，晉惠帝復。」《輿地廣記》卷六京東東路中萊州望萊陽縣條：「萊陽縣，二漢昌陽縣，屬東萊郡，晉省之，其後復置。」則昌陽縣晉時方省，魏時當屬東萊郡。治所在今山東文登市南。

12、黔陬

按：《續漢志》屬，《晉志》屬城陽郡，吳氏《表》卷三據《宋志》所引《晉太康地志》：「（黔陬縣）屬城陽」逆推黔陬縣魏時屬城陽郡，今查黔陬縣《續漢志》屬青州東萊郡，據《魏志》卷一《武帝紀》：「（建安三年）分琅邪、東海、北海爲城陽、利城、昌慮郡」黔陬縣不屬琅邪、東海、北海三郡地，故不從吳氏之說。而黔陬縣魏時似又未廢，故暫將之列入。治所在今山東膠州市西南。

三、齊郡，治臨菑，領縣十二。

按：《續漢志》領縣六，《晉志》領縣五，北海國東安平來屬，詳下考證，益都、新遝、新汶、南豐四縣魏時新置，詳下考證。據《魏志》卷三《明帝紀》：「黃初二年，（曹睿）爲齊公，三年爲平原王。」《魏志》卷四《三少帝紀》：「青龍三年，立（曹芳）爲齊王……景初三年……（曹芳）即皇帝位。」則齊郡黃初二年爲公國，青龍三年至景初三年爲王國。治所在今山東淄博市。

1、臨菑

按：《續漢志》作「臨菑」屬，《晉志》作「臨淄」屬，今查《漢志》、《宋志》、《後魏志》皆作「臨淄」。又《魏志》卷四《三少帝紀》：「（正

始元年）以遼東汶、北豐縣民流徙渡海，規齊郡之西安、臨菑、昌國縣界爲新汶、南豐縣，以居流民。」故後漢、魏時當作「臨菑」。又據《魏志》卷十九《曹植傳》：「（建安）十九年徙封（曹植）臨菑侯⋯⋯（黃初二年）改封鄄城侯。」則臨菑黃初元年爲侯國。治所在今山東淄博市東北。

2、西安

按：治所在今山東桓臺縣東。

3、昌國

按：治所在今山東淄博市。

4、般陽

按：《續漢志》屬，《晉志》無此縣。據《宋志》：「般陽令，前漢屬濟南，後漢、《晉太康地志》屬齊。」則魏時般陽縣似屬齊郡。治所在今山東淄博市南。

5、廣饒

按：《續漢志》齊國無此縣，《晉志》屬。據《後魏志》：「廣饒，二漢、晉屬（齊郡）。」則《續漢志》似闕載廣饒縣，又東吳陸機《毛詩草木鳥獸蟲魚疏》卷上：「隰有樹檖」條：「檖⋯⋯齊郡廣饒縣⋯⋯有。」則魏時廣饒縣確屬齊郡。治所在今山東廣饒縣東北。

6、東安平

按：《續漢志》屬北海國，《晉志》屬。據《宋志》：「（東安平）前漢屬淄川，後漢屬北海，魏度屬齊。」則東安平縣魏時確屬齊國。治所在今山東淄博市東北。

7、益都

按：《續漢志》、《晉志》均無此縣，據《宋志》：「益都令，魏立」、《後魏志》：「益都，魏置。」《元和志》卷十河南道青州益都縣條：「益都縣，本漢廣縣（「廣縣」原作「廣固縣」，中華書局標點本《元和志》校勘記引張駒賢《考證》：「《地理志》廣縣，無『固』字。晉築城始有『廣固』之名，不置縣。」是。檢《輿地廣記》卷六京東東路望青州望益都縣條：「益都縣，本二漢廣縣地屬齊郡，晉廢之。」則「廣固縣」確爲「廣縣」之訛）地，魏於今壽光縣南十里益都城置益都

縣，屬齊國。」則益都縣確爲魏時所置且屬齊國，而始置確年乏考，晉初見廢。治所在今山東壽光市。

8、新遝

按：《續漢志》、《晉志》均無此縣，據《魏志》卷四《三少帝紀》：「（景初三年）以遼東東遝縣吏民渡海居齊郡界，以故縱城爲新遝縣，以居徙民。」則景初三年置新遝縣，而《宋志》、《南齊志》、《後魏志》均無此縣，新遝縣似其後遂廢，而確年乏考，又據《晉書》卷四十三《山濤傳》：「咸熙初，封（山濤）新遝子……泰始初，加（山濤）奉車都尉，進爵新遝伯。」則新遝縣終魏未廢，似於晉初時廢。治所在今山東淄博市南。

9、新汶

按：《續漢志》、《晉志》均無此縣，據《魏志》卷四《三少帝紀》：「（正始元年）以遼東汶、北豐縣民流徙渡海，規齊郡之西安、臨菑、昌國縣界爲新汶、南豐縣，以居流民。」而《宋志》、《南齊志》、《後魏志》均無此縣，新汶縣似其後遂廢，而確年乏考。治所在今山東淄博市南。

10、南豐

按：《續漢志》、《晉志》均無此縣，據《魏志》卷四《三少帝紀》：「（正始元年）以遼東汶、北豐縣民流徙渡海，規齊郡之西安、臨菑、昌國縣界爲新汶、南豐縣，以居流民。」而《宋志》、《南齊志》、《後魏志》均無此縣，南豐縣似其後遂廢，而確年乏考。治所在今山東淄博市南。

11、臨朐

按：《續漢志》屬，《晉志》屬徐州東莞，吳氏《表》卷二據《左傳》杜預注有「東莞臨朐」逆推臨朐魏時屬東莞郡，今知魏時未置東莞郡，則吳說自破。今查《宋志》、《南齊志》均無臨朐縣，又《水經注》卷二十六經文：「又北過臨朐縣東」，《水經注》經文爲三國人所撰（詳司隸弘農盧氏縣考證），則魏時臨朐縣未廢，又《輿地廣記》卷六京東東路望青州緊臨朐縣條：「臨朐縣，二漢臨朐、昌國縣并屬齊郡，晉省臨朐入昌國。」則臨朐縣當於晉初移屬東莞郡，後劃入昌國縣，其魏時歸屬情況文獻乏考，暫將之列入。治所在今山東臨朐縣。

12、廣

按：《續漢志》屬，《晉志》屬徐州東莞郡，吳氏《表》卷二據《晉志》
廣縣屬東莞逆推廣縣魏時亦屬東莞，今知魏時東莞郡未置，則吳說
自破。據《史記·高祖功臣侯年表》司馬貞《索隱》引《晉書·地
道記》：「廣縣在東莞。」今查《水經注》卷二十六酈道元注文有「王
隱《晉書·地道記》」云云，可知《晉書·地道記》爲王隱，查《晉
書》王隱爲西晉、東晉之交時人，故而廣縣似至東晉未廢，而其於
魏時歸屬情況乏考，今暫將之列入。治所在今山東青州市。

四、濟南國，治東平陵，領縣十一。

按：《續漢志》領縣十，《晉志》雖有「濟南郡」之名而其屬縣皆爲《續
漢志》北海國之屬縣，而濟南國之領縣均闕，詳北海國考證。又祝
阿縣由平原郡來屬，詳下考證。據《魏志》卷十九《曹楷傳》：「正
始七年，徙（曹楷）封濟南。」則正始七年之後，濟南爲王國。治
所在今山東章丘市西北。

1、東平陵

按：《續漢志》屬，《晉志》無此縣。據《宋志》：「平陵令，漢舊縣，至
晉并曰東平陵。」又《魏志》卷十五「初（司馬）郎所與俱徙趙咨，
官至太常，爲世好士」裴注：「（趙）咨字君初，子（趙）酆字仲子
（宋紹熙刊本作「子（趙）酆字子。」殿本《魏志》考證引北宋本
以爲作「子（趙）酆字仲子」，是），晉驃騎將軍，封東平陵公。」
則至晉東平陵未廢，《晉志》闕載。又據《後魏志》：「平陵，二漢、
晉屬（濟南郡），曰東平陵，後改。」則東平陵魏時當仍屬濟南郡。
治所在今山東章丘市西北。

2、於陵

按：《續漢志》屬，《晉志》無此縣。據宋本《春秋經傳集解·昭公十年》
傳文「棘子山……而反棘焉」杜預注「濟南於陵縣西北有于亭。」
則太康元年時仍有於陵縣，又《寰宇記》卷十九河南道淄州長山縣
條：「漢於陵縣，在今縣理南二十五里，於陵故城是也，自漢至晉，
恒爲於陵縣地不改。」又《輿地廣記》卷六京東東路上淄州中長山
縣條：「長山縣，本二漢於陵縣地，屬濟南郡，晉省之。」則於陵縣

至晉太康元年未廢而後省，《續漢志》、杜預注於陵縣皆屬濟南郡則於陵縣魏時似仍屬濟南郡。治所在今山東鄒平縣南。

3、歷城

按：《續漢志》屬，《晉志》無此縣。據《魏志》卷二十《曹徽傳》：「建安二十二年封（曹徽）歷城侯，黃初二年進爵爲公，三年爲廬江王。」又宋本《春秋經傳集解‧桓公十八年》經文「十有八年春王正月，公會齊侯於濼」杜預注「濼水在濟南歷城縣西北入濟。」則歷城縣至晉太康元年時仍未廢。《續漢志》、杜預注歷城縣皆屬濟南郡，又《後魏志》：「歷城，二漢、晉屬（濟南郡）。」則歷城縣魏時似仍屬濟南郡。又據上引《魏志》，歷城縣黃初二年始爲公國。治所在今山東濟南市。

4、東朝陽

按：《續漢志》屬，《晉志》屬樂安國，據宋本《春秋經傳集解‧襄公二十七年》傳文「成請老於崔」杜預注「濟南東朝陽縣西北有崔氏城。」則晉太康元年東朝陽縣仍屬濟南那，又杜預《春秋釋例》卷六：「濟南東朝陽縣西北有崔氏城。」四庫館臣所作《〈春秋釋例〉校訂》云：「案《晉書地理志》東朝陽屬樂安國不屬濟南郡」以疑之，今查《宋志》：「朝陽令，前漢曰朝陽，後漢、晉曰東朝陽，二漢屬濟南，《晉太康地志》屬樂安。」則太康三年前東朝陽縣移屬樂安國，《水經注》卷五酈道元引杜預《釋地》曰：「濟南東朝陽縣西北有崔氏城。」則杜預注及《春秋釋例》所謂「濟南東朝陽」無誤，似於太康元年後太康三年前割屬樂安郡，東朝陽縣《續漢志》、杜預注皆屬濟南郡，則東朝陽縣魏時似仍屬濟南郡。治所在今山東濟陽縣東北。

5、菅

按：《續漢志》屬，《晉志》無此縣。據《水經注》卷八經文「（濟水）又東北過菅縣南。」又杜預《春秋釋例》卷六「哀六年賴」條：「或曰濟南菅縣南有賴亭。」則菅縣歷魏至晉未廢，《續漢志》、《春秋釋例》菅縣皆屬濟南郡，則菅縣魏時仍屬濟南郡。治所在今山東濟陽縣東。

6、著

按：《續漢志》屬，《晉志》無此縣。據《後魏志》：「著，二漢、晉屬（濟南郡）。」殿本《魏書》考證云：「按：「蕃」字乃「著」字之誤，兩

漢有著縣屬濟南，晉省。」其謂「蓍」當作「著」是也，其謂「晉省」
非也，楊氏《補正》據《晉書》卷六十：「解係，濟南著人」以爲今
本《晉志》脫此縣且魏、晉皆有此縣，是，又《續漢志》、《晉書》著
縣皆屬濟南郡，則著縣魏時似仍屬濟南郡。治所在今山東濟陽縣西。

7、鄒平

按：《續漢志》，《晉志》無此縣。據《晉書》卷三十三《何曾傳》：「（何）
機爲鄒平令（《白孔六帖》卷二十四「責桑梓拜」條小注「陸機爲鄒
平令，性亦矜傲，責鄉里謝鯤等拜，或曰：『禮敬年爵，以德爲先，
令鯤拜勢，懼傷風俗』，機不以爲慚。」今查《晉書》何機、謝鯤均
爲陳國陽夏人，而陸機爲吳郡人，不當與謝鯤爲「鄉里」。故《白孔
六帖》所謂「陸機」當爲「何機」之訛），性亦矜傲，責鄉里謝鯤等
拜，或戒之曰：『禮敬年爵，以德爲主，令鯤拜勢，懼傷風俗』，機
不以爲慚。」則晉初有鄒平縣。又《寰宇記》卷十九河南道淄州鄒
平縣條：「鄒平縣……本漢舊縣，屬濟南郡，後漢及晉不改，永嘉之
亂其縣遂廢。」則鄒平縣魏時屬濟南郡。治所在今山東高青縣西南。

8、土鼓

按：《續漢志》屬，《晉志》無此縣。據《宋志》：「土鼓，漢舊縣，晉罷。」
則土鼓縣入晉後方罷，又《後魏志》：「土鼓，二漢屬（濟南郡），晉
罷。」則土鼓縣魏時似仍屬濟南郡。治所在今山東章丘市。

9、梁鄒

按：《續漢志》屬，《晉志》作「鄒」屬安樂國，據《水經注》卷八經文：
「（濟水）又東過梁鄒縣北。」則梁鄒魏時未廢，又《水經注》卷八
酈道元引京相璠曰：「濟南梁鄒縣有袁水者也。」據徐州琅邪國姑幕
縣考證，酈道元所引京相璠之語當是指西晉泰始時情況，則梁鄒縣
至晉初仍屬濟南郡，故梁鄒縣魏時似仍屬濟南郡，又《晉書》卷三
十八《司馬鑒傳》：「咸寧初，以齊之梁鄒益封（司馬鑒）。」又《宋
書》卷三十三《五行四》：「太康六年……樂安梁鄒等八縣……隕霜
傷桑麥。」則梁鄒縣西晉咸寧初割屬齊郡，太康時又割屬樂安國。《晉
志》所謂「鄒」當爲「梁鄒」之訛，中華書局標點本《晉書》失校。
治所在今山東鄒平縣北。

10、臺

按：《續漢志》屬，《晉志》無此縣。據《水經注》卷八經文：「（濟水）又東北過盧縣北，又東過臺縣北，又東北過菅縣南，又東過梁鄒縣北。」則臺縣魏時未廢，又據《水經注》卷八經文「（濟水）又東過盧縣北」酈道元注「濟水又逕盧縣故城北……又東北，濼水入焉，水出歷城縣故城西南。」則歷城在盧縣東北方，而據上引《水經注》經文則歷城當在盧縣與臺縣二者之間，且歷城當在臺縣西南方，故臺縣當在歷城縣東北方、在菅縣西南方、在梁鄒縣西方，如此則臺縣當在歷城、菅縣、梁鄒三縣之包圍中，汪士鐸《水經注圖‧巨洋淄汶濰膠圖》將臺縣繪於濼水、菅縣、梁鄒三縣的包圍中，是，據上述考證歷城、菅縣、梁鄒三縣魏時皆屬濟南郡，則臺縣魏時自當亦屬濟南郡。治所在今山東章丘市西北。

11、祝阿

按：《續漢志》屬平原郡，《晉志》屬。據《後漢書》卷四十八：「（陳浮）徙封蘄春侯」條章懷太子注曰：「《東觀記》：『詔書以祝阿益濟南國』。」今查《隋書‧經籍志》：「《東觀漢記》一百四十三卷，起光武記注至靈帝，長水校尉劉珍等撰。」《四庫全書總目》「《東觀漢記》」條詳考其歷年修撰過程，以爲其記載至於獻帝末，是，則祝阿縣至遲於漢末建安時已屬濟南郡，又宋本《春秋經傳集解‧昭公二十五年》經文「齊侯唁公於野井」杜預注「濟南祝阿縣東有野井亭。」則祝阿縣至晉太康元年時確屬濟南郡，故祝阿縣於魏時當屬濟南郡。治所在今山東濟南市西南。

五、樂安郡，治未詳，領縣九。

按：《續漢志》領縣九，《晉志》領縣八，吳氏《考證》卷三據《魏志‧王修傳》、《桓階傳》、《劉劭傳》以爲樂安魏時當爲郡，不當爲國，是，從之。

1、高苑

按：治所在今山東淄博市西北。

2、臨濟

按：治所在今山東高青縣東南。

3、博昌

按：治所在今山東博興縣東南。

4、蓼城

按：治所在今山東利津縣南。

5、壽光

按：治所在今山東壽光市東北。

6、千乘

按：《續漢志》屬，《晉志》無此縣。據《後魏志》：「千乘，前漢屬千乘，後漢屬（樂安郡），晉罷，後復，屬（樂安郡）。」《輿地廣記》卷六京東東路望青州上千乘縣條：「千乘縣，漢舊縣，後漢屬樂安國，晉省之。」則千乘縣至晉方罷，其於魏時似仍屬樂安郡。治所在今山東高青縣東。

7、樂安

按：《續漢志》屬，《晉志》無此縣。據《輿地廣記》卷六京東東路望青州上博興縣條：「博興縣，本漢樂安縣，屬千乘郡，後漢屬樂安國，晉省之。」則樂安縣至晉方罷，其於魏時似仍屬樂安郡。

8、利

按：《續漢志》屬，宋本《晉志》「利」、「益」二字連刻，故通行本多作「利益」。中華書局標點本《晉志》亦作「利益」。今查《水經注》卷八經文：「（濟水）又東北過利縣西。」則魏時仍有利縣，各通行本並誤，中華書局標點本《晉志》失校。酈道元對此條經文加注引《地理志》云：「齊郡有利縣。王莽之利治也。」楊守敬《水經注疏》按曰：「後漢、魏、晉并屬樂安，宋廢。」是，故利縣魏時仍屬樂安郡。治所在今山東博興縣東。

9、益

按：《續漢志》屬，宋本《晉志》「利」、「益」二字連刻，故通行本多作「利益」，中華書局標點本《晉志》亦作「利益」並誤，詳上文考證。則益縣自東漢至晉初皆屬樂安郡。又《魏志》卷十一《國淵傳》：「國淵，字子尼，樂安蓋人」吳氏《表》卷三據此以爲蓋縣魏時屬青州樂安郡，楊氏《補正》以爲蓋縣與樂安地不相接，《魏志》所謂「樂

安」當爲「東安」之訛，錢氏《考異》卷十五以爲「樂安蓋人」當爲「樂安益人」之訛，趙氏《注補》亦以爲「蓋」爲「益」之訛，錢說是、楊說非，吳氏誤。吳氏又以爲魏時所立之益都縣即是此益縣之改名，今知益都縣仍分廣縣所立，詳齊郡益都縣考證，吳氏之說謬甚。治所在今山東壽光市南。

第八節　荊州沿革

荊州，治宛，在今河南南陽市。據《元和志》卷二十一山南道鄧州南陽縣條：「漢置宛縣，屬南陽郡，更始即帝位，世祖納陰後，併於宛城，魏代，荊州都督所理。」《通典》卷一百八十三：「荊州南北雙立」條杜佑自注：「魏荊州理宛，今南陽郡，吳荊州理江陵，今郡也。」《寰宇記》卷一百四十八江南東道荊州條：「故《三國志》：魏荊州理宛，今南陽郡是也，吳荊州理江陵，今郡是也。」今遍查《三國志》未見引文，或爲《三國志》佚文，而《水經注》卷三十一：「古宛城也，荊州刺史治，故亦謂之荊州城。」則宛確乎曾爲荊州刺史治，而《元和志》、《通典》又有明文，則魏時當治宛。又《宋志》：「荊州刺史……魏、晉治江陵。」洪氏《補志》以爲「《三國志》江陵屬吳，爲吳荊州治所，不得云魏。」是。吳氏《考證》卷三據《通鑑》胡注以爲荊州刺史正始中由宛移新野，所據不堅，今不從，錢大昕《地名考異》荊州條以爲「魏之荊州治襄陽。」不知何據，誤。《續漢志》荊州部領南陽、南郡、江夏、零陵、桂陽、武陵、長沙，《續漢書·百官志》注引《獻帝起居注》：「建安十八年……荊州得交州之蒼梧、南海、九眞、交阯、日南，與其舊所部南陽、章陵、南郡、江夏、武陵、長沙、零陵、桂陽。」吳氏《考證》卷三詳考三國分爭諸事，以爲魏敗於赤壁後，荊州所領南陽、南鄉、襄陽、章陵及江夏之北境，是。延康元年置新城郡，詳新城郡考證。黃初二年復置魏興郡，詳魏興郡考證。黃初三年分南陽置義陽郡，正始元年見廢，詳義陽郡考證。太和二年置上庸郡，詳上庸郡考證。置錫郡，詳錫郡考證。

一、南陽郡，治宛，領縣三十，黃初三年後，新野、棘陽、安昌、平林、平氏、義陽移屬義陽郡，領縣二十四。正始元年新野、棘陽、安昌、平林、平氏、義陽來屬，領縣三十。

按：《續漢志》領縣三十七，《晉志》領縣十四，據《宋志》：「義陽太守，

魏文帝立，後省，晉武帝又立。」又《宋書》卷二十九《符瑞下》：「泰始七年六月甲寅，義陽郡獲銅鼎。」又《水經注》卷三十：「闞駰言：『晉泰始中割南陽東鄙之安昌、平林、平氏、義陽四縣置義陽郡於安昌城，又《太康記》、《晉書地道記》並有義陽郡以南陽屬縣為名』。」則泰始七年前已置義陽郡。而《晉志》：「及武帝平吳，分南郡為平南郡，分南陽為義陽郡。」又《晉志》義陽郡下注曰：「太康中置。」吳氏《考證》卷三以為《晉志》：「太康中置」中當為「泰始中置」，是。《寰宇記》卷一百四十二河南東道鄧州六鄉縣條：「晉太康元年置義陽郡，居新野縣，屬荊州」似承《晉志》而誤，《晉志》所謂「武帝平吳……分南陽為義陽」，誤。《晉志》義陽郡所領安昌、平林、平氏、義陽四縣當是從南陽郡割出，此四縣自黃初三年至於正始元年當屬魏時之義陽郡，義陽郡廢後當皆屬南陽郡，詳義陽郡考證，又於晉初復屬西晉之義陽郡。《續漢志》南陽郡所領酇、順陽、南鄉、丹水、武當、陰、築陽、析八縣魏時割屬南鄉郡，詳南鄉郡考證。其所領成都縣，諸志皆無，文獻無考，故暫闕不錄。據《吳志》卷二《孫權傳》：「南陽陰、酇、築陽、山都、中盧五縣民五千家來附，多，魏嗣王稱尊號，改元黃初。」則黃初時中盧縣屬焉，旋屬襄陽郡，詳襄陽郡考證。治所在今河南南陽市。

1、宛

按：《續漢志》、《晉志》皆屬。據《魏志》卷二十《曹據傳》：「彭城王（曹）據……（建安）二十二年徙封宛侯，黃初二年進爵為公，三年為章陵王。」則宛縣黃初二年為公國，三年復為縣。治所在今河南南陽市。

2、西鄂

按：治所在今河南南陽市北。

3、雉

按：治所在今河南方城縣西北。

4、魯陽

按：《續漢志》、《晉志》皆屬。據《魏志》卷二十《曹宇傳》：「（建安）二十二年改封（曹宇）魯陽侯，黃初二年進爵為公，三年為下邳王。」

又《魏志》卷二十《曹邕傳》：「（黃初）三年進（曹邕）爲淮南王……太和三年薨，五年以任城王楷子（曹）溫嗣（曹）邕後，六年改封魯陽。」則魯陽縣黃初元年爲侯國，二年爲公國，後復爲縣，太和六年後爲王國。治所在今河南魯山縣。

5、犨

按：治所在今河南平頂山市西南。

6、博望

按：治所在今河南方城縣西南。

7、堵陽

按：治所在今河南方城縣。

8、葉

按：《續漢志》、《晉志》均屬。《魏志》卷三《明帝紀》：「景初元年……分襄陽郡之鄀、葉縣屬義陽郡。」據《水經注》卷三十一、《中國歷史地圖集・三國圖組》葉縣乃在舞陰縣北，與襄陽郡間隔遙遠，又《續漢志》、《晉志》均屬南陽郡，故《魏志》此文有誤，吳氏《表》卷三據此將之列入襄陽郡而不考葉縣地望，誤。治所在今河南葉縣西南。

9、舞陰

按：治所在今河南社旗縣東南。

10、比陽

按：治所在今河南泌陽縣。

11、冠軍

按：《續漢志》、《晉志》皆屬。據《魏志》卷二十《曹琮傳》：「（黃初）三年進（曹）琮爵，徙封冠軍公，四年徙封己氏公。」則冠軍縣黃初三年爲公國，四年復爲縣。治所在今河南鄧州市西北。

12、酈

按：治所在今河南內鄉縣北。

13、涅陽

按：治所在今河南南陽市西南。

14、育陽

按：《續漢志》作「育陽」屬，《晉志》作「淯陽」屬，今查《漢志》作「育陽」。《宋志》：「雲陽男相，漢舊縣。故名育陽，晉孝武改。」《後魏志》：「雲陽，二漢、晉曰育陽，屬（南陽郡）。」又《蜀志》卷十三《黃權傳》：「（魏）文帝善之，拜（黃權）爲鎮南將軍，封育陽侯，加侍中。」又《華陽國志》卷十二：「雅重車騎將軍，育陽景侯黃權，字公衡。」則魏時當作「育陽」。《晉志》所謂「淯陽」當爲「育陽」之訛，中華書局標點本《晉書》失校。吳氏《表》卷三作「淯陽」不出考證，今不從。又《水經注》皆作「淯陽」，實緣「淯水」得名，《水經注》卷二十九載：「故《地理志》謂之淯水，言熊耳之山，淯水出焉，又東南至順陽，入於沔。」而查北宋景祐刊本《漢志》弘農郡盧氏縣條：「熊耳山在東……又有『育水』，南至順陽入沔」、南陽郡酈縣條：「育水出西北南入漢」、南陽郡育陽縣，則「淯水」又似爲「育水」之訛，陳橋驛《水經注校釋》失校，楊守敬《水經注疏》以爲「淯」即「育」，以爲彌縫，似屬牽強，今不從。治所在今河南南陽市南。

15、朝陽

按：《續漢志》屬，《晉志》屬義陽郡。據《輿地廣記》卷八京西南路鄧州上穰縣條：「二漢朝陽縣屬南陽郡，晉屬義陽郡。」則似於晉初義陽郡復置時移屬焉。治所在今河南新野縣西。

16、安眾

按：《續漢志》屬，《晉志》無此縣。吳氏《表》卷三據《輿地廣記》以爲其晉始省，是。治所在今河南鄧州市東北。

17、隨

按：《續漢志》屬，《晉志》屬義陽郡，又《水經注》卷三十：「闞駰言：『晉泰始中割南陽東鄙之安昌、平林、平氏、義陽四縣置義陽郡於安昌城，又《太康記》、《晉書地道記》並有義陽郡以南陽屬縣爲名』。」據闞駰之說西晉之義陽郡初置時無隨縣，隨縣仍當屬南陽郡，而後割屬之，故《晉志》隨縣屬義陽郡，則隨縣魏時確屬南陽郡。謝氏《補注》據《宋志》：「太康年，（晉武帝）又分義陽置隨國」以爲隨縣魏時當屬義陽郡，謝氏不知義陽郡有二，魏之義陽郡領縣可考者

惟安昌等六縣，並無隨縣，謝氏用《晉志》所載西晉太康時已屬復置之義陽郡領縣情況逆推魏之義陽郡領縣情況，誤，今不從。治所在今湖北隨州市。

18、湖陽

按：《續漢志》屬，《晉志》無此縣。今查《輿地廣記》卷八京西南路上唐州中下湖陽縣條：「湖陽縣，故蓼國，二漢屬南陽郡，晉省入棘陽（四庫本《輿地廣記》：「棘陽」作「棗陽」，李勇先、王小紅校勘本《輿地廣記》未出校注，其時有「棘陽」縣，無「棗陽」，四庫本誤）。」又宋本《春秋經傳集解·桓公十一年》傳文「鄖人軍於蒲騷，將與隨、絞、州、蓼伐楚師」杜預注「蓼國今義陽棘陽縣東南湖陽城。」則晉太康元年前湖陽縣已省，湖陽縣於魏時似仍屬南陽郡。治所在今河南新野縣東。

19、安昌

按：《續漢志》作「章陵」屬，《晉志》屬義陽郡，據《水經注》卷二十八：「（安昌縣）漢元帝以長沙卑濕，分白水、上唐二鄉為舂陵縣，光武即帝位改為章陵縣，置園廟焉，魏黃初二年更從今名，故義陽郡治也。」則章陵縣黃初二年改名為安昌縣，黃初三年章陵郡見廢後移屬南陽郡，旋屬義陽郡，又據《水經注》卷三十：「闞駰言：『晉泰始中割南陽東鄙之安昌、平林、平氏、義陽四縣置義陽郡於安昌城』。」又《晉志》安昌縣屬義陽郡，故其於正始元年魏之義陽郡見廢後當屬南陽郡，又於太康時晉之義陽郡復置時割屬焉，詳本郡考證、義陽郡考證。治所在今湖北棗陽市南。

20、平氏

按：《續漢志》屬，據《寰宇記》卷一百三十二淮南道信陽軍條：「《魏志》：『（魏）文帝分南陽立義陽郡，居安昌城，領安昌、平林、平氏、義陽、平春五縣。』又據本州義陽郡考證，義陽郡置於黃初三年，則平氏曾屬南陽郡，後於黃初三年割屬魏之義陽郡，又《水經注》卷三十：「闞駰言：『晉泰始中割南陽東鄙之安昌、平林、平氏、義陽四縣置義陽郡於安昌城』。」《晉志》屬義陽郡，故其於正始元年魏之義陽郡見廢後又還屬南陽郡，又於太康時晉之義陽郡設立時割屬

焉，詳本郡考證、義陽郡考證。治所在今河南唐河縣東南。

21、平林

按：《續漢志》無此縣，據《後漢書》卷四十一：「平林人陳牧、廖湛，復聚眾千餘人，號平林兵。」則西漢末已有平林縣，其後似省。又據《寰宇記》卷一百三十二淮南道信陽軍條：「《魏志》：『（魏）文帝分南陽立義陽郡，居安昌城，領安昌、平林、平氏、義陽、平春五縣。』」又據本州義陽郡考證，義陽郡置於黃初三年，則魏曾於南陽郡復置平林縣，而確年乏考，後於黃初三年魏之義陽郡初置時移屬之，又《水經注》卷三十：「闞駰言：『晉泰始中割南陽東鄙之安昌、平林、平氏、義陽四縣置義陽郡於安昌城』。」《晉志》屬義陽郡，故其於正始元年魏之義陽郡見廢後當屬南陽郡，又於太康時晉之義陽郡復置時割屬焉，詳本郡考證、義陽郡考證。治所在今湖北隨州市東北。

22、義陽

按：《續漢志》無此縣，今據《元和志》卷九河南道申州義陽縣條：「義陽縣，本漢平氏縣義陽鄉之地也，魏文帝分平氏立義陽縣。」又《寰宇記》卷一百三十二淮南道信陽軍條：「《魏志》：『（魏）文帝分南陽立義陽郡，居安昌城，領安昌、平林、平氏、義陽、平春五縣。』」又據本州義陽郡考證，義陽郡置於黃初三年，此時已有義陽縣，則魏黃初三年前分平林置義陽縣且屬南陽郡，而確年乏考，後於黃初三年魏之義陽郡初置時移屬焉，又《水經注》卷三十：「闞駰言：『晉泰始中割南陽東鄙之安昌、平林、平氏、義陽四縣置義陽郡於安昌城』。」《晉志》屬義陽郡，故其於正始元年魏之義陽郡見廢後當屬南陽郡，又於太康時晉之義陽郡復置時割屬焉，詳本郡考證、義陽郡考證。治所在今河南信陽市西北。

23、穰

按：《續漢志》屬，《晉志》屬義陽郡，查《水經注》卷三十一：「晉咸寧二年，封大司馬扶風武王少子（司馬）歆爲新野郡公，割南陽五屬：棘陽、蔡陽、穰、鄧、山都封焉。」則穰縣至晉初仍屬南陽郡，故其魏時當屬南陽郡。治所在今河南鄧州市。

24、鄧

按：《續漢志》屬，《晉志》屬義陽郡，據《蜀志》卷五《諸葛亮傳》：「（諸葛）亮躬耕隴畝，好爲梁父吟」條裴注引《漢晉春秋》：「（諸葛）亮家於南陽之鄧縣。」則漢末建安時鄧縣仍屬南陽郡，《晉志》鄧縣屬義陽郡，查《水經注》卷三十一：「晉咸寧二年，封大司馬扶風武王少子（司馬）歆爲新野郡公，割南陽五屬：棘陽、蔡陽、穰、鄧、山都封焉。」則鄧縣至晉初仍屬南陽郡，故鄧縣魏時當屬南陽郡。治所在今湖北襄樊市北。

25、蔡陽

按：《續漢志》屬，《晉志》屬義陽郡，查《水經注》卷三十一：「晉咸寧二年，封大司馬扶風武王少子（司馬）歆爲新野郡公，割南陽五屬：棘陽、蔡陽、穰、鄧、山都封焉。」則蔡陽縣至晉初仍屬南陽郡，故蔡陽縣魏時當屬南陽郡。治所在今湖北棗陽市西。

26、山都

按：《續漢志》屬，《晉志》屬襄陽郡，查《吳志》卷二《孫權傳》：「南陽陰、酇、築陽、山都、中盧五縣民五千家來附。多，魏嗣王稱尊號，改元爲黃初。」則山都縣黃初時當屬南陽郡，而《宋志》載：「襄陽公相，魏武帝平荊州，分南郡編以北及南陽之山都立。」今檢《水經注》卷二十八：「魏武平荊州，分南郡立爲襄陽郡。」《晉志》：「後漢獻帝建安十三年，魏武盡得荊州之地，分南郡以北立襄陽郡。」則《宋志》所謂「及南陽之山都」當誤，吳氏《表》卷三據此將山都縣列入襄陽郡、《中國歷史地圖集・三國圖組》將山都縣繪入襄陽郡，並誤，今不從。又《水經注》卷三十一：「晉咸寧二年，封大司馬扶風武王少子（司馬）歆爲新野郡公，割南陽五屬：棘陽、蔡陽、穰、鄧、山都封焉。」則山都縣至晉初仍屬南陽郡，故山都縣魏時當屬南陽郡。而後割屬襄陽郡。治所在今湖北襄樊市西北。

27、復陽

按：《續漢志》屬，《宋志》、《南齊志》、《後魏志》、《晉志》皆不載，《寰宇記》卷六十三河北道冀州棗強縣條：「復陽故城，漢縣……後漢省。」《一統志》卷一百四十七亦同之，而今查宋磧砂藏本《法苑珠林》

卷三十二「晉復陽縣有牛變」條：「晉復陽縣里民有一家兒牧牛」云云其後小注曰：「右一驗，出顧徵《廣州紀錄》。」復陽縣之地望本於廣州無涉，不知道釋道宣是否引據有誤，然道宣爲初唐人，去魏晉並未久遠，所見材料當有所據。又宋李昉等所編《太平廣記》卷四百二十六：「牧牛兒」條：「晉復陽縣里民家兒常牧牛」其後小注曰：「出《廣異記》。」今宋李昉等所編《文苑英華》卷七百三十七收有顧況《戴氏〈廣異記〉序》其中顧況言：「至德初，天下肇亂，況始與同登一科，君自校書，終饒州錄事參軍，時年五十七，有文集二十卷，此書二十卷。」顧況《舊唐書》有傳，「至德」爲唐肅宗年號，故撰《廣異記》之戴君爲唐人無疑，戴氏亦爲唐人，同錄此條材料，當有所據，故復陽縣似至晉時仍有。今暫將之列入。

28、襄鄉

按：《續漢志》屬，《晉志》無此縣。據《宋志》：「襄鄉令，前漢無，後漢有，屬南陽。徐《志》屬義陽。」胡阿祥師《〈宋書·州郡志〉脫漏試補》（《安徽史學》2004 年第四期）一文以爲：「所謂『徐志』指徐爰《宋書·州郡志》，『徐志』起東晉義熙元年，迄於劉宋大明之末。」則此條材料似不足證明襄鄉縣魏時未廢。今查胡克家本李善注《文選》卷四張衡《南都賦》：「太一餘糧，中黃瑴玉」條李善注曰：「《博物志》曰：『……欲得好瑴玉，用合漿，於襄鄉縣舊穴中鑿取』。」又胡氏李注《文選》卷二十三嵇康《幽憤詩》李善注、胡氏李注《文選》卷三十五張景陽《七名》李善注皆引「張華《博物志》」。查《隋書·經籍志》：「《博物志》十卷，張華撰。」又《晉書》卷三十六《張華傳》：「張華，字茂先，范陽方城人也，父（張）平，魏漁陽郡守……陳留阮籍見之，歎曰：『王佐之才也』……（張）華著《博物志》十篇。」則李善注所引《博物志》當爲西晉張華所撰，則西晉時襄鄉縣仍有，《晉志》漏載此縣，明矣。又《水經注》卷二十八：「沔水又東合洞口，水出安昌縣故城東北大父山，西南流謂之白水……白水又西合淯水，水出襄鄉縣東北陽中山，西逕襄鄉縣之故城北……淯水又西逕蔡陽縣故城東。」則襄鄉縣處於白水與淯水之汭，而白水出安昌，淯水又逕蔡陽縣城東，則襄鄉縣當處於蔡陽、安昌二縣之間，汪士鐸《水經注圖·沔涔丹澮鈞贛湞廬江白粉十水

圖》將襄鄉縣繪於蔡陽、安昌二縣之間，據本郡蔡陽縣考證，魏時
其屬南陽郡，據本郡安昌縣考證，其即爲《續漢志》之章陵縣，後
改名，且於黃初三年前屬南陽郡，正始元年後又屬焉，又據上考襄
鄉縣於魏時又未廢，且居於二縣之間，則其在黃初三年前、正始元
年後當屬南陽郡，自黃初三年至正始元年魏之義陽郡立，襄鄉縣是
否屬焉無考，今姑仍將之視爲南陽郡屬縣，吳氏《表》卷三漏載襄
鄉縣、《中國歷史地圖集・三國圖組》亦漏繪襄鄉縣，並誤。

29、新野

按：《續漢志》屬，《晉志》屬義陽郡，據《蜀志》卷十二《來敏傳》：「來
敏，字敬達，義陽新野人」、《蜀志》卷十五《鄧芝傳》：「鄧芝，字
伯苗，義陽新野人。」則新野縣魏時曾屬義陽郡，而據《寰宇記》
卷一百三十二安州信陽軍條：「《魏志》：『（魏）文帝分南陽立義陽郡，
居安昌城，領安昌、平林、平氏、義陽、平春五縣。』」魏之義陽郡
初置時未有新野縣，魏之義陽郡黃初三年置（詳本州義陽郡考證），
則新野縣當於黃初三年後移屬焉，而確年乏考。又《水經注》卷三
十：「闞駰言：『晉泰始中割南陽東鄙之安昌、平林、平氏、義陽四
縣置義陽郡於安昌城，又《太康記》、《晉書地道記》並有義陽郡，
以南陽屬縣爲名』。」則西晉之義陽郡初置時亦未有新野縣，新野縣
當於晉初泰始時義陽郡置後，從南陽郡移屬之，故《晉志》新野縣
屬義陽郡。則新野縣自正始元年魏之義陽郡廢後（詳細本州義陽郡
考證）至晉泰始時仍當屬南陽郡。又據《魏志》卷十八《文聘傳》：
「文帝踐阼……（文聘）禦賊有功，遷後將軍，封新野侯。」則黃
初中新野爲侯國。治所在今河南新野縣。

30、棘陽

按：《續漢志》屬，《晉志》屬義陽郡，據《魏志》卷二十八《鄧艾傳》：
「鄧艾，字士載，義陽棘陽人也」則棘陽縣魏時曾屬義陽郡，而據
《寰宇記》卷一百三十二淮南道信陽軍條：「《魏志》：『（魏）文帝分
南陽立義陽郡，居安昌城，領安昌、平林、平氏、義陽、平春五縣。』」
魏之義陽郡初置時未有棘陽縣，則棘陽縣當在黃初三年分置魏之義
陽郡（詳本州義陽郡考證）後屬焉，而確年乏考。查《水經注》卷
三十一：「晉咸寧二年，封大司馬扶風武王少子（司馬）歆爲新野郡

公，割南陽五屬：棘陽、蔡陽、穰、鄧、山都封焉。」則棘陽縣於
正始元年義陽郡廢後（詳本州義陽郡考證）還屬南陽郡。又《水經
注》卷三十：「闞駰言：『晉泰始中割南陽東鄙之安昌、平林、平氏、
義陽四縣置義陽郡於安昌城，又《太康記》、《晉書地道記》並有義
陽郡以南陽屬縣爲名』。」則西晉之義陽郡初置時無棘陽縣，棘陽縣
似仍屬南陽郡，而後割屬之，故《晉志》棘陽縣屬義陽郡。治所在
今河南南陽市南。

二、義陽郡，治安昌，領縣八。

按：《續漢志》無此郡，據《宋志》：「義陽太守，魏文帝立，後省，晉武
帝又立。」又《寰宇記》卷一百三十二淮南道信陽軍條：「《魏志》：
『（魏）文帝分南陽立義陽郡，居安昌城，領安昌、平林、平氏、義
陽、平春五縣。」則義陽郡魏文帝時置，且治安昌，領安昌、平林、
平氏、義陽、平春五縣。又據《魏志》卷二十《曹據傳》：「黃初二
年進（曹據）爵爲公，三年爲章陵王，其年徙封義陽。」則義陽郡
當置於黃初三年前，又據《水經注》卷二十八：「（安昌縣）漢元帝
以長沙卑濕，分白水、上唐二鄉爲舂陵縣，光武即帝位改爲章陵縣，
置園廟焉，魏黃初二年更從今名，故義陽郡治也。」則黃初二年改
章陵縣爲安昌縣，其後章陵郡不久即廢，據上引《魏志》黃初三年
仍有章陵郡，則章陵郡之廢亦當在此年，章陵郡廢後安昌縣歸屬南
陽郡，旋又割屬義陽郡爲義陽郡郡治，故有《寰宇記》「分南陽立義
陽郡」之說，故義陽郡當置於黃初三年。謝氏《補注》據《魏志》
以爲安昌縣不得早於義陽郡先有，故《水經注》安昌縣黃初二年改
名爲誤，吳氏《考證》卷三亦同之，且以爲《水經注》：「黃初二年」
當作「黃初三年。」謝氏、吳氏皆不知魏制：「黃初元年至黃初五年
皆以郡爲王，黃初五年至太和六年皆以縣爲王，太和六年後復以郡
爲王」（詳兗州陳留郡考證），曹據黃初三年爲章陵王，則爲章陵郡
之王，非章陵縣之王，章陵郡所領之章陵縣改名爲安昌縣，於郡名
無涉，故章陵縣黃初二年改名安昌縣與黃初三年仍有章陵郡根本沒
有矛盾，謝氏、吳氏並誤。吳氏《考證》卷三據《魏志》明帝紀、
齊王芳紀與《左傳》杜預注以爲義陽郡當廢於正始元年，是，從之。
又《魏志》卷三《明帝紀》：「景初元年……分襄陽郡之鄀、葉縣屬

義陽郡。」則葉縣景初元年後似屬義陽郡，據《水經注》卷三十一、《中國歷史地圖集・三國圖組》葉縣乃在舞陰縣北，與襄陽郡間隔遙遠，楊氏《補正》據此以爲不當遠屬義陽郡，是，又《續漢志》、《晉志》均屬南陽郡，故《魏志》此文有誤，吳氏《表》卷三據此將之列入義陽郡而不考葉縣地望，誤。治所在今湖北棗陽市南。

1、安昌

按：《續漢志》作「章陵」屬南陽郡，《晉志》屬。安昌縣即《續漢志》南陽郡之章陵縣，其於黃初二年改名，黃初三年由南陽郡割屬義陽郡，正始元年義陽郡廢後還屬南陽郡，晉初又割屬義陽郡，詳南陽郡安昌縣考證。治所在今湖北棗陽市南。

2、平林

按：《續漢志》無此縣，據《後漢書》卷四十一：「平林人陳牧、廖湛，復聚眾千餘人，號平林兵。」則西漢末已有平林縣，其後似省，《晉志》屬。據本郡考證，其於黃初三年由南陽郡割屬義陽郡。正始元年義陽郡廢後還屬南陽郡，晉初又割屬義陽郡，詳南陽郡平林縣考證。治所在今湖北隨州市東北。

3、平氏

按：《續漢志》屬南陽郡，《晉志》屬。據本郡考證，其於黃初三年由南陽郡割屬義陽郡。正始元年義陽郡廢後還屬南陽郡，晉初又割屬義陽郡，詳南陽郡平氏縣考證。據《魏志》卷二十《曹範傳》：「（黃初）三年封（曹范）平氏侯，四年徙封成武。」則黃初三年平氏爲侯國。治所在今河南唐河縣東南。

4、義陽

按：《續漢志》無此縣，今據《元和志》卷九河南道申州義陽縣條：「義陽縣，本漢平氏縣義陽鄉之地也，魏文帝分平氏立義陽縣。」則義陽縣由平氏縣分出，《晉志》屬。據本郡考證，其於黃初三年由南陽郡割屬義陽郡。正始元年義陽郡廢後還屬南陽郡，晉初又割屬義陽郡，詳南陽郡義陽縣考證。治所在今河南信陽市西北。

5、平春

按：《續漢志》、《晉志》屬江夏郡，據本郡考證，黃初三年義陽郡置時即

有平春縣，其時當屬焉。正始元年義陽郡廢，吳氏《表》卷三以爲平春縣此時似還屬江夏郡，晉初又割屬義陽郡，楊氏《補正》引《魏志‧李通傳》「江夏平春人」以疑之，則平春縣當於割屬義陽郡後旋還，而確年乏考。治所在今河南信陽市西北。

6、新野

按：《續漢志》屬南陽郡，《晉志》屬，據《蜀志》卷十二《來敏傳》：「來敏字敬達，義陽新野人」、《蜀志》卷十五《鄧芝傳》：「鄧芝，字伯苗，義陽新野人。」則新野縣魏時曾屬義陽郡，而據《寰宇記》卷一百三十二淮南道信陽軍條：「《魏志》：『（魏）文帝分南陽立義陽郡，居安昌城，領安昌、平林、平氏、義陽、平春五縣。』」義陽郡初置時未有新野縣，則新野縣當在黃初三年後屬魏之義陽郡，而確年乏考，據南陽郡新野縣考證，正始元年義陽郡省，新野縣當還屬南陽郡。治所在今河南新野縣。

7、鄀

按：《續漢志》、《晉志》均屬南郡。《魏志》卷三《明帝紀》：「景初元年……分襄陽郡之鄀、葉縣屬義陽郡。」則鄀縣於景初元年割屬義陽郡，正始元年義陽郡省，鄀縣當還屬襄陽郡。治所在今湖北宜城市東南。

8、棘陽

按：《續漢志》屬南陽郡，《晉志》屬。據《魏志》卷二十八《鄧艾傳》：「鄧艾字士載，義陽棘陽人也」則棘陽縣魏時曾屬義陽郡，而據《寰宇記》卷一百三十二淮南道信陽軍條：「《魏志》：『（魏）文帝分南陽立義陽郡，居安昌城，領安昌、平林、平氏、義陽、平春五縣。』」魏之義陽郡初置時未有棘陽縣，則棘陽縣當在黃初三年後屬魏之義陽郡，而確年乏考，據南陽郡棘陽縣考證，正始元年義陽郡廢，棘陽還屬南陽郡。治所在今河南南陽市南。

三、章陵郡，治章陵，領縣一。

按：吳氏《考證》卷三據《後漢書‧劉表傳》注引《百官儀》、《魏志‧劉表傳》注引《傅子》、《魏志‧趙儼傳》以爲章陵郡置於建安初年，是。據義陽郡考證，章陵郡廢於黃初三年，領縣可考者惟有章陵一縣。治所在今湖北棗陽市南。

1、章陵

按：《續漢志》屬南陽郡，據義陽郡考證，章陵縣於黃初二年改名安昌，
　　黃初三年郡廢後，安昌縣割屬義陽郡。治所在今湖北棗陽市南。

四、南鄉郡，治酇，領縣八。

按：據《宋志》：「順陽太守，魏分南陽立曰南鄉，晉武帝更名。」又《晉
　　志》：「後漢獻帝建安十三年，魏武盡得荊州之地……又分南陽西界
　　立南鄉郡……及〔晉〕武帝平吳……改南鄉爲順陽郡。」則南鄉郡
　　當是建安十三年從南陽郡分出，晉武帝平吳後，又改曰順陽郡，則
　　《晉志》順陽郡所領諸縣，即是從《續漢志》南陽郡所分出，其在
　　魏時當屬南鄉郡。又據《水經注》卷二十：「丹水又南逕南鄉縣故城
　　東北，漢建安中，割南陽右壤爲南鄉郡，逮晉封宣帝孫（司馬）暢
　　爲順陽王，因立爲順陽郡，而南鄉爲縣。（南鄉郡）舊治酇城，永嘉
　　中丹水浸沒，至永和中徙治南鄉故城。」則南鄉郡舊治酇縣，而查
　　《吳志》卷二《孫權傳》：「南陽陰、酇、築陽、山都、中盧五縣民
　　五千家來附。冬，魏嗣王稱尊號，改元爲黃初。」則酇縣黃初時當
　　屬南陽郡，其於黃初後來屬，而確年乏考，故南鄉郡初置時郡治非
　　酇縣，此後徙治酇縣，吳氏《表》卷三據《輿地廣記》以爲南鄉郡
　　魏置，郡治南鄉，今遍查《輿地廣記》不見吳氏所據之文，不知吳
　　氏所據何本，今不從。楊氏《補正》據洪適《隸續》：「晉南鄉太守
　　司馬整碑」其中有「從掾位南陽郭口長先」以爲魏南鄉郡有南陽縣，
　　《隸釋》傳世之本實非完帙且多舛亂，今檢各本《隸釋》均無所謂
　　「晉南鄉太守司馬整碑。」惟其卷末附殘碑一卷，而其碑名不可知，
　　不知楊氏所據《隸釋》爲何本，而殘碑碑文中確有「從掾位南陽郭
　　口長先。」楊氏所指似此殘碑，而細讀其碑文有縣名凡九：武當、
　　陰、析、酇、築陽、丹水、順陽、南鄉、南陽。而洪邁《容齋隨筆》
　　卷十一「南鄉掾史」條：「金石刻有《晉南鄉太守司馬整碑》，其陰
　　刻掾史以下姓名，合三百五十一……至晉泰始中，所管八縣，才二
　　萬戶耳，而掾史若是之多。」則洪邁所見「晉南鄉太守司馬整碑」
　　載縣惟八，又《續漢書》、《宋志》（宋志亦有「南陽令」，其爲江東
　　僑置非承晉之舊縣）、《晉志》均無南陽縣之載，則「南陽」當是「南
　　鄉」之訛，如此正合洪氏所謂「八縣」，此訛爲後世過錄《隸釋》者

手誤無疑，故不從楊氏之說。治所在今湖北老河口市西北。

1、酇

按：《續漢志》屬南陽郡，《晉志》屬順陽郡，據本郡考證酇縣黃初時屬南陽郡，其後來屬且為郡治，而移屬確年乏考。《續漢志》、《晉志》皆作「酇」，吳氏《表》卷三據《魏志‧曹袞傳》「（建安二十二年）改封（曹袞）贊侯⋯⋯黃初二年，進爵為公⋯⋯（黃初）三年為北海王⋯⋯（黃初）四年改封贊王，七年徙封濮陽。」以為「酇」當作「贊」，今查《吳志》卷二《孫權傳》：「南陽陰、酇、築陽、山都、中盧五縣民五千家來附，多，魏嗣王稱尊號，改元為黃初。」則黃初時確作「酇」，又《宋志》、《後魏志》皆作「酇」，故吳氏所據《魏志》文當有誤。又據上引《魏志》文，酇縣黃初元年為侯國，二年為公國，三年還為縣，黃初四年至於七年為王國。治所在今湖北老河口市西北。

2、南鄉

按：《續漢志》屬南陽郡，《晉志》屬順陽郡，據本郡考證，魏時其當屬南鄉郡。治所在今河南淅川縣西南。

3、順陽

按：《續漢志》屬南陽郡，《晉志》屬順陽郡，據本郡考證，魏時其當屬南鄉郡。治所在今河南內鄉縣西。

4、丹水

按：《續漢志》屬南陽郡，《晉志》屬順陽郡，據本郡考證，魏時其當屬南鄉郡。治所在今河南淅川縣西。

5、武當

按：《續漢志》屬南陽郡，《晉志》屬順陽郡，據本郡考證，魏時其當屬南鄉郡。治所在今湖北鄖縣東南。

6、析

按：《續漢志》屬南陽郡，《晉志》屬順陽郡，據本郡考證，魏時其當屬南鄉郡。治所在今湖北西峽縣。

7、陰

按：《續漢志》屬南陽郡，《晉志》屬順陽郡，今查《吳志》卷二《孫權傳》：「南陽陰、酇、築陽、山都、中盧五縣民五千家來附。多，魏

嗣王稱尊號，改元爲黃初。」則黃初時陰縣仍屬南陽郡，其後來屬，而確年乏考。治所在今湖北老河口市西北。

8、築陽

按：《續漢志》屬南陽郡，《晉志》屬順陽郡，今查《吳志》卷二《孫權傳》：「南陽陰、酇、築陽、山都、中盧五縣民五千家來附。冬，魏嗣王稱尊號，改元爲黃初。」則黃初時築陽縣仍屬南陽郡，其後來屬，而確年乏考。治所在今湖北老河口市西南。

五、襄陽郡，治襄陽，領縣七。景初元年鄀縣移屬義陽郡，領縣六。正始元年鄀縣復屬襄陽郡，領縣七。

按：據《宋志》：「襄陽公相，魏武帝平荊州，分南郡編以北及南陽之山都立，屬荊州。」今檢《水經注》卷二十八：「魏武平荊州，分南郡立爲襄陽郡。」《晉志》：「後漢獻帝建安十三年，魏武盡得荊州之地，分南郡以北立襄陽郡。」《元和志》卷二十一山南道襄州襄陽縣條：「襄陽縣，本漢舊縣也，屬南郡……魏武帝平荊州，分南郡置襄陽郡，縣屬焉，後遂不改。」則《宋志》所謂「及南陽之山都」當誤，故襄陽郡乃建安十三年分南郡置。又《魏志》卷三《明帝紀》：「景初元年……分襄陽郡之鄀、葉縣屬義陽郡。」則葉縣景初元年前似屬襄陽郡，據《水經注》卷三十一、《中國歷史地圖集·三國圖組》葉縣乃在舞陰縣北，與襄陽郡間隔遙遠，又《續漢志》、《晉志》均屬南陽郡，故《魏志》此文有誤，吳氏《表》卷三據此將之列入襄陽郡而不考葉縣地望，誤。治所在今湖北襄樊市。

1、襄陽

按：《續漢志》屬南郡，《晉志》屬襄陽郡，據《元和志》卷二十一山南道襄州襄陽縣條：「襄陽縣，本漢舊縣也，屬南郡……魏武帝平荊州，分南郡置襄陽郡，縣屬焉，後遂不改。」《宋志》：「襄陽令，漢舊縣，屬南郡。」又沈約自謂《宋志》書法「自漢至宋，郡縣無改移者，則注云：『漢舊』。」然襄陽縣魏時已屬襄陽郡，《宋志》誤甚。治所在今湖北襄樊市。

2、臨沮

按：《續漢志》屬南郡，《晉志》屬襄陽郡，《魏志》卷三《明帝紀》：「（景

初元年）分襄陽臨沮、宜城、旍陽、邔四縣置襄陽南部都尉。」則其魏時當屬襄陽郡。治所在今湖北遠安縣西北。

3、宜城

按：《續漢志》屬南郡，《晉志》屬襄陽郡，《魏志》卷三《明帝紀》：「（景初元年）分襄陽臨沮、宜城、旍陽、邔四縣置襄陽南部都尉。」則其魏時當屬襄陽郡。治所在今湖北襄樊市。

4、旍陽

按：《續漢志》無此縣，《晉志》作「旍陽」屬南郡，《宋志》：「二漢無旍陽……疑是吳所立。」今檢《魏志》卷十七《樂進傳》：「（樂進）襲關羽、蘇非等，皆走之。南郡諸郡，山谷蠻夷詣（樂）進降，又討劉備臨沮長杜普、旍陽長梁大皆大破之。」則旍陽縣建安時即有，錢氏《考異》卷十五以爲「旍陽即旍陽」是。則《宋志》所謂「二漢無旍陽」誤，旍陽爲誰所置，乏考，《魏志》卷三《明帝紀》：「（景初元年）分襄陽臨沮、宜城、旍陽、邔四縣置襄陽南部都尉。」則其魏時當屬襄陽郡。治所在今湖北枝江市東北。

5、邔

按：《續漢志》屬南郡，《晉志》屬襄陽郡，《魏志》卷三《明帝紀》：「（景初元年）分襄陽臨沮、宜城、旍陽、邔四縣置襄陽南部都尉。」則其魏時當屬襄陽郡。治所在今湖北宜城市北。

6、中盧

按：《續漢志》屬南郡，《晉志》屬。今查《吳志》卷二《孫權傳》：「南陽陰、酇、築陽、山都、中盧五縣民五千家來附，冬，魏嗣王稱尊號，改元爲黃初。」則黃初時中盧縣屬南陽郡，而據《吳志》卷十一《朱然傳》：「赤烏五年，征柤中」裴注引《襄陽記》：「魏時，夷王梅敷兄弟三人部曲萬餘家屯此，分佈在中盧、宜城西山鄢、沔二谷中。」中盧、宜城二縣連述，似同屬一郡，而據上考宜城其時屬襄陽郡，則中盧亦應屬襄陽郡，故中盧黃初時屬南陽郡，旋屬襄陽，而確年乏考。治所在今湖北襄樊市西南。

7、鄀

按：《續漢志》、《晉志》均屬南郡。又據《魏志》卷三《明帝紀》：「景初

元年……分襄陽郡之鄀、葉縣屬義陽郡。」則鄀縣似於建安十三年割屬襄陽郡，又於景初元年割屬義陽郡，正始元年義陽郡省，鄀縣當還屬襄陽郡。治所在今湖北宜城市東南。

六、江夏郡，治石陽，嘉平中徙治安陸上昶城，領縣三，吳江夏郡之安陸、南新市二縣青龍四年時來屬，領縣五。

按：吳氏《考證》卷三據《吳志・孫權傳》，《魏志・文聘傳》、《王基傳》與《元和志》以爲江夏郡始治石陽，嘉平中移治安陸上昶城，是，從之。《續漢志》領縣十四，其中西陽、西陵、軑三縣魏時割屬豫州弋陽郡，詳豫州弋陽郡考證。其中蘄春縣後別立郡，吳氏《考證》卷七據《吳志・孫權傳》、《寰宇記》以爲蘄春郡吳黃武二年立，其地屬吳，是，從之。其中沙羨、竟陵、雲杜、鄂、下雉五縣入吳，詳吳荊州江夏郡考證。其中邾縣，吳氏《表》卷三以爲當是魏、吳雙方之棄地，楊氏《補正》據《宋志》以爲邾縣當屬吳揚州蘄春郡，楊說是，從之。治所在今湖北漢川市西北。

1、鄳

按：治所在今河南信陽市東。

2、石陽

按：《續漢志》無此縣，據《魏志》卷十八《文聘傳》：「太祖先定荊州……乃以（文）聘爲江夏太守……文帝踐阼，進（文聘）爵長安鄉侯……孫權以五萬衆，自圍（文）聘於石陽。」吳氏《考證》卷三據此以爲石陽縣魏武帝平荊州時即屬江夏郡，可備一說，又《吳志》卷十三《陸遜傳》：「嘉禾五年……（陸遜）潛遣將軍周峻、張梁等擊江夏新市、安陸、石陽。」吳嘉禾五年爲魏青龍四年，則至青龍四年石陽仍屬江夏郡，又據《宋志》：「江夏又有曲陵縣，本名石陽，吳立。《晉起居注》：太康元年，改江夏石陽爲曲陵（「曲陵」各本作「曲陽」中華書局標點本校勘記引成孺《宋書州郡志校勘記》以爲當作「曲陵」是）。」《晉志》江夏郡有曲陵縣，則至晉初太康時石陽仍屬江夏郡，故石陽縣魏時屬江夏郡。

3、安陸

按：《續漢志》，《晉志》均屬。吳氏《考證》卷三據《魏志・蔣濟傳》、《吳

志·周魴傳》以爲黃武七年時安陸屬吳，是，今查《吳志》卷十三《陸遜傳》：「嘉禾五年……（陸遜）潛遣將軍周峻、張梁等擊江夏新市、安陸、石陽。」吳嘉禾五年爲魏青龍四年，吳氏《考證》卷三據此以爲安陸縣青龍四年時屬魏之江夏郡，是，從之。治所在今湖北雲夢縣。

4、南新市

按：《續漢志》，《晉志》均屬。吳氏《考證》卷三據《吳志·孫皎傳》以爲建安中南新市屬吳，是，今查《吳志》卷十三《陸遜傳》：「嘉禾五年……（陸遜）潛遣將軍周峻、張梁等擊江夏新市（《水經注》卷二十八：「又西南流逕杜城西，新市縣治也，《郡國志》以爲南新市也，中山有新市，故此加南。」而魏時中山國仍領新市縣，故此「新市」當爲「南新市」）、安陸、石陽。」吳嘉禾五年爲魏青龍四年，吳氏《考證》卷三據此以爲南新市縣青龍四年時屬魏之江夏郡，是，從之。治所在今湖北京山縣東北。

5、平春

按：《續漢志》、《晉志》均屬。據本州義陽郡考證，黃初三年義陽郡置時即有平春縣，則其時移屬焉，正始元年義陽郡廢，吳氏《表》卷三以爲平春縣此時似還屬江夏郡，晉初又割屬義陽郡，楊氏《補正》引《魏志·李通傳》「江夏平春人」以疑之，則平春縣當於割屬義陽郡後旋還，而確年乏考。治所在今河南信陽市西北。

七、魏興郡，治西城，領縣四。景初元年，魏陽縣割屬上庸郡，錫縣來屬，領縣四。嘉平中魏陽縣回屬，領縣五。

按：據《魏志》卷一《武帝紀》：「（建安二十年）分漢中之安陽、西城爲西城郡。」又《水經注》卷二十七：「漢水又東逕西城縣故城南，《地理志》漢中郡之屬縣也，漢末爲西城郡，建安二十四年劉備以申儀爲西城太守，（申）儀據郡降魏，魏文帝改爲魏興郡，治故西城縣之故城也。」《蜀志》卷十《劉封傳》：「……（魏假申）儀魏興太守」裴注引《魏略》：「建安末，（申儀）爲蜀所攻，以其郡西屬，黃初中（申）儀復來還，詔即以兄故號加（申）儀，因拜魏興太守，封列侯。」《華陽國志》卷二：「黃初二年文帝，轉（申）儀爲魏興太守，封郿鄉侯。」

則魏興郡乃爲建安所置之西城郡，西城郡設置後一度屬蜀，又於黃初二年復屬魏，且改名魏興郡，治所爲西城縣，吳氏《考證》卷三以爲魏文帝於黃初元年置魏興郡，誤。又《宋志》：「魏興太守，魏文帝以漢中遺民在東垂者立，屬荊州」所謂「魏文帝……立」當指魏興郡之改置，則魏興郡其時屬荊州。又《寰宇記》卷一百四十一引用《輿地志》：「魏置魏興郡，領洵陽等六縣。」吳氏《考證》卷三據《宋志》詢陽晉太康四年方置以駁之，是，從之。治所在今陝西安康市。

1、西城

按：《續漢志》屬益州漢中郡，《晉志》屬。黃初元年屬新城郡，詳新城郡考證，黃初二年魏興郡置後屬焉，且爲魏興郡郡治，詳本郡考證。治所在今陝西安康市。

2、安陽

按：《續漢志》屬益州漢中郡，《晉志》作「安康」屬。據《魏志》卷一《武帝紀》：「（建安二十年）分漢中之安陽、西城爲西城郡。」則安陽縣於建安末西城郡設置時即屬焉，黃初元年屬新城郡，詳新城郡考證。又《水經注》卷二十七經文：「（沔水）又東過魏興安陽縣南。」據本郡考證，魏興郡爲黃初二年復置，則可證《水經注》經文爲三國人撰也，且安陽縣其時確屬魏興郡。又《宋志》：「安康令，二漢安陽縣，屬漢中，漢末省，魏復立，屬魏興。晉武帝太康元年更名。」《後魏志》：「安康，二漢曰安陽，屬漢中，漢末省，魏復，武帝更名，屬魏興郡，後屬（安康郡）。」則安陽漢末時曾暫省，建安二十年前復置，而確年乏考，至西晉太康元年更名安康縣。楊氏《補正》據《水經注》：「安陽縣，故隸漢中，魏分漢中立魏興郡，安陽隸焉」以爲安陽「非漢末廢，魏復立也。」今據上引《魏志》文可知酈道元此注微誤，分漢中所立爲西城郡非魏興郡，其時爲漢末，安陽縣旋廢旋復，後又屬魏之魏興郡，其中並無牴牾，楊氏所據不堅，今不從。楊氏《補注》又據《水經注》有「魏興安康縣治有戍，統領流雜」以爲魏時有安康縣且屬魏興郡，楊氏不知酈注非述魏時事，據上文考證「安陽」入晉後已改名爲「安康」，故此處「魏興安康」當指入晉後事，楊氏再誤。治所在今陝西石泉縣東南。

3、魏陽

按：《續漢志》、《晉志》均無此縣，據《魏志》卷三《明帝紀》：「景初元年……分魏興之魏陽，錫郡之安富、上庸爲上庸郡，省錫郡，以錫縣屬魏興郡。」則魏時有魏陽縣且屬魏興郡，而魏陽縣設置確年乏考，吳氏《表》卷三以爲魏陽縣與西城郡同時並置，不出考證，可備一說。景初元年魏陽縣移屬上庸郡，據《水經注》卷二十五酈道元引陸機《行思賦》：「行魏陽之枉渚。」陸機吳末晉初人，則魏陽縣似至魏末晉初仍未廢，嘉平中上庸郡見廢後其屬郡乏考，今暫將之列入魏興郡。治所乏考。

4、錫

按：《續漢志》屬益州漢中郡，《晉志》屬。黃初元年屬新城郡，詳新城郡考證，又於太和二年割屬錫郡，詳錫郡考證。據《魏志》卷三《明帝紀》：「景初元年……分魏興之魏陽，錫郡之安富、上庸爲上庸郡，省錫郡，以錫縣屬魏興郡。」則景初元年後錫縣割屬魏興郡。治所在今陝西白河縣。

5、平陽

按：《續漢志》無此縣，《宋志》魏興太守領有興晉縣：「興晉令，魏立，曰：平陽，晉武帝太康元年更名。」《晉志》魏興郡有「晉興」縣，中華書局標點本《晉書》校勘記引方愷《新校晉書地理志》：「『晉興』當作『興晉』。」是，則平陽縣魏時確屬魏興郡。治所在今湖北鄖西縣西。

八、上庸郡，太和二年置，太和四年省，景初元年復置，嘉平中又廢，甘露四年復置，治所未詳，甘露元年後領縣六。

按：《續漢志》無此郡，吳氏《考證》卷三據《魏志》武帝紀、《蜀志·劉封傳》裴注引《魏略》，以爲上庸郡建安末始置，黃初元年並於新城郡，是，從之。又據宋紹興刊本《魏志》卷三《明帝紀》：「（太和二年）分新城之上庸、武陵、巫縣爲上庸郡（據《百衲本二十四史校勘記·三國校勘記》「武陵」明南監、北監、汲古閣本及殿本均作「武靈」，盧氏《集解》以爲各本皆誤，當從宋本作「武陵」，是。殿本《考證》云宋刻本無「巫」縣，今宋紹興刊本《三國志》確有「巫」縣，

殿本所據不知何本，今不從）……（太和四年）省上庸郡……（景初元年）分魏興之魏陽、錫郡之安富、上庸為上庸郡。」則上庸郡太和二年又置領上庸、武陵、巫三縣，太和四年再廢，景初元年復置且領魏陽、安富、上庸三縣。又《魏志》卷四《三少帝紀》：「（甘露四年）分新城郡復置上庸郡。」則上庸郡景初元年後又廢，吳氏《考證》卷三以為其廢當在嘉平中，姑從之，後於甘露四年又置。

1、上庸

按：《續漢志》屬益州漢中郡、《晉志》屬。據《魏志》卷三《明帝紀》：「（太和二年）分新城之上庸、武陵、巫縣為上庸郡……（太和四年）省上庸郡……（景初元年）分魏興之魏陽、錫郡之安富、上庸為上庸郡。」又《魏志》卷四《三少帝紀》：「（甘露四年）分新城郡復置上庸郡」且《晉志》上庸縣屬上庸郡，則上庸縣太和二年屬上庸郡，太和四年上庸郡廢，上庸縣當屬錫郡，景初元年上庸郡復置後上庸縣屬焉，後嘉平中上庸郡再廢，當還屬新城郡，甘露四年上庸郡復置後，又還屬焉。治所在今湖北竹山縣南。

2、武陵

按：《續漢志》無此縣、《晉志》屬。吳氏《考證》卷三據《宋志》以為魏立武陵縣，今遍查《宋志》無此引文，不知吳氏所引《宋書》為何本，錢氏《考異》卷十五以為武陵縣「後漢并省，疑蜀先主更置也。」亦不知何據。今查《魏志》卷三《明帝紀》：「（太和二年）分新城之上庸、武陵、巫縣為上庸郡……（太和四年）省上庸郡。」又《寰宇記》一百四十三山南東道房州房陵縣條：「古上庸城在縣東四十里，武陵故地是也，後漢省，魏更立屬新城，明帝改屬上庸郡。」則太和二年前武陵縣當復置且屬新城郡，今《晉志》上庸郡有武陵縣，而《宋志》：「武陵令，前漢屬漢中，後漢、《晉太康地志》、王隱并無」（王隱似指王隱《晉書地道記》），則武陵縣晉初已廢，《晉志》似誤，則武陵縣似於上庸郡太和四年廢時同廢。治所在今湖北竹山縣西。

3、巫

按：《續漢志》屬南郡，《晉志》作「北巫」屬上庸郡，錢氏《考異》卷十五以為巫縣「亦屬蜀所置。」巫縣後漢本有，漢末未有見廢記載，

錢氏云云不知何據。今查《魏志》卷三《明帝紀》:「（太和二年）分新城之上庸、武陵、巫縣爲上庸郡……（太和四年）省上庸郡。」則巫縣太和二年前當屬新城郡，太和二年至太和四年屬上庸郡，上庸郡省後當還屬新城郡，又《魏志》卷四《三少帝紀》:「（甘露四年）分新城郡復置上庸郡。」則巫縣又於甘露四年重歸上庸郡。洪氏《補志》據《晉志》以爲「巫」當作「北巫」。吳氏《考證》卷三詳考諸書以爲「北巫」乃是晉武平吳，南北一家後，巫縣方加「北」。以別巫縣之在南者，是。《宋志》:「上庸太守，魏明帝太和二年分新城之上庸、武陵、北巫爲上庸郡。」對照上引《魏志》卷三《明帝紀》文可知「北巫」明爲「巫」之訛。又《宋志》:「北巫令，《何志》晉武帝立，按魏所分新城之巫，應即是此縣，然則非晉武立明矣。」中華書局標點本《宋書》校勘記據成孺《宋書州郡志校勘記》:「據上庸太守序云，魏明帝太和二年，分新城之上庸、武陵、北巫爲上庸郡，知此『巫』上脫『北』字」而改《宋志》文爲「按魏所分之北巫。」今查宋蜀大字本《宋書》確爲「按魏所分之巫」，故確當作「巫」，成孺不據《魏志》文而妄改原文，疏漏殊甚，而標點本以訛傳訛，亦屬失察。胡阿祥師《宋書州郡志彙釋》卷三以爲:「《成校》及『中華校』誤。蓋依《成校》及『中華校』，『應即是此縣』一句無有著落。」是。治所乏考。

4、安富

按:《續漢志》無此縣，《晉志》屬。吳氏《考證》卷三據《宋志》以爲安富縣魏立，今遍查《宋志》未見吳氏所據之文，不知吳氏所據《宋書》爲何本。今查《魏志》卷三《明帝紀》:「（景初元年）分魏興之魏陽、錫郡之安富、上庸爲上庸郡。」則安富縣景初元年前當已置且屬錫郡，景初元年後屬上庸郡，直至嘉平中上庸郡廢。又《魏志》卷四《三少帝紀》:「（甘露四年）分新城郡復置上庸郡。」《宋志》:「安富令，《晉太康地志》、《永初郡國》、何、徐并有。」《晉志》安富縣又屬上庸郡，則嘉平中上庸郡廢後，安富縣當屬新城郡，又於甘露四年上庸郡復置時屬焉。治所乏考。

5、魏陽

按:《續漢志》、《晉志》均無此縣，據《魏志》卷三《明帝紀》:「景初元

年……分魏興之魏陽，錫郡之安富、上庸爲上庸郡，省錫郡，以錫縣屬魏興郡。」則魏時有魏陽縣且屬魏興郡，其設置確年乏考，吳氏《表》卷三以爲魏陽縣與西城郡同時並置，不出考證，可備一說。景初元年魏陽縣始屬上庸郡，直至嘉平中上庸郡見廢後，似復屬魏興郡，詳魏興郡魏陽縣考證。治所乏考。

6、安樂

按：《續漢志》、《晉志》均無此縣，楊氏《補正》據《華陽國志》上庸郡有安樂縣且「安樂縣咸熙元年爲公國。」以爲魏時上庸郡當有安樂縣，是，從之。治所乏考。

7、廣昌

按：《續漢志》、《晉志》均無此縣，今檢《宋志》：「廣昌子相，《晉地記》：『武帝太康元年，改上庸之廣昌爲庸昌，二年省』，疑是魏所立。」是，則魏時當有廣昌縣，然設置確年乏考。治所乏考。

8、建始

按：《續漢志》無此縣，《晉志》作「微陽」屬，今檢《宋志》：「微陽令，魏立曰建始，晉武帝改。」則建始縣當魏所立似屬上庸郡，而設置確年乏考。治所在今湖北竹山縣西北。

九、錫郡，太和二年置，治錫縣，其後領縣三，景初元年省。

按：《續漢志》、《晉志》均無此郡，據《魏志》卷三《明帝紀》：「（太和二年）分新城之上庸、武陵、巫縣爲上庸郡，錫縣爲錫郡。」則錫郡太和二年置，始置時惟有錫縣，又據《魏志》卷三《明帝紀》：「景初元年……分魏興之魏陽，錫郡之安富、上庸爲上庸郡，省錫郡，以錫縣屬魏興郡。」則景初元年後錫郡見廢。

1、錫

按：《續漢志》屬益州漢中郡，《晉志》屬魏興郡，太和二年前屬新城郡，其後割屬錫郡，詳本郡考證。據《魏志》卷三《明帝紀》：「景初元年……分魏興之魏陽，錫郡之安富、上庸爲上庸郡，省錫郡，以錫縣屬魏興郡。」則景初元年後錫縣割屬魏興郡。治所在今陝西白河縣。

2、安富

按：《續漢志》無此縣，《晉志》屬上庸郡，吳氏《考證》卷三據《宋志》

以爲安富縣魏立，今遍查《宋志》未見吳氏所據之文，不知吳氏所據《宋書》爲何本。今查《魏志》卷三《明帝紀》：「（景初元年）分魏興之魏陽、錫郡之安富、上庸爲上庸郡。」則安富縣景初元年前當已置且屬錫郡，景初元年後屬上庸郡，直至嘉平中上庸郡廢，據又《魏志》卷四《三少帝紀》：「（甘露四年）分新城郡復置上庸郡。」《宋志》：「安富令，《晉太康地志》、《永初郡國》、徐、何并有。」《晉志》安富縣又屬上庸郡，則嘉平中上庸郡廢後，安富縣當屬新城郡，又於甘露四年上庸郡復置時屬焉。治所乏考。

3、上庸

按：《續漢志》屬益州漢中郡、《晉志》屬上庸郡，據《魏志》卷三《明帝紀》：「（太和二年）分新城之上庸、武陵、巫縣爲上庸郡……（太和四年）省上庸郡……（景初元年）分魏興之魏陽、錫郡之安富、上庸爲上庸郡。」又《魏志》卷四《三少帝紀》：「（甘露四年）分新城郡復置上庸郡」且《晉志》上庸縣屬上庸郡，則上庸縣太和二年屬上庸郡，太和四年上庸郡廢，上庸縣當屬錫郡，景初元年上庸郡復置後上庸縣屬焉，後嘉平中上庸郡再廢，當還屬新城郡，甘露四年上庸郡復置後，又還屬焉。治所在今湖北竹山縣南。

十、新城郡，治房陵，領縣十，黃初二年，西城、安陽二縣移屬魏興郡，領縣八。太和二年上庸、巫、武陵移屬上庸郡，錫移屬錫郡，領縣四。太和四年巫縣回屬，領縣五。甘露四年巫縣再屬上庸郡，領縣四。

按：據《魏志》卷十四《劉曄傳》：「延康元年，蜀將孟達率眾降……文帝甚器愛之，使（孟）達爲新城太守。」《蜀志》卷十《劉封傳》：「魏文帝……合房陵、上庸、西城三郡爲新城郡，以（孟）達領新城太守。」則新城郡爲延康元年始置，且其領縣原屬房陵、上庸、西城三郡，吳氏《考證》卷三以爲其時新城郡乃遙領三郡，而據《魏志》卷九《夏侯尚傳》：「文帝踐阼……（夏侯尚）遂勒諸軍，擊破上庸，平三郡九縣。」則其時三郡爲實土，吳氏似誤。《續漢志》房陵縣屬益州漢中郡，劉昭注引《巴漢志》：「建安十三年別屬新城郡。」則新城郡似建安十三前已置，謝氏《補注》詳考諸書以爲此文爲誤，是，從之。又

《水經注》卷二十八：「魏文帝合房陵、上庸、西城立以爲新城郡，以孟達爲太守，治房陵。」《華陽國志》卷二：「魏文帝善（孟）達姿才容觀，以爲散騎長侍……（孟）達據房陵，文帝合三郡爲新城，以（孟）達爲太守。」則孟達未領新城太守前已據房陵，《水經注》謂新城郡治房陵縣實爲可信，《寰宇記》卷一百四十三山南東道房州條：「《華陽國志》：孟達既降魏，魏文帝合三郡爲新城郡，以（孟）達爲太守，理上庸，（孟）達後歸蜀，司馬宣王討之，仍從新城移理房陵。」今遍檢《華陽國志》不見樂史所引，且「仍從新城移理房陵」不通，故似誤。謝氏《補注》據《晉書》宣帝紀，以爲新城郡其時治西城，今檢《晉書》史無明文，謝氏臆度也，今不從。謝氏《補注》又據《宋志》以爲微陽縣魏立且屬新城郡，今遍檢《宋志》未見謝氏所據之文，不知謝氏所據爲何本，今不從。治所在今湖北房縣。

1、房陵

按：《續漢志》屬益州漢中郡，《晉志》屬。據本郡考證，其爲本郡郡治。治所在今湖北房縣。

2、綏陽

按：《續漢志》無此縣，《晉志》作「緩陽」屬，據《宋志》：「綏陽令，魏立，後改爲秭歸，晉武帝太康二年，復爲綏陽。」中華書局標點本《晉書》校勘記據此以爲當作「綏陽」，是。《華陽國志》卷二新城郡有綏陽縣（「綏陽縣」眾本各異，有作「綏陽」、「緩陽」者，任乃強《〈華陽國志〉校補圖注》以爲當作「綏陽縣」是），則綏陽縣入晉後仍屬新城郡，其在魏時歸屬情況文獻乏考，今暫將之列入新城郡。治所在今湖北興山縣西北。

3、昌魏

按：《續漢志》無此縣，《晉志》屬。據《宋志》：「昌魏令，魏立。」宋本《春秋經傳集解·桓公十二年》：「伐絞之役，楚師分涉於彭」杜預注「彭水在新城昌魏縣。」則太康元年時昌魏縣仍屬新城郡，又《華陽國志》卷二新城郡有昌魏縣，則昌魏縣入晉後確仍屬新城郡，其在魏時歸屬情況文獻乏考，今暫將之列入新城郡。治所在今湖北房縣南。

4、沶鄉

按：《續漢志》無此縣，《晉志》屬。據《宋志》：「祁鄉令，《何志》魏立，《晉太康地志》作沶。」《水經注》卷二十八：「（零水）東逕新城郡之沶鄉縣，縣分房陵立。」又宋本《春秋經傳集解・昭公十二年》傳文「我先王熊繹闢在荊山」杜預注「在新城沶鄉縣南。」房陵於魏時屬新城郡，沶鄉分房陵立，又晉太康元年時確屬新城郡，則沶鄉魏時似仍屬新城郡，今暫將之列入新城郡。治所在今湖北南漳縣西南。

5、西城

按：《續漢志》屬益州漢中郡，《晉志》屬魏興郡，據《魏志》卷一《武帝紀》：「（建安二十年）分漢中之安陽、西城為西城郡。」則西城縣建安二十年後即屬西城郡，又據本郡考證，新城郡延康元年置，其所領諸縣乃合西城、上庸、房陵三郡之縣，西城縣本屬西城郡，故此時當屬新城郡，黃初二年魏興郡置後西城縣屬焉且為魏興郡郡治，詳魏興郡考證。治所在今陝西安康市。

6、安陽

按：《續漢志》屬益州漢中郡，《晉志》屬作「安康」屬魏興郡，據《魏志》卷一《武帝紀》：「（建安二十年）分漢中之安陽、西城為西城郡。」則安陽縣建安二十年後即屬西城郡，又據本郡考證，新城郡延康元年置，其所領諸縣乃合西城、上庸、房陵三郡之縣，安陽縣本屬西城郡，故此時當屬新城郡，黃初二年魏興郡置後安陽縣屬焉，詳魏興郡考證，又《宋志》：「安康令，二漢安陽縣，屬漢中，漢末省，魏復立，屬魏興。晉武帝太康元年更名。」則太康元年安陽縣更名安康縣。治所在今陝西石泉縣東南。

7、上庸

按：《續漢志》屬益州漢中郡、《晉志》屬上庸郡，據《魏志》卷三《明帝紀》：「（太和二年）分新城之上庸、武陵、巫縣為上庸郡……（太和四年）省上庸郡……（景初元年）分魏興之魏陽、錫郡之安富、上庸為上庸郡。」又《魏志》卷四《三少帝紀》：「（甘露四年）分新城郡復置上庸郡」且《晉志》上庸縣屬上庸郡，則上庸縣太和二年前屬新城郡，此後屬上庸郡，太和四年上庸郡廢後上庸縣當屬錫郡，景初元

年上庸郡復置後上庸縣屬焉，後嘉平中上庸郡再廢後，上庸縣還屬新城郡，甘露四年上庸郡復置後又還屬焉。治所在今湖北竹山縣南。

8、武陵

按：《續漢志》無此縣、《晉志》屬上庸郡，吳氏《考證》卷三據《宋志》以爲魏立武陵縣，今遍查《宋志》無此引文，不知吳氏所引《宋書》爲何本，錢氏《考異》卷十五以爲武陵縣「後漢并省，疑蜀先主更置也。」亦不知何據。今查《魏志》卷三《明帝紀》：「（太和二年）分新城之上庸、武陵、巫縣爲上庸郡……（太和四年）省上庸郡。」又《寰宇記》一百四十三山南東道房州房陵縣條：「古上庸城在縣東四十里，武陵故地是也，後漢省，魏更立屬新城，明帝改屬上庸郡。」則太和二年前武陵縣當復置且屬新城郡，此後武陵縣屬上庸郡直至太和四年上庸郡廢，詳上庸郡考證。治所在今湖北竹山縣西。

9、巫

按：《續漢志》屬南郡，《晉志》作「北巫」屬上庸郡，「北巫」爲「巫」之訛，詳上庸郡巫縣考證。錢氏《考異》卷十五以爲巫縣「亦屬蜀所置」，巫縣後漢本有，漢末未有見廢記載，錢氏云云不知何據。今查《魏志》卷三《明帝紀》：「（太和二年）分新城之上庸、武陵、巫縣爲上庸郡……（太和四年）省上庸郡。」又《魏志》卷四《三少帝紀》：「（甘露四年）分新城郡復置上庸郡。」則巫縣太和二年前當屬新城郡，太和二年至太和四年屬上庸郡，上庸郡省後當還屬新城郡，又於甘露四年重歸上庸郡。治所乏考。

10、安富

按：《續漢志》無此縣，《晉志》屬上庸郡，吳氏《考證》卷三據《宋志》以爲安富縣魏立，今遍查《宋志》未見吳氏所據之文，不知吳氏所據《宋書》爲何本。今查《魏志》卷三《明帝紀》：「（景初元年）分魏興之魏陽、錫郡之安富、上庸爲上庸郡。」則安富縣景初元年前當已置且屬錫郡，景初元年後屬上庸郡，直至嘉平中上庸郡廢，據又《魏志》卷四《三少帝紀》：「（甘露四年）分新城郡復置上庸郡。」《宋志》：「安富令，《晉太康地志》、《永初郡國》、何、徐并有。」《晉志》安富縣又屬上庸郡，則嘉平中上庸郡廢後，安富縣當屬新城郡，

又於甘露四年上庸郡復置時屬焉。治所乏考。

11、錫

按：《續漢志》屬益州漢中郡，《晉志》屬魏興郡，據《魏志》卷三《明帝紀》：「（太和二年）分新城之上庸、武陵、巫縣為上庸郡，錫縣為錫郡。」則錫縣太和二年前當屬新城郡，直至太和二年割屬錫郡，新城郡延康元年已置，故黃初元年後錫縣似已割屬新城郡。治所在今陝西白河縣。

第九節　雍州沿革

雍州，治長安，在今陝西西安市西北。《漢志》、《續漢志》無雍州，據《後漢書‧獻帝紀》：「（興平元年）夏六月丙子，分涼州河西四郡為雍州。」章懷注曰：「謂金城、酒泉、敦煌、張掖。」吳氏《考證》卷四據《魏書‧龐淯傳》所引《魏略》以為雍州四郡當有武威無金城，是。則興平元年置雍州，領郡四。又據《續漢書‧百官志》注引《獻帝起居注》：「建安十八年三月庚寅，省州併郡⋯⋯省司隸校尉，以司隸部分屬豫州、冀州、雍州。省涼州刺史，以併雍州部，郡得弘農、京兆、左馮翊、右扶風、上郡、安定、隴西、漢陽、北地、武都、武威、金城、西平、西郡、張掖、張掖屬國、酒泉、敦煌、西海、漢興、永陽、東安南，凡二十二郡。」而《獻帝起居注》又漏列新平郡，則建安十八年雍州領郡二十三。又《晉志》：「魏武定霸⋯⋯所省者七，上郡、朔方、五原、雲中、定襄、漁陽、廬江。」則上郡後省。又《魏志》卷一《武帝紀》：「（建安十九年）省安東、永陽郡。」錢氏《考異》卷十五：「雍州領二十二郡，東安南居其一，予初疑為南安之訛，此紀上文有南安字，似所省之安東，亦即南安之訛矣。然《明帝紀》：『太和二年，天水、南安、安定三郡吏民叛』，則南安仍未並省也⋯⋯或者建安已省，而復置於魏初乎。」錢氏所疑誠有識見，則永陽郡後省，東安南即南安後省而於魏初又復。洪氏《補志》據《華陽國志》、《晉志》以為建安二十年魏平漢中又置陰平郡，是，則建安末雍州領郡二十二：弘農、京兆、左馮翊、右扶風、陰平、安定、隴西、漢陽、北地、武都、武威、金城、西平、西郡、張掖、張掖屬國、酒泉、敦煌、西海、漢興、新平、南安。弘農後歸屬司隸，詳司隸考證。今檢《魏志》卷二十五《楊阜傳》：「太祖以武都孤遠，欲移之⋯⋯徙郡小槐裏。」又《華

陽國志》卷二：「陰平郡……魏亦遙置其郡屬雍州。」則魏時武都、陰平二郡均爲遙領。其屬縣均乏考，吳氏《表》卷四所列武都、陰平二郡屬縣，均無文獻根據，今不從。吳氏《考證》卷四以爲黃初後漢興郡已省，是，其後又設廣魏郡，則其時領實郡唯十。又《魏志》卷十五《張既傳》：「文帝即王位，初置涼州。」《晉志》：「獻帝時又置雍州，自三輔距西域皆屬焉。魏文帝即位，分河西爲涼州，分隴右爲秦州，改京兆尹爲太守，馮翊、扶風各除左右，仍以三輔屬司隸。」則延康、黃初之間，雍州又割出河西、隴右數郡，分屬涼、秦二州。據《魏志》卷十六《倉慈傳》裴注引《魏略》：「顏斐字文林。有才學。丞相召爲太子洗馬，黃初初轉爲黃門侍郎，後爲京兆太守……京兆與馮翊、扶風接界，二郡道路既穢塞，田疇又荒萊，人民饑凍，而京兆皆整頓開明，豐富常爲雍州十郡最。」又《後魏志》：「京兆郡，秦爲內史，漢高帝爲渭南郡，武帝爲京兆尹，後漢因之，屬司隸，魏改，屬（雍州）。」又陸增祥《八瓊室金石補正》卷八《大將軍曹眞殘碑并陰》其碑陰雍州吏民各著所籍諸郡爲：京兆、天水、安定、馮翊、扶風、隴西、北地，而曹眞卒於太和五年（《魏志·明帝紀》），則三輔不屬司隸，明矣。吳氏《考證》卷四以《晉志》爲誤，是。又《晉志》：「（秦州）魏始分隴右爲置焉，刺史領護羌校尉，中間暫廢。及泰始五年，又以雍州隴右五郡及涼州之金城、梁州之陰平，合七郡置秦州。」則秦州亦爲旋置旋廢而確年乏考。宋本《世說新語》下卷《賢媛門》「李平陽秦州子」條劉孝標注引《永嘉流人名》：「（李）康字玄冑，江夏人，魏秦州刺史。」今檢《魏志》卷十八《李通傳》裴注引王隱《晉書》：「（李）緒子（李）秉，字玄冑，有俊才，爲時所貴，官至秦州刺史。（李）秉嘗答司馬文王問，因以爲《家誡》……（李）秉子（李）重，字茂曾，少知名，歷位吏部郎、平陽太守。」則「李康」與「李秉」似爲一人，而唐修《晉書》卷四十六《李重傳》：「李重字茂曾，江夏鍾武人也。父（李）景，秦州刺史、都亭定侯。」則又作「李景」，中華書局標點本校勘記以爲當是避唐高祖父李昞諱而改寫，是，則當作「李秉」，而作「李康」者當爲傳寫之訛。而其時實有「李康」者，《文選》卷五十二收有李蕭遠《運命論》一則，李善注引劉義慶《集林》：「李康，字蕭遠，中山人也……魏明帝異其文，遂起家爲尋陽長。」此李康與彼李秉風馬牛不相及也，故前引《世說新語》注引《永嘉流人名》之李康當爲李秉，其實爲魏末晉初之人，其「秦州刺史」當爲晉官，吳氏《考證》卷四以爲《世說》注引所謂「魏秦州刺史」中乃衍「魏」字，是。今檢

《晉志》涼州所領爲西平、西海、西郡、敦煌、武威、酒泉、張掖、金城八郡，而其時張掖屬國無考似廢，則上文注中所謂雍州「十郡」當包括初分後歸之秦州諸郡，如此雍州十郡加上涼州八郡，以及劃出的弘農郡、已廢的張掖屬國恰爲建安末二十郡之目。故魏初雍州當領京兆、馮翊、扶風、安定、隴西、漢陽、北地、新平、南安、廣魏，凡十郡。又據《蜀志》卷三《後主傳》：「（建興）七年春，（諸葛）亮遣陳式攻武都、陰平，遂克定二郡。」《華陽國志》卷二：「建興七年丞相諸葛亮遣護軍陳式伐之，遂平武都、陰平二郡。」蜀漢建興七年即魏太和三年，則太和三年武都、陰平二郡罷，直至景元末蜀漢降魏後武都郡回屬雍州。又《晉志》：「晉初於長安置雍州。」《元和志》卷一關內道京兆府條：「魏分河西爲涼州，分隴右爲秦州，三輔仍舊屬司隸。晉初省司隸，復置雍州。」據此似魏時嘗廢雍州，《寰宇記》與之同。今檢《魏志》卷二十八《鄧艾傳》：「（景元）四年秋詔諸軍征蜀……雍州刺史諸葛緒要（姜）維，令不得歸。」則直至魏末雍州未廢，明矣，《寰宇記》乃承《元和志》，與《晉志》並誤。《後魏志》：「雍州漢改曰涼，治漢陽郡隴縣，後治長安。」則魏時州治在長安。

一、京兆郡，治長安，領縣十二。

按：據雍州考證，京兆郡當屬雍州。《宋志》：「京兆太守……魏改爲京兆郡。」又據《晉志》：「獻帝時又置雍州，自三輔距西域皆屬焉。魏文帝即位，分河西爲涼州，分隴右爲秦州，改京兆尹爲太守，馮翊、扶風各除左右。」又《魏志》卷二十《曹禮傳》：「元城哀王（曹）禮，黃初二年封秦公，以京兆郡爲國。」則魏初改「京兆尹」爲「京兆郡」。中華書局《魏書·地形志》標點誤爲：「京兆郡，秦爲內史，漢高帝爲渭南郡，武帝爲京兆尹，後漢因之，屬司隸，魏改屬。」此處「魏改屬」當標點爲「魏改，屬。」檢之《晉志》其意思當爲「（京兆尹）魏改（爲京兆郡），屬（雍州）。」中華書局版《魏書·地形志》此類標點錯誤不一而足，詳參拙文《中華書局本〈魏書·地形志〉標點獻疑》（《南京曉莊學院學報》2006 年第五期）。據《魏志》卷二十《曹禮傳》：「元城哀王（曹）禮，黃初二年封秦公，以京兆郡爲國，三年改爲京兆王，六年改封爲元城王。」則黃初二年京兆郡改爲秦國，三年改爲京兆國，《通典》卷一百七十三：「魏改（京兆）尹爲（京兆）守，後改爲秦國，後復爲京兆國。」《輿地廣

記》所載與之同，是，黃初六年還爲京兆郡。又據《魏志》卷三《明帝紀》：「（青龍三年）八月庚午，立……（曹）詢爲秦王。」《魏志》卷四《三少帝紀》：「（正始五年）秋八月秦王（曹）詢薨……（冬十一月）乙酉復秦國爲京兆郡。」則自青龍三年至正始五年京兆郡改爲秦國，後復改。《續漢志》京兆尹領縣十，《續漢志》有陽陵縣，《晉志》無此縣。據《寰宇記》卷二十六關西道雍州咸陽縣條：「陽陵城故弋陽地，景帝改爲陽陵縣屬馮翊……魏省之。」則魏時陽陵縣見廢。黃初元年馮翊郡高陵縣來屬，詳高陸縣考證。東漢末安定郡陰槃縣來屬，詳陰槃縣考證。漢末復置下邽令，屬京兆郡，詳下邽令考證。治所在今陝西西安市西北。

1、長安

按：治所在今陝西西安市東南。

2、霸城

按：《續漢志》作「霸陵」屬、《晉志》作「霸城」屬。檢《魏志》卷三《明帝紀》裴注引《魏略》：「是歲，徙長安諸鍾簴、駱駝、銅人、承露盤，盤折、銅人重，不可致，留於霸城。」此條注文係於景初元年，裴注又引《漢晉春秋》：「帝徙盤，盤折，聲聞數十里，金狄或泣，因留霸城。」則「霸陵」至遲於景初前改爲「霸城」。吳氏《考證》卷四極言「霸陵」魏時改爲「霸城」卻無文獻根據，疏於「考證」之實。《宋志》南霸城條下小注：「本霸陵，漢舊縣，《太康地志》曰：『霸城』，《何志》：『魏口』。」胡阿祥師《〈宋書·州郡志〉脫漏試補》：「『魏』後所脫一字，疑爲『改』，謂魏改『霸陵』爲『霸城』。」是。《後魏志》：「霸城，郡治。二漢曰霸陵，晉改，屬（中華書局版標點爲『晉改屬』誤）。」其謂「晉改」誤，當爲「魏改」。治所在今陝西西安市東北。

3、杜陵

按：《續漢志》、《晉志》皆作「杜陵」屬。《宋志》：「杜令，二漢曰杜陵，魏改。」今檢《魏志》卷十六《杜畿傳》：「杜畿，字伯侯，京兆杜陵人也。」又杜預《春秋釋例》卷七：「杜，京兆杜陵縣。」《宋書》卷二十八《符瑞志中》：「太康七年四月，甘露降京兆杜陵。」《晉書》

卷三十四《杜預傳》：「杜預，字元凱，京兆杜陵人。」則自漢末至晉初皆當爲「杜陵」。《輿地廣記》卷十三陝西永興軍路上次府京兆府次赤萬年縣條：「漢宣帝以杜東原上爲初陵，故更名杜爲杜陵，屬京兆尹。後漢及晉皆因之。」是。《宋志》所謂「魏改」當誤，又《後魏志》：「杜……二漢曰杜陵，晉曰杜城，後改。」據此則西晉太康後曾改「杜陵」爲「杜城」，其確年不可考，元魏時又改「杜城」爲「杜」。則《宋志》：「魏改」之「魏」似當作後魏解。洪氏《補志》以爲魏改爲杜，謝氏《補注》已駁之，吳氏《考證》卷四亦以爲魏時改「杜陵」爲「杜」而未引文獻，不知所據，《中國歷史地圖集·三國圖組》亦作「杜縣」，並誤，不從。治所在今陝西西安市西北。

4、鄭

按：治所在今陝西華縣。

5、新豐

按：《續漢志》、《晉志》均屬。《後魏志》：「漢高帝置，二漢、晉屬（京兆郡）。」是。治所在今陝西渭南市西。

6、藍田

按：《續漢志》、《晉志》皆屬。《後魏志》：「二漢、晉屬（京兆郡）。」是。治所在今陝西藍田縣東。

7、上洛

按：《續漢志》屬，《晉志》屬上洛郡。《宋志》：「南上洛太守，《晉太康地志》分京兆立上洛，屬司隸。」又《晉志》：「上洛郡，泰始二年，分京兆南部置。」故上洛郡所領諸縣當從京兆郡劃出，《晉志》上洛郡領上洛縣，則上洛縣當於泰始二年劃屬上洛郡，其魏時當屬京兆郡。治所在今陝西商州市。

8、商

按：《續漢志》屬，《晉志》屬上洛郡。《宋志》：「南上洛太守，《晉太康地志》分京兆立上洛，屬司隸。」又《晉志》：「上洛郡，泰始二年，分京兆南部置。」故上洛郡所領諸縣當從京兆郡劃出，《晉志》上洛郡領商縣，則商縣當於泰始二年劃屬上洛郡，其魏時當屬京兆郡。治所在今陝西丹鳳縣。

9、長陵

按：《續漢志》屬，《晉志》無此縣。據《魏志》卷二十三《常林傳》裴
注引《魏略》：「初（吉）茂同產兄（吉）黃，以十二年中，從公府
掾，爲長陵令。是時科禁長吏擅去官，而（吉）黃聞司徒趙溫薨，
自以爲故吏，違科奔喪，爲司隸鍾繇所收，遂伏法。」今檢《後漢
書》卷二十七：「（趙）溫……建安十三年，以闢司空曹操子（曹）
丕爲掾，（曹）操怒，奏（趙）溫闢臣子弟，選舉不實，免官。是歲
卒，年七十二。」則《魏略》所謂「十二年」當爲「建安十二年。」
故建安十二年時仍有長陵縣，又《寰宇記》卷二十六關西道雍州咸
陽縣條：「長陵……晉省」、《輿地廣記》卷十三陝西永興軍路上次府
京兆府次畿咸陽縣條：「漢長陵縣，高帝所葬，屬左馮翊。後漢屬京
兆尹。晉省之。」故長陵縣當於晉初見廢，吳氏《表》卷四京兆郡
不列長陵縣，以爲魏時省，《中國歷史地圖集・三國圖組》京兆郡漏
繪長陵縣，並誤。治所在今陝西涇陽縣南。

10、高陸

按：《續漢志》作「高陵」，屬左馮翊，《晉志》屬焉，《元和志》卷二關
內道京兆府高陵縣條：「高陵縣，本秦舊縣，孝公置。漢屬左馮翊。
魏文帝改爲高陸，屬京兆郡。」中華書局版《通典》卷一百七十三
京兆府高陵縣條：「魏文帝黃初元年改爲高陸縣，屬京兆。」校勘記
云：「『陸』原訛『陵』，據傳校本、明抄本、明刻本及《元和郡縣志》
卷二、《太平寰宇記》卷二六改」，是。又《寰宇記》卷二十六關西
道雍州高陵縣條：「高陵縣……漢舊縣屬左馮翊，秦孝公所置，魏文
帝改爲高陸縣，屬京兆。」四川大學版《輿地廣記》卷十三陝西永
興軍路上次府京兆府次畿高陵縣條：「（高陵縣）二漢屬左馮翊，魏
文帝改曰高陵。」其校勘記云：「原作『高陸』，據四庫本及《通典》
卷一七三改。」「（高陵）改曰高陵」文義不通、實爲咬然，而據上
引《元和志》、《寰宇記》當作「高陸」，此改顯誤，明矣，則高陵縣
黃初元年時改爲高陸縣且劃屬京兆郡，《宋志》：「高陸令，二漢、魏
無」誤，當作「魏時改高陵爲高陸。」《後魏志》：「高陸，郡治。二
漢曰高陵，屬（左馮翊）。晉屬京兆，魏明帝改，屬」亦誤，當作「魏
文帝改高陵爲高陸，屬京兆」。洪氏《補志》以爲「高陸，漢高陵縣

屬馮翊。魏黃初元年改今名，移屬此。」是，謝氏《補注》據《魏志》卷十五《張既傳》：「張既，字德容，馮翊高陵人也」以爲魏時候高陵既未改名又未劃屬京兆郡，以駁洪說，據《魏志》本傳張既爲漢末人，又據《晉志》：「魏文帝即位……馮翊、扶風各除左右。」則《魏志》所謂「馮翊高陵」當指文帝即位後事，然魏文在位自黃初元年至於黃初七年共七年，《元和志》、《寰宇記》所載魏文帝改高陵爲高陸且劃屬京兆郡事與《魏志》：「馮翊高陵」並不矛盾，謝氏辯駁無力，今不從。治所在今陝西高陵縣。

11、陰槃

按：《續漢志》作「陰盤」屬安定郡，《晉志》作「陰般」屬，今檢宋本《漢志》作陰槃，宋本《宋書》卷二十八《符瑞志中》：「太康六年九月，白龍見京兆陰槃。」《後魏志》亦作「陰槃」，則似當作「陰槃」。又《寰宇記》卷一百五十一隴右道渭州潘原縣條引《地理志》云：「陰槃縣漢舊屬安定郡，後漢末移縣屬京兆郡。」則陰槃後漢末即來屬。治所在今陝西西安市臨潼區北。

12、下邽

按：《漢志》京兆尹有下邽縣，《續漢志》無此縣，《晉志》屬馮翊郡，據《續漢志》京兆尹鄭縣條劉昭注引《黃圖》：「下邽縣并鄭，桓帝西巡復之。」則桓帝時已復置下邽縣，又《魏志》卷十三《華歆傳》：「董卓遷天子長安，（華）歆求出爲下邽令。」則至漢末未省。據洪適《隸續》卷十二所收《劉寬碑陰門生名》京兆有「下圭」縣，此「下圭」似即「下邽」。洪氏簡括其碑文題名大略爲「中平二年故吏立碑於洛陽道。」中平爲東漢靈帝年號，則漢末時下邽當屬京兆尹，《宋志》：「下邽令，《何志》：『漢舊縣』。案二漢、晉並無此縣。」沈約所加按語實乃誤甚。今遍查典籍，下邽縣魏時歸屬情況乏考，暫將其列入京兆郡。吳氏《表》卷四據上引《魏志》文將下邽列入馮翊郡，毫無根據，今不從。治所在今陝西華縣西北。

二、馮翊郡，治臨晉，領縣十一，太和青龍中，雲陽縣罷，領縣十。

按：《續漢志》作「左馮翊」。《晉志》作「馮翊郡」。據《晉志》：「魏文帝即位……馮翊、扶風各除左右。」又《通典》卷一百七十三同州

條：「魏除左字，但爲馮翊郡。晉因之。」則魏時確改「左馮翊」爲「馮翊郡」。據《魏志》卷二十三《裴潛傳》裴注引《魏略》：「建安初，關中始開，詔分馮翊西數縣爲左內史，郡治高陵，以東數縣爲本郡，治臨晉。」又《晉志》馮翊郡首縣爲臨晉，則馮翊郡似治臨晉。《續漢志》左馮翊領縣十三，高陵縣黃初時移屬京兆郡，詳京兆高陸縣考證。池陽縣移屬扶風郡，詳扶風池陽縣考證。《續漢志》左馮翊有衙縣，《晉志》無此縣。今檢《寰宇記》卷二十八關西道同州白水縣條：「後漢安帝以上郡避羌寇，寄理於此，因省衙縣，晉惠帝時再置，尋又省焉。」則衙縣漢末已廢。魏時馮翊郡又有懷德縣，見懷德縣考證。治所在今陝西大荔縣。

1、臨晉

按：治所在今陝西大荔縣。

2、頻陽

按：治所在今陝西浦城縣西。

3、蓮芍

按：治所在今陝西浦城縣南。

4、重泉

按：治所在今陝西大荔縣西。

5、郃陽

按：治所在今陝西合陽縣東南。

6、夏陽

按：治所在今陝西韓城市西南。

7、粟邑

按：治所在今陝西白水縣西北。

8、萬年

按：《續漢志》屬，《晉志》屬京兆郡，洪氏《補志》以爲萬年縣於黃初元年屬京兆郡，不知洪氏依據爲何。吳氏《表》卷四直據《洪志》將萬年縣列入京兆郡，疏之遠矣。今檢《輿地廣記》卷十三陝西永興軍路上次府京兆府次畿櫟陽縣條：「後漢省櫟陽入萬年，晉屬京兆郡。」則魏時萬年縣似仍屬馮翊郡，至晉初劃歸京兆郡，洪氏、吳

氏並誤,《中國歷史地圖集・三國圖組》將萬年縣繪入京兆郡,似誤。治所在今陝西高陵縣東北。

9、雲陽

按:《續漢志》屬,《晉志》無此縣。《元和志》卷一關內道京兆府雲陽縣條:「本漢舊縣,屬左馮翊,魏司馬宣王撫慰關中,罷縣,置撫夷護軍,及趙王(司馬)倫鎮長安,復罷護軍。」據《魏志》司馬懿撫慰關中時當在太和青龍間,而確年乏考,則云陽縣當廢於太和青龍間。又《後魏志》:「雲陽,二漢屬左馮翊,晉罷。」所謂「晉罷」似誤。治所在今陝西淳化縣西北。

10、祋祤

按:《續漢志》屬,《晉志》無此縣。據《魏志》卷十四《劉放傳》:「(曹操)乃以(劉)放參司空軍事,歷主簿記室,出為郃陽、祋祤、贊令。」則建安時祋祤仍未廢,《水經注》卷十六經文:「沮水出北地直路縣,東過馮翊祋祤縣北,東入於洛」《水經注》經文乃三國人所撰(詳司隸弘農盧氏縣考證),且據《晉志》:「魏文帝即位……馮翊、扶風各除左右。」則此處所謂「馮翊祋祤」當是魏文以後事,故魏時祋祤縣當仍屬馮翊郡,又《元和志》卷二關內道京兆同官縣條:「本漢祋祤縣地,屬左馮翊。晉屬頻陽。」又《寰宇記》卷三十一關西道耀州同官縣條:「本漢祋祤縣地,屬左馮翊,晉為頻陽地。」又《輿地廣記》卷十四陝西永興軍路下緊耀州上同官縣條:「本漢祋祤縣,屬左馮翊。東漢因之。晉省焉。」據此可知祋祤縣直到晉初方省,其地盡入頻陽縣,故《晉志》無載。據《後魏志》:「北地郡,魏文帝分馮翊之祋祤置。」又據上引《水經注》經文亦有「北地直路。」則魏時確有北地郡,而據上考祋祤縣魏時實未廢且屬馮翊郡,故此處「分馮翊之祋祤置」當理解為分出馮翊祋祤縣之一部分設置北地郡,《元和志》卷二關內道京兆華原縣條:「本漢祋祤縣地,屬左馮翊。魏晉皆於其地置北地郡。」《寰宇記》卷三十一關西道耀州華原縣條:「本漢祋祤縣地,屬左馮翊。魏晉皆於其地置北地郡。」此兩處所謂「其地」當指從馮翊祋祤分出之部分,非指祋祤全境,吳氏《表》卷四據《寰宇記》以為祋祤漢末已廢,《中國歷史地圖集・三國圖組》漏繪祋祤縣,並誤。治所在今陝西銅川市西南。

11、懷德

按：《續漢志》、《晉志》無此縣，《漢志》左馮翊有懷德縣，據《水經注》
卷四十經文「荊山在馮翊懷德縣南。」《水經注》經文爲三國人撰（詳
司隸弘農盧氏縣考證），則魏時當有懷德縣且屬馮翊郡。又《續漢志》
左馮翊雲陽縣條注引《帝王世紀》：「禹鑄鼎於荊山，在馮翊懷德之南。」
據豫州潁川繁昌縣考證皇甫謐爲魏末晉初人，則《帝王世紀》所謂「馮
翊懷德」當是指魏時事，與《水經》所載合。又《寰宇記》卷三十一
關西道耀州富平縣條：「懷德故城在今縣西南十一里，非漢懷德縣也，
蓋後漢末及三國時因漢舊名於此立縣爲名。」則懷德縣漢末置且屬馮
翊郡，至晉初方省。吳氏《考證》卷四以爲懷德縣於魏初旋置旋廢，
誤，楊氏《補正》據《帝王世紀》駁之，是，《中國歷史地圖集・三
國圖組》漏繪懷德縣，亦誤。治所在今陝西大荔縣東南。

三、扶風郡，治無考，領縣十四。

按：《續漢志》作「右扶風」，《晉志》作「扶風郡」。據《晉志》：「魏文
帝即位……馮翊、扶風各除左右。」又《通典》卷一百七十三岐州
條：「魏除右字，但爲扶風郡，亦爲重鎮。晉因之。」則魏時確改「右
扶風」爲「扶風郡」。據《宋志》：「始平太守，晉武帝泰始二年，分
京兆、扶風立。」又宋本《晉志》：「始平郡，泰始二年置。」則《晉
志》所著錄始平郡諸縣有一部分來自扶風郡，詳本郡槐里、始平、
武功、鄠縣考證。左馮翊池陽縣來屬，詳本郡池陽縣考證。《續漢志》
領縣十五，有漆縣，後移屬新平郡，詳新平郡漆縣考證。又《續漢
志》有安陵縣，《晉志》無此縣。今遍查典籍，安陵縣魏時情況乏考，
故暫闕不錄。

1、槐里

按：《續漢志》屬，《晉志》屬始平郡，據《宋志》：「始平太守，晉武帝
泰始二年，分京兆、扶風立。」又宋本《晉志》：「始平郡，泰始二
年置。」則槐里縣魏時當屬扶風郡，泰始二年方移屬始平郡。治所
在今陝西興平市。

2、武功

按：《續漢志》屬，《晉志》屬始平郡，據《宋志》：「始平太守，晉武帝

泰始二年，分京兆、扶風立。」又宋本《晉志》：「始平郡，泰始二年置。」則武功縣魏時當屬扶風郡，泰始二年方移屬始平郡。治所在今陝西武功縣西。

3、鄠

按：《續漢志》屬，《晉志》屬始平郡，據《宋志》：「始平太守，晉武帝泰始二年，分京兆、扶風立。」又宋本《晉志》：「始平郡，泰始二年置。」則鄠縣魏時當屬扶風郡，泰始二年方移屬始平郡。治所在今陝西戶縣。

4、始平

按：《續漢志》作「平陵」屬，《晉志》屬始平郡。據《元和志》卷一關內道京兆興平縣條：「本漢平陵縣，屬右扶風。魏文帝改爲始平。」《寰宇記》卷二十六關西道咸陽縣條：「平陵城，漢平陵縣屬右扶風……魏黃初中改爲始平縣。」則黃初時改平陵縣爲始平縣，《宋志》：「始平令，魏立。」《後魏志》：「始平，魏置。」皆誤，當作「魏改」。據《宋志》：「始平太守，晉武帝泰始二年，分京兆、扶風立。」又宋本《晉志》：「始平郡，泰始二年置。」又《晉志》始平縣屬始平郡，則始平縣魏時當屬扶風郡，泰始二年方移屬始平郡。治所在今陝西咸陽市西。

5、池陽

按：《續漢志》屬左馮翊，《晉志》屬。《水經注》卷十九：「（白渠）又東南逕池陽城北……白渠又東，枝渠出焉，東南逕高陵縣故城北。」據此池陽城當在高陵縣正西偏北方，汪士鐸《水經注圖・漆澮沮渭四水圖》繪製明瞭可參看，據京兆高陸縣考證，魏文帝黃初時高陸縣從馮翊郡移屬京兆郡，而池陽縣在高陸縣正西無由越過高陸縣仍屬馮翊郡，故魏黃初時池陽縣不屬馮翊郡，事爲顯然，吳氏《表》卷四據《長安志》將池陽縣仍舊列入馮翊郡，誤。據《晉志》池陽縣爲扶風郡首縣，而《宋志》載：「池陽令，漢舊名，屬馮翊，《晉太康地志》屬京兆。」似池陽於太康時當屬京兆，今檢《爾雅注疏》卷七釋地篇十藪「周有焦護」條郭璞注：「今扶風池陽瓠中也。」《文選》卷九班叔皮《北征賦》：「朝發軔於長都兮，夕宿瓠谷之玄宮」

條李善注引「《爾雅》曰：『周有焦穫』，郭璞曰：『音護，今扶風池陽瓠中也』。」據《晉書》郭璞本傳其爲西晉入東晉人，東晉偏安，則其所謂「今扶風池陽」當指西晉時事，又《後魏志》：「池陽，郡治，二漢屬左馮翊，晉屬扶風，後屬（咸陽郡）。」《晉書》卷五十九《司馬亮傳》：「咸寧初，以扶風池陽四千一百戶爲太妃伏氏湯沐邑。」《輿地廣記》卷十四陝西永興軍路下緊耀州望三原縣條：「漢池陽縣地，屬左馮翊。東漢因之，晉爲扶風郡治。」據上引諸條可知池陽縣於西晉時確屬扶風，《宋志》所謂「《晉太康地志》屬京兆」誤，又據上文考證池陽縣於黃初高陵縣移屬京兆郡後，理當同時由馮翊郡割出，現又考知西晉時池陽縣屬扶風，故其於黃初時當業已移屬扶風郡，《中國歷史地圖集・三國圖組》將池陽縣繪入京兆郡，誤。治所在今陝西涇陽縣。

6、郿

按：治所在今陝西眉縣東。

7、雍

按：治所在今陝西鳳翔縣。

8、汧

按：治所在今陝西隴縣。

9、陳倉

按：治所在今陝西寶雞市東。

10、美陽

按：治所在今陝西扶風縣東。

11、茂陵

按：《續漢志》屬，《晉志》無此縣。據《魏志》卷二十一《衛覬傳》：「太祖闢（衛覬）爲司空掾屬，除茂陵令。」則漢末建安時茂陵仍未廢，又《寰宇記》卷二十七關西道興平縣條：「茂陵……至宣帝始爲縣，晉併入始平縣。」據此則茂陵至晉時方廢，而確年乏考，吳氏《表》卷四以爲茂陵縣魏時已省，《中國歷史地圖集・三國圖組》漏繪茂陵縣，並誤，茂陵縣於魏時歸屬情況乏考，似仍屬扶風郡。治所在今陝西咸陽市西。

12、隃麋

按：《續漢志》作「渝麋」屬，《晉志》無此縣。《漢志》作「隃麋」。《後漢書》卷十九：「進封（耿）況爲隃麋侯。」《後漢書》卷八十七：「隃麋相曹鳳上言：『西戎爲害，前世所患』。」則「渝麋」當爲「隃麋」之訛，吳氏《表》卷四作「渝麋」，誤。據《魏志》卷十七《徐晃傳》：「太祖軍得渡，遂破（馬）超等，使（徐）晃與夏侯淵平隃麋、汧諸氏。」《晉書》卷一《宣帝紀》：「（太和五年，司馬懿）遂進軍隃麋。」則隃麋縣至太和時仍未廢，又《輿地廣記》卷十五陝西秦鳳路上上隴州緊汧陽縣條：「二漢隃麋縣地，屬右扶風。晉省之。」則隃麋縣至晉方省，明矣。治所在今陝西千陽縣。

13、栒邑

按：《續漢志》屬，《晉志》無此縣。今檢《輿地廣記》卷十四陝西永興軍路下緊邠州上三水縣條：「漢之栒邑，即故豳國，周之先公劉所居，屬右扶風，東漢因之……晉省焉。」據此栒邑縣晉初方省，其魏時情況乏考，今暫將其列入扶風郡，《紀要》卷五十四以爲「晉仍爲栒邑，屬新平郡。」吳氏《表》卷四以爲栒邑縣魏時已省，《中國歷史地圖集・三國圖組》漏繪栒邑縣，並誤。又《晉志》新平郡有汾邑縣，楊氏《補正》以爲「晉新平郡之汾邑即此栒邑。」其以《紀要》爲據而無其他依據，純屬猜測，今檢《寰宇記》卷三十四關西道邠州條：「後漢興平元年分安定之鶉觚、右扶風之漆置新平郡……歷魏晉同之，晉武帝分漆縣置邠邑縣。」則《晉志》新平郡之「汾邑」當是「邠邑」之訛，且晉初從漆縣割出，其與栒邑無涉也，楊氏誤。治所在今陝西栒邑縣東北。

14、杜陽

按：《續漢志》屬，《晉志》無此縣。據東吳陸機《毛詩草木鳥獸蟲魚疏》卷下：「脊令在原」條：「脊令大如鸜雀，長腳長尾，尖喙，背上青灰色，腹下白，頸下黑如連錢，故杜陽人謂之連錢。」則杜陽縣魏時未廢。又《水經注》卷十六經文「漆水出扶風杜陽縣俞山東，北入於渭。」《水經注》經文爲三國人撰（詳司隸弘農盧氏縣考證），則魏時杜陽屬扶風郡，又《寰宇記》卷三十關西道鳳翔府普潤縣條引《郡國縣道記》：「杜陽，晉省。」則其入晉後方省。治所在今陝

西麟遊縣西北。

四、新平郡，治漆縣，領縣二。

按：據《續漢志》：「右涼州刺史部」注引《袁山松書》：「興平元年，分安定之鶉觚、右扶風之漆置新平郡。」《寰宇記》卷三十四關西道邠州條：「後漢興平元年分安定之鶉觚、右扶風之漆置新平郡，理漆縣……歷魏晉同之。」則新平郡魏時當領鶉觚、漆二縣，且治漆縣。《後魏志》：「新平郡，後漢獻帝建安中置。」誤，當改為「新平郡，後漢獻帝興平元年置。」又《續漢書·百官志》注引《獻帝起居注》建安十八年雍州屬郡漏列新平郡，亦誤。治所在今陝西彬縣。

1、漆

按：《續漢志》屬右扶風，《晉志》屬。據《續漢志》：「右涼州刺史部」注引《袁山松書》：「興平元年，分安定之鶉觚、右扶風之漆置新平郡。」《寰宇記》卷三十四關西道邠州條：「後漢興平元年分安定之鶉觚、右扶風之漆置新平郡，理漆縣……歷魏晉不改。」《輿地廣記》卷十四陝西永興軍路下緊邠州望新平縣條：「本二漢漆縣，屬右扶風。漢末置新平郡，晉因之，後改漆縣為白土。」則漆縣興平元年已移屬新平郡，至晉不改。治所在今陝西彬縣。

2、鶉觚

按：《續漢志》、《晉志》均屬安定郡，據《續漢志》：「右涼州刺史部」注引《袁山松書》：「興平元年，分安定之鶉觚、右扶風之漆置新平郡。」《寰宇記》卷三十四關西道邠州條：「後漢興平元年分安定之鶉觚、右扶風之漆置新平郡，理漆縣……歷魏晉不改。」則鶉觚縣興平元年已移屬新平郡，至晉初方回屬安定郡。治所在今甘肅靈臺縣北。

五、北地郡，治乏考，領縣三。

按：《續漢志》屬涼州，建安十八年，省并州郡後，北地郡始入雍州，詳雍州考證。又據《宋書》卷四十八《傅弘之傳》：「傅弘之字仲度，北地泥陽人。傅氏舊屬靈州，漢末郡界為虜所侵，失土，寄寓馮翊，置泥陽、富平二縣，靈州廢，不立，故傅氏悉屬泥陽。晉武帝太康三年復立靈州縣。」《寰宇記》卷三十四關西道寧州條引顧野王《輿地志》：「漢末北地郡但有泥陽、富平二縣。」《後魏志》：「北地郡，

魏文帝分馮翊之祋祤置。」則漢末北地郡已廢，後於馮翊祋祤地復置且領泥陽、富平二縣。據馮翊郡祋祤縣考證，魏時祋祤縣未廢且屬馮翊郡，故《後魏志》所謂「分馮翊之祋祤置」當理解爲分出馮翊祋祤縣之一部分設置北地郡，《元和志》卷二關內道京兆華原縣條：「本漢祋祤縣地，屬左馮翊。魏晉皆於其地置北地郡。」《寰宇記》卷三十一關西道耀州華原縣條：「本漢祋祤縣地，屬左馮翊。魏晉皆於其地置北地郡。」此兩處「其地」當指從祋祤分出之部分，非指祋祤全境。後又置直路縣，詳本郡直路縣考證。

1、泥陽

按：《續漢志》屬，《晉志》屬。據《宋書》卷四十八《傅弘之傳》：「傅弘之字仲度，北地泥陽人。傅氏舊屬靈州，漢末郡界爲虜所侵，失土，寄寓馮翊，置泥陽、富平二縣。」然此泥陽非彼泥陽也。治所在今陝西耀縣南。

2、富平

按：《續漢志》屬，《晉志》屬。據《宋書》卷四十八《傅弘之傳》：「傅弘之字仲度，北地泥陽人。傅氏舊屬靈州，漢末郡界爲虜所侵，失土，寄寓馮翊，置泥陽富平二縣。」然此富平亦非彼富平也。治所在今陝西富平縣。

3、直路

按：《續漢志》、《晉志》皆無此縣，據《水經注》卷十六經文：「沮水出北地直路縣，東過馮翊祋祤縣北，東入於洛。」《水經注》經文爲三國人撰（詳司隸弘農盧氏縣考證），則魏時北地郡確有直路縣，似旋置旋廢，故文獻無考。治所在今陝西富縣西。

六、安定郡，治臨涇，領縣六。

按：《續漢志》屬涼州，建安十八年三月庚寅，省州併郡後，屬雍州，詳雍州考證。據《輿地廣記》卷十六陝西秦鳳路下望原州中臨涇條：「漢屬安定郡，東漢及晉爲郡治焉。」則魏時安定郡治所亦當在臨涇。《續漢志》領縣八，《寰宇記》卷三十二關西道涇州條引《晉太康地記》：「安定郡領臨涇、朝那、烏市、鶉觚、陰密、西川六縣，屬雍。」《晉志》比《晉太康地記》多領都盧一縣，似爲太康後所增。《續漢志》

領有陰盤縣，魏時移屬京兆郡，詳京兆郡陰槃縣考證。又領有鶉觚縣，魏時移屬新平郡，詳新平鶉觚縣考證。《寰宇記》卷三十二關西道涇州條引《晉太康地記》、《晉志》安定郡均領陰密縣，而《續漢志》無此縣，今檢《後魏志》：「陰密，前漢屬安定，後漢罷，晉復。」則陰密縣晉初方置，吳氏《表》卷四據《晉書‧胡奮傳》胡遵魏時封陰密侯以爲魏時當有陰密縣，今查《魏志》未見封胡遵陰密侯事，不知《晉書》所據爲何，今不從。治所在今甘肅鎮原縣東南。

1、臨涇

按：治所在今甘肅鎮原縣東南。

2、朝那

按：治所在今寧夏回族自治區固原縣東南

3、烏氏

按：《續漢志》作「烏枝」屬，《寰宇記》卷三十二關西道涇州條保定縣條引《續漢志》：「烏氏縣有瓦亭。」又宋本《漢志》作「烏氏」，宋本《晉志》作「烏氏」，《寰宇記》卷三十二關西道涇州條引《晉太康地記》作「烏氏」。《隸釋》卷二十五所收《禹廟碑》：「右禹廟碑云：『光和二年十二月丙子朔十九日甲午，皮氏長南陽章陵劉尋孝嗣，丞安定烏氏樊璋元孫，其後敘禹平水土之功』。」則「烏枝」確是「烏氏」之訛，王先謙《後漢書》集解引惠棟曰：「《史記》、《漢書》作『烏氏』音枝，本傳亦作『氏』，作『枝』者，非也。」是。《後魏志》作「烏氏」，吳氏《表》卷四作「烏枝」，並誤。治所在今寧夏回族自治區隆德縣東。

4、西川

按：《續漢志》作「三水」屬，《寰宇記》卷三十二關西道涇州條引《晉太康地記》作「西川」，《晉志》作「西川」屬。據《元和志》卷三關內道邠州三水縣條：「本漢舊縣，有鐵官，屬安定郡……魏改三水縣爲西川縣，亦屬安定。」則魏時改三水作西川，而確年乏考。治所在今陝西旬邑縣北。

5、高平

按：《續漢志》屬，《寰宇記》卷三十二關西道涇州條引《晉太康地記》、

《晉志》無此縣。據《魏志》卷二十六《郭淮傳》:「(正始元年)涼州休屠胡梁元碧等率種落二千餘家附雍州,(郭)淮奏請使居安定之高平。」則魏時高平縣未廢明矣。又《後魏志》:「高平,二漢屬安定,晉罷」,則高平縣晉初見廢。《寰宇記》卷三十二關西道原州「高平……至曹魏廢。」誤。吳氏《表》卷四據《寰宇記》以爲魏時高平已廢,《中國歷史地圖集·三國圖組》將高平繪作聚落,並誤。治所在今寧夏回族自治區固原市。

6、彭陽

按:《續漢志》屬,《寰宇記》卷三十二關西道涇州條引《晉太康地記》、《晉志》無此縣。據《後魏志》:「彭陽,二漢屬安定,晉罷。」又《輿地廣記》卷十六陝西秦鳳路下望原州中彭陽縣條:「二漢屬安定郡,晉省之。」則彭陽縣至晉方省,吳氏《表》卷四漏列彭陽縣,《中國歷史地圖集·三國圖組》漏繪彭陽縣,並誤。治所在今甘肅鎮原縣東。

七、廣魏郡,治乏考,領縣三。

按:《續漢志》無此郡,據《續漢志》漢陽郡注引《獻帝起居注》:「初平四年十二月,已分漢陽、上郡爲永陽。」而《百官志》注引《獻帝起居注》建安十八年,州郡省併,其時雍州所領有永陽郡,又《魏志》卷一《武帝紀》:「(建安十九年)省安東、永陽郡。」則永陽郡建安十九年已省,其屬縣似各自回屬。又《宋志》:「略陽太守,《晉太康地志》屬天水,《何志》故曰漢陽,魏分立曰廣魏。」又《晉志》:「略陽郡,本名廣魏,泰始中更名焉。」又《魏志》卷三《明帝紀》裴注引《魏書》:「(景初二年)九月……雍州刺史郭淮遣廣魏太守王贇、南安太守遊奕將兵討(廖)惇。」則魏時確有廣魏郡,且其郡當從漢陽郡分出,《晉志》:「魏武定霸……所置者十二:新興、樂平、西平、新平、略陽、陰平、帶方、譙、樂陵、章武、南鄉、襄陽。」所謂「略陽」當爲「廣魏」之訛,則建安末分漢陽置廣魏郡。《後魏志》:「略陽郡,晉武帝分天水置」誤,當作「晉武帝改廣魏爲略陽」,中華書局標點本《魏書》失校。又《水經注》經文多有「廣魏白水縣」、「廣魏涪縣」、「廣魏洛縣」之文,而「白水」、「涪縣」、「洛縣」《續漢志》均屬廣漢郡,其與魏時之廣魏郡風馬牛不相及,顧炎武《日知錄》卷二十六魏書條以爲酈道元因避諱而改「廣漢」爲「廣

魏」，是。吳氏《表》卷四廣魏郡有清水縣，今檢《續漢志》無此縣，據《後魏志》：「清水，前漢屬天水，後漢省，晉復，屬（略陽郡）。」《輿地廣記》卷十五陝西秦鳳路上下府秦州中清水縣條：「漢屬天水郡。東漢省之。晉復置，屬略陽郡。」又《宋書》：「清水令……《晉太康地志》屬略陽。」《晉志》清水縣屬略陽郡，則清水縣東漢已省，晉初方置，明矣。吳氏據《紀要》將之列入廣魏郡，《中國歷史地圖集‧三國圖組》廣魏郡亦繪有清水縣，並誤。

1、臨渭

按：《續漢志》無此縣，《晉志》屬略陽郡，據《魏志》卷五《后妃傳‧后妃傳》裴注引《晉諸公贊》：「咸熙初封郭建爲臨渭縣公。」則魏時當已有臨渭縣。治所在今甘肅天水市東。

2、平襄

按：《續漢志》屬漢陽郡，《晉志》屬略陽郡，據上考，《晉志》所謂略陽郡即廣魏郡，而廣魏郡乃從漢陽郡分出，故平襄縣似魏分立廣魏郡時移屬廣魏郡，至晉不變。治所在今甘肅通渭縣西。

3、略陽

按：《續漢志》屬漢陽郡，《晉志》屬略陽郡，據上考，《晉志》所謂略陽郡即廣魏郡，而廣魏郡乃從漢陽郡分出，故略陽縣似魏分立廣魏郡時移屬廣魏郡，至晉不變。治所在今甘肅秦安縣東北。

八、天水郡，治冀縣，領縣九。

按：《續漢志》有漢陽郡無天水郡，謝氏《補注》、吳氏《考證》卷四據《三國志》及裴注所引諸書，以爲魏未代漢前當爲漢陽郡，黃初鼎革後則改漢陽郡爲天水郡，文獻具在、言之鑿鑿，是，從之。《晉志》：「天水郡，漢武置，孝明改爲漢陽，晉復爲天水。」中華書局標點本校勘記已指出其誤，是。據《蜀志》卷十四《姜維傳》裴注引《魏略》：「天水太守馬遵，將（姜）維及諸官屬，隨雍州刺史郭淮，偶自西至洛門案行。會聞（諸葛）亮已到祁山，（郭）淮顧（馬）遵曰：『是欲不善』，遂驅東還上邽。（馬）遵念所治冀縣，界乎西偏，又恐吏民樂亂，亦隨（郭）淮去。」則冀縣其時爲天水郡治。《續漢志》漢陽郡領縣十三，平襄、略陽二縣魏時移屬廣魏郡，詳

廣魏郡平襄、略陽考證，獂道縣移屬南安郡，詳南安獂道縣考證。
《續漢志》所領望恒、蘭幹二縣，今遍檢典籍，魏時情況乏考，暫
闕不錄。魏時，又立新陽縣，詳新陽縣考證。治所在今陝西甘穀縣
東。

1、冀

按：《續漢志》屬漢陽郡，《晉志》屬。據《蜀志》卷十四《姜維傳》裴
注引《魏略》：「天水太守馬遵，將（姜）維及諸官屬，隨雍州刺史
郭淮，偶自西至洛門案行。會聞（諸葛）亮已到祁山，（郭）淮顧（馬）
遵曰：『是欲不善』，遂驅東還上邽。（馬）遵念所治冀縣，界乎西偏，
又恐吏民樂亂，亦隨（郭）淮去。」則冀縣其時屬天水郡。治所在
今甘肅甘穀縣東。

2、上邽

按：《續漢志》屬漢陽郡，《晉志》屬。今檢《宋志》：「上邽令，前漢屬
隴西，後漢屬漢陽，《晉太康地志》屬天水。」據上考，後漢之漢陽
郡即魏之天水郡，上邽縣所屬似前後未變，故魏時上邽縣當屬天水
郡。治所在今甘肅天水市。

3、顯親

按：《續漢志》作「顯親」屬漢陽郡，《晉志》：「顯新，漢顯親縣」屬。
今檢《魏志》卷九《夏侯淵傳》：「韓遂在顯親，（夏侯）淵欲襲取之。」
《魏志》卷十八《閻溫傳》：「賊見其迹，遣人追遮之，於顯親界得
（閻）溫。」又《宋書》卷九十一《孝義傳》：「追贈（賈恩）天水
郡顯親縣左尉。」又《後魏志》：「顯親，後漢屬漢陽，晉屬（天水
郡）。」又《水經注》卷十七：「瓦亭水又西南逕顯親縣故城東南。」
則《晉志》作「顯新」，誤，中華書局標點本《晉書》失校。據上考，
後漢之漢陽郡即魏之天水郡，顯親縣所屬似前後未變，故魏時顯親
縣當屬天水郡。治所在今甘肅秦安縣西北。

4、成紀

按：《續漢志》屬漢陽郡，《晉志》屬。據上考，後漢之漢陽郡即魏之天
水郡，成紀縣所屬似前後未變，故魏時成紀縣當屬天水郡。治所在
今甘肅通渭縣東。

5、西

按：《續漢志》屬漢陽郡，《宋志》：「西縣令，前漢屬隴西，後漢屬漢陽，即天水，魏、晉屬天水。」則魏時西縣確屬天水郡，又《晉志》天水郡無西縣，而有始昌縣，據《水經注》卷二十引《晉書地道記》：「天水始昌縣，故城西也。」故始昌縣即爲西縣。治所在今甘肅禮縣東北。

6、新陽

按：《續漢志》、《晉志》並無此縣，《宋志》天水太守條：「新令，《晉太康地志》有，《何志》：『魏立』。」中華書局標點本校勘記引《晉志》、《南齊志》、成孺《宋書州郡志校勘記》以爲「新」當作「新陽」。是。今檢《宋志》：「新康男相，吳曰『新陽』，晉武帝太康元年更名。」吳本亦有新陽縣，西晉滅吳，一國不當有兩新陽，則太康改「新陽」爲「新康」當因晉本有「新陽」縣，故宋志「新」確爲「新陽」之訛，據《宋志》引《何志》，新陽縣當是魏時所置且屬天水郡，然確年乏考。治所在今甘肅天水市西北。

7、阿陽

按：《續漢志》屬漢陽郡，《晉志》無此縣。《宋志》：「漢舊名，《晉太康地志》無。」則太康時確無阿陽縣，今檢《後魏志》：「阿陽，前漢屬天水，後漢屬漢陽，晉罷。」則阿陽縣至晉方省，其在魏時歸屬情況乏考，而據上考後漢之漢陽郡即爲魏之天水郡，阿陽縣後漢時既屬漢陽郡，今暫將其列入天水郡。洪氏《補志》以爲阿陽縣魏時已省，謝氏《補注》增補洪氏之漏，是，吳氏《表》卷四不列阿陽縣、《中國歷史地圖集·三國圖組》漏繪阿陽縣，並誤。治所在今甘肅靜寧縣。

8、隴

按：《續漢志》屬漢陽郡，《晉志》無此縣。今檢《後魏志》：「隴城，前漢屬天水，後漢屬漢陽，晉罷。」則隴縣至晉方省，其在魏時歸屬情況乏考，而據上考後漢之漢陽郡即爲魏之天水郡，隴縣後漢時既屬漢陽郡，今暫將其列入天水郡。洪氏《補志》以爲隴縣魏時已省，謝氏《補注》增補洪氏之漏，是，吳氏《表》卷四不列隴縣、《中國歷史地圖集·三國圖組》漏繪隴縣，並誤。治所在今甘肅張家川

回族自治縣。

9、勇士

按：《續漢志》屬漢陽郡，《晉志》無此縣。今檢《水經注》卷二經文「（河
水）又東北過天水勇士縣北。」又《寰宇記》卷三十七關西道會州
會寧縣引《水經》與上同，《水經注》所錄《水經》爲三國人所撰，
則三國時勇士縣確屬天水郡，似至晉初方省。吳氏《表》卷四不列
勇士縣，《中國歷史地圖集·三國圖組》漏繪勇士縣，並誤。治所在
今甘肅蘭州市東。

九、南安郡，治獂道，領縣二。

按：《續漢志》引《秦州記》：「中平五年，分置南安郡。」又《元和志》
卷三十九隴右道渭州隴西縣條：「隴西縣，本漢獂道縣也，屬天水郡，
後漢末於此置南安郡。」又《寰宇記》一百五十一隴右道渭州隴西
縣條：「隴西縣，本漢獂道縣，後漢末於此置南安郡。」則其時南安
郡惟領獂道一縣，後又領中陶縣，見中陶縣考證。吳氏《表》卷四
據《通鑑》胡注以爲魏時南安郡領新興縣，此不足爲據，今遍檢典
籍，魏時未見有南安新興縣之記載，故不從，《中國歷史地圖集·三
國圖組》南安郡繪有新興縣，亦誤。治所在今甘肅隴西縣東。

1、獂道

按：《續漢志》屬漢陽郡，《晉志》屬。據上考可知，獂道縣於漢末中平
五年，移屬南安郡，至晉不改。治所在今甘肅隴西縣東。

2、中陶

按：《續漢志》無此縣，《晉志》屬。據《宋志》：「中陶令，《何志》魏立。」
則中陶縣魏時已置，《輿地廣記》卷十六陝西秦鳳路下鞏州隴西縣
條：「隋舊有隴西縣，本獂道縣，漢屬天水郡，在襄武之東，靈帝置
南安郡。晉因之，又置中陶縣。」此處「又置中陶縣」當爲「魏置
中陶縣。」中陶縣魏時歸屬情況乏考，今暫將之列入南安郡。治所
在今甘肅隴西縣東南。

十、隴西郡，治襄武，領縣七。

按：今檢《後漢書》卷五《安帝紀》：「（永初五年）五月，詔隴西徙襄武。」
《輿地廣記》卷十六陝西秦鳳路下鞏州隴西縣條：「本襄武縣地，二

漢屬隴西郡，晉爲郡治。」則自後漢安帝永初時隴西郡郡徙治襄武，至晉不改。洪氏《補志》據《寰宇記》載永嘉後鄣縣廢，逆推永嘉前鄣縣未廢，今檢《三國志》、《晉志》、《宋志》、《後魏志》均無隴西之鄣縣，故不從洪氏之說，吳氏《表》卷四隴西郡亦列鄣縣，不知所據，《中國歷史地圖集・三國圖組》隴西郡亦繪有鄣縣，並誤。《續漢志》有大夏縣，《晉志》無此縣。楊氏《補正》據《後魏志》：「二漢屬隴西，晉屬晉興」以爲魏時仍有大夏縣，今檢《宋志》：「大夏令，漢舊名，《晉太康地志》無。」則晉初確無大夏縣，此後當復置，而魏時情況不可考，今不從楊氏之說，暫闕不錄。《續漢志》隴西郡又領白石、安故兩縣，今遍檢典籍，兩縣魏時情況乏考，暫闕不錄。治所在今甘肅隴西縣。

1、襄武

按：治所在今甘肅隴西縣。

2、首陽

按：《續漢志》、《晉志》均屬。《水經注》卷十七經文「渭水出隴西首陽縣渭谷亭南鳥鼠山」、《水經注》卷四十經文「鳥鼠同穴山在隴西首陽縣西南。」《輿地廣記》卷十五陝西秦鳳路上上熙州中下狄道縣條：「漢首陽縣地屬隴西郡，東漢及晉皆因之。」《水經注》經文爲三國人所撰（詳司隸弘農盧氏縣考證），則魏時首陽縣確屬隴西郡。治所在今甘肅渭源縣。

3、臨洮

按：《續漢志》、《晉志》均屬。《後魏志》：「臨洮郡，二漢、晉（爲）縣，屬隴西」，則臨洮縣魏時確屬隴西郡。治所在今甘肅岷縣。

4、狄道

按：《續漢志》、《晉志》均屬。今檢《淮南子・氾論訓》：「丁壯丈夫，西至臨洮、狄道。」高誘注：「臨洮，隴西之縣，洮水出北。狄道，漢陽之縣。」高誘注《淮南子》在建安十年至黃初三年之間（詳豫州梁國考證），而漢陽郡改爲天水郡在魏文帝黃初元年（詳雍州天水郡考證），則狄道於建安末曾移屬漢陽郡，旋又復屬隴西郡，而確年乏考。治所在今甘肅臨洮縣。

5、河關

按：《續漢志》屬，《晉志》隴西郡無此縣，又檢《晉志》：「惠帝分隴西
之狄道、臨洮、河關，又立洮陽、遂平、武街、始興、第五、眞仇
六縣，合九縣置狄道郡。」又《宋志》：「河關令，前漢屬金城，後
漢、《晉太康地志》屬隴西。」則晉初確有河關縣，《晉志》隴西郡
漏列河關。洪氏《補志》隴西郡有河關縣，吳氏《考證》卷四據《魏
志·郭淮傳》以爲河關其時爲曹魏、蜀漢邊境已爲棄地，以駁洪氏，
楊氏《補正》據《水經注》經文有「隴西河關縣」以爲魏時確有河
關縣，楊氏所正是也。正元、甘露間曹魏、蜀漢於隴右之間互有勝
負，爭奪激烈，然而其後蜀漢很快被滅，隴西所領諸郡不當爲棄地，
故不從吳氏之說。又《淮南子·地形訓》：「河出積石。」高誘注：「積
石山在金城郡河關縣西南。」高誘注《淮南子》在建安十年至黃初
三年之間（詳豫州梁國考證），則建安末魏黃初初年河關縣一度移屬
金城郡，後又復屬隴西郡，其確年乏考，《中國歷史地圖集·三國圖
組》漏繪河關縣，亦誤。治所在今青海尖紮縣南。

6、枹罕

按：《續漢志》屬，《晉志》無此縣。今檢《魏志》卷二十六《郭淮傳》：
「太和二年……（郭淮）破隴西名羌唐蹏於枹罕。」又《魏志》卷
二十二《陳泰傳》：「嘉平初……（姜）維等將數萬人至枹罕，趣狄
道。」則魏時確有枹罕縣，而歸屬乏考，今暫將之列入隴西郡，吳
氏《考證》卷四以爲枹罕地處曹魏、蜀漢之間其時已廢，其說之誤，
詳河關縣考證。治所在今甘肅廣河縣西北。

7、氐道

按：《續漢志》屬，《晉志》無此縣。今檢《水經注》卷二十經文：「漾水
出隴西氐道縣豲冢山。」《水經注》卷四十經文：「豲冢山在隴西氐
道縣之南。」《水經注》經文作者爲三國時人（詳司隸弘農盧氏縣考
證），則魏時隴西郡確有氐道縣。據《山海經》卷二「又西三百二十
里曰豲冢之山」條郭璞注「今在武都氐道縣南。」郭璞兩晉之交時
人，則晉時確有氐道縣且移屬武都郡，《晉志》武都郡漏列氐道縣，
吳氏《表》卷四隴西郡不列氐道縣、《中國歷史地圖集·三國圖組》
漏繪氐道縣，並誤。治所在今甘肅禮縣西北。

十一、武都郡，治下辨，領縣六。

　　按：據本州考證，魏明帝太和三年地入蜀，今檢《元和志》卷二十二山
　　　　南道鳳州條：「漢高帝分隴西郡置廣漢郡，武帝分廣漢、隴西郡置武
　　　　都郡，領縣九。其屬有故道、河池二縣，今州即二縣之地也，三國
　　　　時屬魏，明帝太和三年，其地沒蜀，魏平蜀後復爲雍州之地。」據
　　　　《魏志》卷 25《楊阜傳》：「太祖以武都孤遠，欲移之……徙郡小槐
　　　　里。」則自魏武時，武都郡即爲遙領之地，《元和志》所謂河池縣「三
　　　　國屬魏」非爲確論，至蜀漢建興七年（即魏明帝太和三年）武都郡
　　　　境土入蜀漢，方爲實縣。則景元末，蜀漢降魏後武都郡來屬。武都
　　　　郡於蜀漢時，郡治爲下辨，領縣六，詳蜀漢益州武都郡諸縣考證。
　　　　治所在今甘肅成縣西北。

1、下辨

　　按：治所在今甘肅成縣西北。

2、河池

　　按：治所在今甘肅徽縣西北。

3、故道

　　按：治所在今陝西寶雞市南。

4、沮

　　按：治所在今陝西略陽縣東。

5、武都

　　按：治所在今甘肅西和縣西南。

6、羌道

　　按：治所在今甘肅舟曲縣。

第十節　涼州沿革

　　涼州，治姑臧，在今甘肅武威市南。據《魏志》卷十五《張既傳》：「是
時不置涼州，自三輔距西域，皆屬雍州。文帝即王位，初置涼州。」又《晉
志》：「獻帝時又置雍州，自三輔距西域皆屬焉。魏文帝即位，分河西爲涼州。」
則黃初元年復置涼州。吳氏《表》卷五據《輿地廣記》以爲涼州治武威，今

遍檢《輿地廣記》未見吳氏所據之文，而《輿地廣記》卷十七陝西路化外州中都督府涼州中下姑臧縣條：「二漢、魏、晉皆爲武威郡治，兼爲涼州刺史治焉。」則魏時涼州治姑臧，吳說之誤明矣。《續漢志》涼州領郡國十二，魏時隴西、漢陽、安定、武都、北地郡移屬雍州，張掖屬國、張掖居延屬國似廢。漢獻帝興平二年置西郡，建安時置西平郡、西海郡，領郡八。

一、武威郡，治姑臧，領縣九。

按：《輿地廣記》卷十七陝西路化外州中都督府涼州中下姑臧縣條：「二漢、魏、晉皆爲武威郡治。」則魏時武威郡治姑臧，《續漢志》領縣十四，其中休屠、張掖、鸞鳥、樸劓、左騎五縣乏考，暫闕不錄。治所在今甘肅武威市南。

1、姑臧

按：《續漢志》、《晉志》均屬。又《輿地廣記》卷十七陝西化外州中都督府涼州中下姑臧縣條：「二漢、魏、晉皆爲武威郡治，兼爲涼州刺史治焉。」則魏時姑臧縣確屬武威郡且爲郡治。治所在今甘肅武威市南。

2、宣威

按：治所在今甘肅民勤縣南。

3、倉松

按：《續漢志》、《晉志》均作「倉松」而屬焉，洪氏《補志》、《中國歷史地圖集・三國圖組》皆作「蒼松」，顯誤。治所在今甘肅古浪縣北。

4、顯美

按：治所在今甘肅永昌縣東。

5、揖次

按：《續漢志》作「揖次」屬、《晉志》作「揖次」屬，今檢《漢志》、《說文解字》卷十二上、《後魏志》皆作「揖次」。又《水經注》卷四十：「河水又與長泉水合，水出姑臧東揖次縣。」故「揖次」當爲「揖次」之訛。《魏志》卷十五《張既傳》：「（黃初時）（張）既揚聲軍從鸇陰，乃潛由且次出至武威，胡以爲神，引還顯美。」所謂「且此」亦當爲「揖次」之訛。《輿地廣記》卷十七陝西路化外州中都督涼州中昌松縣條：「漢揖次縣，屬武威郡。東漢以後因之，元魏屬昌松郡。」則魏時揖次縣確屬武威郡，至晉不改。治所在今甘肅武威市東南。

6、武威

按：《續漢志》屬，《晉志》無此縣。今檢《魏志》卷十五《張既傳》：「（黃初時）（張）既揚聲軍從鸇陰，乃潛由且次出至武威，胡以爲神，引還顯美，（張）既已據武威。」又《魏志》卷二十六《郭淮傳》：「（正始九年）治無戴圍武威……（郭）淮進軍趣西海」此兩處之「武威」當爲「武威縣」，故魏時武威縣仍未廢。又《水經注》卷四十經文「都野澤在武威縣東北。」《水經注》經文爲三國人撰（詳司隸弘農盧氏縣考證），則魏時確有武威縣，至晉方省，吳氏《表》卷五武威郡不列武威縣，誤，然其時武威縣歸屬情況乏考，今暫將之列入武威郡。治所在今甘肅民勤縣東北。

7、鸇陰

按：《續漢志》屬，《晉志》無此縣。今檢《魏志》卷十五《張既傳》：「（黃初時）（張）既揚聲軍從鸇陰，乃潛由且次出至武威，胡以爲神。」則黃初時仍有鸇陰縣，又《後魏志》：「鶉陰，（平涼）郡治。前漢屬安定，後漢屬武威，晉罷，後復。」《漢志》：「鶉陰」縣確屬安定郡，《寰宇記》卷一百五十二隴右道涼州姑臧縣條：「鸇陰城在（姑臧）縣東……是漢鶉陰城。」據此「鸇陰」即爲「鶉陰」，則鸇陰縣至晉方省。吳氏《表》卷五武威郡不列鸇陰縣，誤，然鸇陰縣魏時歸屬情況乏考，今暫將之列入武威郡。治所在今甘肅靖遠縣西北。

8、祖厲

按：《漢志》作「祖厲」屬安定，《續漢志》作「租厲」屬，《晉志》無此縣。今檢《魏志》卷八《張繡傳》：「張繡，武威祖厲人……邊章、韓遂爲亂，涼州金城麴勝襲殺祖厲長劉雋。」則建安時仍有祖厲縣，又《後魏志》：「祖居，前漢屬（安定），罷，後復，屬武威，晉罷，後復。」殿本《考證》以爲「祖居」即爲「祖厲」，是。又《輿地廣記》卷十六陝西秦鳳路下會州上烏蘭縣條：「本漢祖厲縣地，屬安定郡。東漢屬武威郡，晉省之。」則魏時確有祖厲縣，至晉方省，吳氏《表》卷五武威郡不列祖厲縣，誤，然祖厲縣魏時歸屬情況乏考，今暫將之列入武威郡。治所在今甘肅靖遠縣東南。

9、媼圍

按：《續漢志》屬，《晉志》無此縣。檢《水經注》卷二經文：「（河水）
又東北過武威媼圍縣南。」《水經注》經文爲三國人所撰（詳司隸弘
農盧氏縣考證），則魏時確有媼圍縣且屬武威郡，吳氏《表》卷五漏
列媼圍縣、《中國歷史地圖集・三國圖組》武威郡漏繪媼圍縣，並誤。
治所在今甘肅皐蘭縣。

二、金城郡，治乏考，領縣七。

按：《續漢志》領縣十，其中破羌、臨羌、安夷三縣移屬西平郡，詳西平
郡三縣考證，又枝陽縣魏時存廢情況乏考，洪氏《補志》、謝氏《補
注》、吳氏《表》、楊氏《補正》皆不列此縣，《中國歷史地圖集・三
國圖組》金城郡繪有枝陽縣，不知所據，今不從。

1、榆中

按：治所在今甘肅蘭州市東。

2、允街

按：治所在今甘肅永登縣南。

3、金城

按：《續漢志》、《晉志》均屬。今檢《輿地廣記》卷十六陝西秦鳳路下下
蘭州下五泉縣條：「本金城縣，漢屬金城郡……東漢及晉因之。」則
魏時金城縣確屬金城郡。治所在今甘肅蘭州市西。

4、浩亹

按：治所在今青海民和回族土族自治縣南。

5、白土

按：《續漢志》屬上郡，《晉志》屬。今檢《魏志》卷二十六《郭淮傳》：「（正
始）九年……（郭淮）據白土城，擊（遮塞），大破之。」則魏時白土
縣未廢，又《後魏志》：「白土，二漢屬上郡，晉屬金城。」據《晉志》：
「魏武定霸……所省者七，上郡、朔方、五原、雲中、定襄、漁陽、
盧江。」上郡建安時已省，而晉初白土縣又屬金城，則魏時白土縣似
屬金城郡，吳氏《表》卷五漏列白土縣、《中國歷史地圖集・三國圖組》
金城郡漏繪白土縣，並誤。治所在今青海循化撒拉族自治縣北。

6、令居

按：《續漢志》屬，《晉志》無此縣。今檢《魏志》卷二十六《郭淮傳》：

「令居惡虜在石頭山之西，當大道止，斷絕王使，（正始九年）（郭）淮還過，討大破之。」則魏時仍有令居縣，《漢書》卷六十一《張騫傳》：「漢始築令居以西」顏師古注引臣瓚曰：「令居，縣名，屬金城。」顏師古《漢書敍例》云：「有臣瓚者，莫知氏族，考其時代，亦在晉初。」則晉初仍有令居縣且屬金城郡，明矣，《晉志》漏列令居縣，故魏時令居縣當屬金城郡，吳氏《表》卷五亦漏列令居縣，亦誤。治所在今甘肅永登縣西北。

7、允吾

按：《續漢志》屬，《晉志》無此縣。今檢《水經注》卷二經文：「（河水）又東過金城允吾縣北。」《水經注》經文爲三國人撰（詳司隸弘農盧氏縣考證），則魏時確有允吾縣，且屬金城郡，吳氏《表》卷五漏列允吾縣、《中國歷史地圖集・三國圖組》金城郡漏繪允吾縣，並誤。治所在今甘肅蘭州市東。

三、西平郡，治乏考，領縣四。

按：《漢志》、《續漢志》無此郡，吳氏《考證》卷五，據《魏志》裴注引《魏略》、《元和志》、《寰宇記》考訂西平郡建安中置，成書具在、考徵詳審，是，從之。

1、破羌

按：《續漢志》屬金城郡，《晉志》無此縣。今檢《輿地廣記》卷十六陝西秦鳳路下西寧州中湟水縣條：「二漢破羌縣地，屬金城郡。建安中改爲西平郡，晉因之。」則破羌縣建安中移屬西平郡，《晉志》漏列破羌縣，誤。治所在今青海樂都縣東南。

2、西都

按：《續漢志》無此縣，《晉志》屬。今檢《元和志》卷三十九隴右道鄯州湟水縣條：「湟水縣，本漢破羌縣地，屬金城郡。魏分置西都縣，屬西平郡。」則魏時分破羌縣置西都縣且屬西平郡。又《魏志》卷三《明帝紀》：「（太和元年）西平麴英反，殺臨羌令，西都長。」則至遲於太和元年前已置西都縣。治所在今青海西寧市。

3、臨羌

按：《續漢志》屬金城郡，《晉志》屬。今檢《魏志》卷三《明帝紀》：「（太

和元年）西平麴英反，殺臨羌令、西都長。」則魏時當屬西平郡，至晉不改。治所在今青海西寧市西。

4、安夷

按：《續漢志》屬金城郡，《晉志》屬。今檢《水經注》卷二：「湟水又東逕臨羌縣故城北……湟水又東逕安夷縣故城……（湟水）東逕破羌縣故城南。」據此則安夷縣當在臨羌、破羌二縣之間，汪士鐸《水經注圖·東漢大河漯沁入海圖》繪製明瞭，可以參看，據破羌、臨羌二縣考證，其時二縣均屬西平郡，安夷縣地處二縣之中無由他屬，故魏時安夷縣當屬西平郡，明矣。治所在今青海西寧市東。

四、張掖郡，治觻得，領縣七。

按：《續漢志》張掖郡領縣八，日勒縣移屬西郡，詳西郡日勒縣考證。據《輿地廣記》卷十七陝西路化外州下甘州上張掖縣條：「漢立張掖郡，治觻得縣，東漢因之。晉改曰永平縣。」則魏時張掖郡似仍治觻得縣，在今甘肅張掖市西北。

1、觻得

按：《續漢志》屬，今檢《元和志》卷四十隴右道甘州張掖縣條：「本漢觻得縣，屬張掖郡……晉改名永平縣。」《晉志》張掖郡有永平縣，則魏時觻得縣當屬張掖郡，又據《輿地廣記》卷十七陝西路化外州下甘州上張掖縣條：「漢立張掖郡，治觻得縣，東漢因之。晉改曰永平縣。」則晉初觻得縣改名永平縣。治所在今甘肅張掖市西北。

2、屋蘭

按：治所在今甘肅張掖市東南。

3、昭武

按：《續漢志》屬，今檢《輿地廣記》卷十七陝西路化外州下甘州上張掖縣條：「漢昭武縣，屬張掖郡。晉改曰臨澤。」《晉志》張掖郡有臨澤縣，則魏時昭武縣當屬張掖郡。又《宋志》：「邵武子相，吳立曰：『昭武』，晉武帝更名。」據此晉太康前張掖郡昭武縣似仍未改名，故有改吳之昭武縣爲邵武縣事。治所在今甘肅臨澤縣東北。

4、刪丹

按：《續漢志》屬，《晉志》屬西郡，今檢《魏志》卷三《明帝紀》引《魏

氏春秋》：「（青龍三年）是歲，張掖郡刪丹縣金山、玄川溢湧。」又
《宋書》卷二十七《符瑞上》：「及魏之初興也，張掖刪丹縣金山柳
谷有石生焉。」又《史記》卷二《夏本紀》：「弱水既西」條司馬貞
《索隱》引《水經》：「弱水出張掖刪丹縣西北。」則魏時刪丹縣確
屬張掖郡，至晉方移屬西郡。《輿地廣記》卷十七陝西路化外州下甘
州中下刪丹縣條：「漢屬張掖郡，東漢因之，後分屬西郡，晉因之。」
當為「漢屬張掖郡，東漢因之，晉移屬西郡。」洪氏《補志》以為
刪丹魏時屬西郡，誤。治所在今甘肅山丹縣。

5、氏池

按：《續漢志》屬，《晉志》無此縣。今檢《魏志》卷三《明帝紀》裴注
引《漢晉春秋》：「氏池縣大柳谷口夜激波湧溢……有蒼石立水中。」
《宋書》卷二十八《符瑞中》：「泰始三年四月戊午有司奏：張掖太
守焦勝言：『氏池縣大柳谷口青龍見』。」則晉初泰始時仍有氏池縣，
且屬張掖郡，故魏時當有氏池縣且屬張掖郡，似於晉泰始三年後見
廢。治所在今甘肅民樂縣。

6、番和

按：《續漢志》屬，《晉志》屬武威郡，今檢《魏志》卷二十八《毌丘儉傳》：
「黃初中，（毌丘興）為武威太守，伐叛柔服，開通河右……封高陽
鄉侯」裴注引《魏名臣奏》：「領太守毌丘興到官，內撫吏民、外懷羌
胡……張掖番和、驪靬二縣吏民及郡雜胡棄惡詣（毌丘）興，（毌丘）
興皆安恤。」則番和縣魏時確屬張掖郡。治所在今甘肅永昌縣。

7、驪靬

按：《續漢志》屬，《晉志》屬武威郡，今檢《魏志》卷二十八《毌丘儉
傳》：「黃初中，（毌丘興）為武威太守，伐叛柔服、開通河右……封
高陽鄉侯」裴注引《魏名臣奏》：「領太守毌丘興到官，內撫吏民、
外懷羌胡……張掖番和、驪靬二縣吏民及郡雜胡棄惡詣（毌丘）興，
（毌丘）興皆安恤。」則驪靬縣魏時確屬張掖郡。治所在今甘肅永
昌縣西南。

五、西郡，治日勒，領縣一。

按：《續漢志》無此郡，《續漢志》張掖郡注曰：「獻帝分置西郡。」《寰

宇記》卷一百五十二隴右道甘州刪丹縣條：「本漢舊縣也，屬張掖郡。後漢興平二年分置西郡，以刪丹縣屬焉。」則西郡似於獻帝興平二年初置，且刪丹縣屬焉，又《輿地廣記》卷十七陝西路化外州下甘州中下刪丹縣條：「漢日勒縣，屬張掖郡。東漢因之，後分立西郡，魏、晉、元魏因之。」則西郡初置時亦當有日勒縣，今據張掖郡刪丹縣考證，刪丹縣魏時屬張掖郡，則刪丹縣魏時回屬張掖郡而確年乏考，謝氏《補注》因刪丹縣魏時回屬張掖郡即以爲魏時西郡已廢，推理無力、文獻無徵，今不從，《中國歷史地圖集・三國圖組》不列西郡，誤。治所在今甘肅永昌縣西南。

1、日勒

按：《續漢志》屬張掖郡，《晉志》屬。今檢《輿地廣記》卷十七陝西路化外州下甘州中下刪丹縣條：「漢日勒縣，屬張掖郡。東漢因之，後分立西郡，魏、晉、元魏因之。」則日勒縣魏時當屬西郡，《中國歷史地圖集・三國圖組》不列西郡，日勒縣屬張掖郡，誤。治所在今甘肅永昌縣西南。

六、酒泉郡，治乏考，領縣九。

按：《續漢志》領縣九，魏時領縣似未變。

1、福祿

按：《續漢志》、《晉志》均屬。今檢《輿地廣記》卷十七陝西路化外州下肅州中下酒泉縣條：「本福祿，漢立酒泉郡……東漢以後皆因之。」則魏時酒泉郡有福祿縣。治所在今甘肅酒泉市西。

2、表氏

按：《續漢志》、《晉志》均屬。今檢《魏志》卷十八《龐淯傳》：「龐淯字子異，酒泉表氏人也。」則魏時酒泉郡有表氏縣。治所在今甘肅高臺縣西。

3、樂涫

按：《續漢志》、《晉志》均屬。今檢《輿地廣記》卷十七陝西路化外州下肅州下福祿縣條：「本漢樂涫縣，屬酒泉郡。東漢、晉因之。」則魏時酒泉郡有樂涫縣。治所在今甘肅酒泉市東南。

4、玉門

按：《續漢志》、《晉志》均屬。今檢《輿地廣記》卷十七陝西路化外州下
　　肅州中下玉門縣條：「漢屬酒泉郡……東漢、魏、晉因之。」則魏時
　　酒泉郡有玉門縣。治所在今甘肅玉門市北。

5、會水

按：治所在今甘肅金塔縣東。

6、安彌

按：治所在今甘肅酒泉市東。

7、延壽

按：治所在今甘肅玉門市南。

8、沙頭

按：治所在今甘肅玉門市西北。

9、乾齊

按：《續漢志》屬，《晉志》屬敦煌郡，今檢《魏志》卷十八《閻溫傳》：
　　「（張）恭即遣從弟（張）華攻酒泉沙頭、乾齊二縣。」其事為建安
　　末時事，乾齊時魏情況乏考，洪氏《補志》從《晉志》將乾齊列入
　　敦煌郡，謝氏《補注》從《魏志》將之列入酒泉郡，吳氏《表》卷
　　五同之，今從謝氏、吳氏。治所在今甘肅玉門市西北。

七、敦煌郡，治乏考，領縣八。

按：《續漢志》領縣六，後又從廣至縣分置宜禾縣，詳宜禾縣考證，吳氏
　　《表》卷五據《元和志》魏時置陽關縣，以為魏時敦煌郡有陽關縣，
　　今遍檢《元和志》未見吳氏所據之文，惟有《元和志》卷四十隴右
　　道沙州壽昌縣條：「陽關在（壽昌）縣西六里……後魏嘗於此置陽關
　　縣，周廢。」則吳氏是誤認「後魏」為「魏」，誤。

1、敦煌

按：治所在今甘肅敦煌市。

2、效穀

按：治所在今甘肅安西縣西。

3、廣至

按：治所在今甘肅安西縣西南。

4、龍勒

按：治所在今甘肅敦煌市西南。

5、冥安

按：《續漢志》作「冥安」屬，《晉志》作「宜安」屬，《漢志》、《元和志》、《寰宇記》皆作「冥安」。《元和志》卷四十隴右道瓜州晉昌縣條：「本漢冥安縣，屬敦煌郡，因縣界冥水爲名也，晉元康中改屬晉昌郡。」則確作「冥安」，《晉志》誤。治所在今甘肅安西縣東南。

6、淵泉

按：《續漢志》作「拼泉」屬，《晉志》作「深泉」屬，今檢《漢志》作「淵泉」。《隋書》卷五十二《韓擒傳》殿本考證云：「韓擒本名擒虎，唐諱虎，遂去之⋯⋯考八代史書，諱字甚多⋯⋯淵諱爲泉、爲深。」《晉書》爲唐初官修，則《晉志》所謂「深泉」實避「李淵」之諱，當爲「淵泉」。又《史記》卷一百二十三《大宛列傳》：「敦煌置酒泉都尉」條裴駰注引徐廣曰：「敦煌有淵泉縣。」據裴駰《史記集解序》：「故中散大夫東莞徐廣研核眾本，爲作《音義》。」檢《宋書》卷五十五《徐廣傳》：「徐廣，字野民。」《隋書·經籍志》：「《史記音義》十二卷，宋中散大夫徐野民撰。」則南朝時人仍知敦煌郡有淵泉縣，則《續漢志》、《晉志》似並誤。治所在今甘肅安西縣東。

7、宜禾

按：《續漢志》無此縣，《晉志》屬。今檢《元和志》卷四十隴右道瓜州常樂縣條：「本漢廣至縣地，屬敦煌郡。魏分廣至置宜禾縣。」則宜禾縣乃是魏時分廣至縣置，而確年乏考，其時當屬敦煌郡。治所在今甘肅安西縣。

8、伊吾

按：《續漢志》無此縣，《晉志》屬。今檢《元和志》卷四十隴右道伊州條：「至魏立伊吾縣，晉立伊吾都尉，并寄理敦煌北界。」則魏時立伊吾縣，且屬敦煌郡，而確年乏考。吳氏《表》卷五敦煌郡漏列伊吾縣，《中國歷史地圖集·三國圖組》漏繪伊吾縣，並誤。治所在今甘肅安西縣北。

八、西海郡，治居延，領縣一。

按：《續漢志》無此郡，《續漢志》張掖居延屬國居延縣劉昭注：「獻帝建安末，立爲西海郡。」而據《續漢書·百官志》注引《獻帝起居注》：「建安十八年三月庚寅，省州併郡……省司隸校尉，以司隸部分屬豫州、冀州、雍州。省涼州刺史，以併雍州部，郡得弘農、京兆、左馮翊、右扶風、上郡、安定、隴西、漢陽、北地、武都、武威、金城、西平、西郡、張掖、張掖屬國、酒泉、敦煌、西海、漢興、永陽、東安南，凡二十二郡。」則所謂「建安末」當是在「建安十八年」前。又《晉志》西海郡下小注：「故屬張掖，漢獻帝興平二年，武威太守張雅請置。」吳氏《考證》卷五以爲興平二年請，而於建安末時設置，是。治所在今內蒙古自治區額濟納旗東南。

1、居延

按：《續漢志》屬張掖居延屬國，《晉志》屬。居延縣當於初置西海郡即屬焉，據上考居延縣移屬西海郡當在建安末。治所在今內蒙古自治區額濟納旗東南。

第十一節　并州沿革

并州，治晉陽，在今山西太原市西南。《晉志》云：「靈帝末，羌胡大擾，定襄、雲中、五原、朔方、上郡等五郡並流徙分散。建安十八年，省入冀州。二十年，始集塞下荒地立新興郡，後又分上黨立樂平郡。魏黃初元年，復置并州。自陘嶺以北并棄之，至晉因而不改。」《元和志》卷十三河東道太原府條：「魏文帝黃初元年，復置并州。」據此則併州於黃初元年復置，其所領諸郡當與晉初相同，今據《晉志》并州領郡國六：太原、上黨、西河、樂平、雁門、新興，則魏時并州亦當領此六郡，其中西河郡乃於黃初二年分太原郡四縣置，詳西河郡考證。《續漢志》并州所領另有上郡、五原、雲中、定襄、朔方五郡，據《魏志》卷一《武帝紀》：「（建安）二十年……省雲中、定襄、五原、朔方郡，郡置一縣領其民，合以爲新興郡。」又《晉志》：「魏武定霸……所省者七，上郡、朔方、五原、雲中、定襄、漁陽、廬江。」則朔方、五原、雲中、定襄建安二十年已省，上郡建安末亦省。《後魏志》：「并州，漢、晉治晉陽。」據上引《晉志》晉因魏制不改，則魏時并州亦當治於晉陽，吳氏《表》

卷五據《輿地廣記》以爲魏時并州仍治晉陽，今遍查《輿地廣記》未見吳氏所據之文，吳氏誤引。魏時復置雁門郡，詳雁門郡考證。建安二十年置新興郡，詳新興郡考證。建安二十年後分太原郡置樂平郡，詳樂平郡考證。黃初二年復置西河郡，詳西河郡考證。青龍三年復置朔方郡，詳朔方郡考證。

一、太原郡，治乏考，黃初元年領縣十六，黃初二年後，茲氏、界休、中陽三縣移屬西河郡，領縣十三。

　　按：據并州考證，則魏時并州當有太原郡。今檢《元和志》卷十三河東道太原府條：「魏文帝黃初元年，復置并州，改太原郡爲太原國。」而《魏志》卷三十《鮮卑傳》：「文帝踐阼……步度根遣使獻馬，帝拜爲王，後數與柯比能更相攻擊，步度根部衆稍寡弱，將其衆萬餘落，保太原、雁門郡。」則黃初時當爲太原郡，而《晉志》作太原國，則《元和志》志文似乎當爲「晉武帝改太原郡爲太原國」。《續漢志》太原郡領縣十六，慮虒縣漢末見廢，其中茲氏、界休兩縣黃初二年移屬西河郡，漢末西河郡見廢後中陽縣來屬，亦於黃初二年移屬西河郡，詳西河郡諸縣考證。

1、晉陽

　　按：《續漢志》、《晉書》皆屬，今檢《魏志》卷十七《張遼傳》：「文帝踐阼，封（張遼）晉陽侯。」則晉陽黃初元年即爲侯國。治所在今山西太原市西南。

2、陽曲

　　按：《續漢志》、《晉書》皆屬，魏時陽曲當屬太原郡，今檢《魏志》卷二十六《郭淮傳》：「（嘉平二年）進封（郭統）陽曲侯……正元二年（郭淮）薨……子（郭）統嗣……（郭淮）薨，子（郭）正嗣，咸熙中開建五等，以（郭）淮著勳前朝，改封（郭正）汾陽子。」則陽曲縣嘉平二年爲侯國，咸熙中復爲縣。又陽曲縣建安中割出部分新置九原縣，詳本州新興郡九原縣考證。治所在今山西陽曲縣西南。

3、榆次

　　按：治所在今山西晉中市。

4、於離

　　按：於離縣治乏考。

5、盂

按：治所在今山西陽曲縣北。

6、狼孟

按：治所在今山西陽曲縣。

7、陽邑

按：治所在今山西晉中市南。

8、大陵

按：治所在今山西文水縣東北。

9、祁

按：治所在山西祁縣。

10、平陶

按：治所在今山西文水縣南。

11、京陵

按：《續漢志》、《晉書》皆屬，魏時京陵當屬太原郡，今檢《魏志》卷二十七《王昶傳》：「（嘉平三年），進封（王昶）京陵侯。」則京陵嘉平三年後即爲侯國。治所在今山西平遙縣東。

12、中都

按：《續漢志》、《晉書》皆屬，魏時中都當屬太原郡，今檢《魏志》卷二十《曹昂傳》：「（黃初三年）以樊安公（曹）均子（曹）琬，奉（曹）昂後，封中都公，其年徙封長子公。」則黃初三年中都曾暫爲侯國，後復爲縣，《魏志》卷十四《劉放傳》：「景初二年……封本縣，（劉）放方城侯，（孫）資中都侯……（嘉平）三年薨，謚曰『貞侯』，子（孫）宏嗣……（咸熙中，改封孫）宏離石子。」則景初二年後中都又爲侯國至咸熙中復爲縣。治所在今山西平遙縣。

13、鄔

按：治所在今山西平遙縣西南。

14、界休

按：《續漢志》屬，《晉志》屬西河國。黃初二年移屬西河郡，詳西河郡界休縣考證。治所在今山西介休市東。

15、茲氏

按：《續漢志》屬，《晉志》無此縣。黃初二年移屬西河郡，詳西河郡茲氏縣考證。治所在今山西汾陽市。

16、中陽

按：《續漢志》屬西河郡，《晉志》西河國。後西河郡見廢，似入太原郡，黃初二年西河郡復置時移屬焉，詳西河郡中陽縣考證。治所在今山西孝義市。

二、西河郡，治茲氏，領縣四。

按：據《元和志》十三河東道汾州條：「獻帝末荒廢，魏黃初二年，乃於漢茲氏縣置西河郡。」又《水經注》卷六：「魏黃初二年，分太原，復置西河郡。」則西河郡復置於黃初二年，明矣。《寰宇記》卷四十一河東道汾州條：「魏黃初三年於漢茲氏縣置西河郡。」所謂「黃初三年」當爲「黃初二年」之訛。又據上引《元和志》則西河郡似治茲氏。治所在今山西汾陽市。

1、茲氏

按：《續漢志》屬太原郡，《晉志》無此縣。今檢《元和志》十三河東道汾州條：「獻帝末荒廢，魏黃初二年，乃於漢茲氏縣置西河郡。」則茲氏縣黃初二年後移屬西河郡，又《元和志》十三河東道汾州條西河縣條：「本漢茲氏縣也，曹魏於此置西河郡，晉改爲國，仍改茲氏縣爲隰城縣。」《晉志》西河郡有隰城縣，則《晉志》之隰城即爲魏時之茲氏。治所在今山西汾陽市。

2、界休

按：《續漢志》屬太原郡，《晉志》作「介休」屬，今檢宋本《春秋經傳集解・桓公二年》：「初晉穆侯之夫人姜氏以條之役生大子，命之曰『仇』，其弟以千畝之戰生，命之曰『成師』」條杜預注曰：「桓叔也，西河界休縣南有地，名千畝。」則「介休」當作「界休」。又據《水經注》卷六：「魏黃初二年，分太原，復置西河郡。晉徙封陳王（司馬）斌於西河，故縣有西河繆王司馬子政廟。碑文云『西河舊處山林，漢末擾攘，百姓失所。魏興，更開疆宇，分割太原四縣，以爲邦邑，其郡帶山側塞矣。王以咸寧三年，改命爵土，明年十二月喪

國。臣太農閻崇、離石令宗群等二百三十四人，刊石立碑，以述勳德。』碑北廟基尚存也。」則西河郡初置時當從太原郡割來四縣，今界休縣原屬太原郡，晉初屬西河郡，則當於黃初二年復置西河郡時移屬焉。治所在今山西介休市東。

3、中陽

按：《續漢志》屬後漢之西河郡，《晉志》屬。今檢《元和志》十三河東道汾州條孝義縣條：「本漢茲氏縣地，曹魏移西河郡中陽縣於今理。」則魏時中陽確屬西河郡，又據《水經注》卷六：「魏黃初二年，分太原，復置西河郡。晉徙封陳王（司馬）斌於西河，故縣有西河繆王司馬子政廟。碑文云『西河舊處山林，漢末擾攘，百姓失所。魏興，更開疆宇，分割太原四縣，以爲邦邑，其郡帶山側塞矣。王以咸寧三年，改名爵土，明年十二月喪國。臣太農閻崇、離石令宗群等二百三十四人，刊石立碑，以述勳德。』碑北廟基尚存也。」則西河郡初置時當從太原郡割來四縣，據上考有茲氏、界休兩縣，則中陽縣似爲第三縣，即於漢末西河郡廢後，移屬太原郡，後於黃初二年西河郡復置時移屬焉。治所在今山西孝義市。

4、離石

按：《續漢志》屬後漢之西河郡，《晉志》屬。據《水經注》卷六：「魏黃初二年，分太原，復置西河郡。晉徙封陳王（司馬）斌於西河，故縣有西河繆王司馬子政廟。碑文云『西河舊處山林，漢末擾攘，百姓失所。魏興，更開疆宇，分割太原四縣，以爲邦邑，其郡帶山側塞矣。王以咸寧三年，改名爵土，明年十二月喪國。臣太農閻崇、離石令宗群等二百三十四人，刊石立碑，以述勳德。』碑北廟基尚存也。」則西河郡初置時當從太原郡割來四縣，據上考有茲氏、界休、中陽三縣，而《晉志》西河郡有離石縣，則離石縣似爲第四縣。又《元和志》卷十四河東道石州條：「《禹貢》冀州之域……在秦爲西河郡之離石縣。靈帝末，黃巾大亂，百姓南奔，其郡遂廢。魏黃初三年復置離石縣。」所謂「黃初三年復置離石縣」似爲「黃初二年復置離石縣」之訛，則黃初二年復置離石縣當屬太原郡，隨後移屬西河郡。據《魏志》卷十四《劉放傳》：「景初二年……封本縣，（劉）放方城侯，（孫）資中都侯……（嘉平）三年薨，諡曰『貞侯』子（孫）

宏嗣……（咸熙中，改封孫）宏離石子。」則咸熙中後離石為子相。
治所在今山西離石市。

三、上黨郡，治壺關，領縣十二。

按：《續漢志》領縣十三，其中沾縣魏時移屬樂平郡，詳樂平郡沾縣考證。
據《後魏志》：「上黨郡，秦置，治壺關，前漢治長子城，董卓作亂，
治壺關城。」又《元和志》卷十五河東道潞州條：「禹貢冀州之域……
秦為上黨郡地。後漢末，董卓作亂，移理壺關城。」則魏時上黨郡
當治壺關縣，在今山西潞城市。

1、壺關

按：治所在今山西潞城市西。

2、潞

按：治所在今山西黎城縣北。

3、屯留

按：《續漢志》、《晉書》皆屬，魏時屯留當屬上黨郡，今檢《魏志》卷二
十《曹均傳》：「（黃初）四年，徙封（曹均）屯留公。」則屯留黃初
四年後即為公國。治所在今山西屯留縣北。

4、長子

按：《續漢志》、《晉書》皆屬，魏時長子當屬上黨郡，今檢《魏志》卷二
十《曹昂傳》：「（黃初三年）以樊安公（曹）均子（曹）琬，奉（曹）
昂後，封中都公，其年徙封長子公……嘉平六年以（曹）琬襲（曹）
昂爵為豐王。」則長子自黃初三年為侯國，至嘉平六年復為縣。治
所在今山西長子縣。

5、泫氏

按：治所在今山西高平市。

6、高都

按：《續漢志》、《晉書》皆屬，魏時高都當屬上黨郡，今檢《晉書》卷二
《文帝紀》：「（正元元年）進封（司馬昭）高都侯……（甘露元年）
進封（司馬昭）高都公。」則自正元元年高都為侯國，至甘露元年
為公國。治所在今山西晉城市。

7、襄垣

按：治所在今山西襄垣縣北。

8、銅鞮

按：治所在今山西沁縣南。

9、涅

按：治所在今山西武鄉縣西北。

10、猗氏

按：《續漢志》作「猗氏」屬，《晉志》無此縣。檢《續漢志》河東郡有猗氏縣，又《漢志》有上黨「猗氏」縣，宋本《說文解字‧第十四下》：「𨸄，上黨猗氏阪也。」則《續漢志》上黨「猗氏」當爲「猗氏」之訛。又《水經注》卷九經文：「（沁水）南過穀遠縣東，又南過猗氏縣東。」《水經注》經文爲三國時人所撰（詳司隸弘農盧氏縣考證），則魏時「猗氏」未廢。據《元和志》卷十二河東道晉州冀氏縣條：「本漢猗氏縣地也，屬上黨郡，至晉省。」則猗氏縣至晉方省，其魏時歸屬情況乏考，今暫將之列入上黨郡。吳氏《表》卷五作「猗氏」，誤。治所在今山西安澤縣。

11、穀遠

按：《續漢志》屬，《晉志》無此縣。今檢《水經注》卷九經文：「（沁水）南過穀遠縣東，又南過猗氏縣東。」《水經注》經文爲三國時人所撰（詳司隸弘農盧氏縣考證），則魏時穀遠縣未廢明矣。《寰宇記》卷五十河東道大通監綿上縣條：「本穀遠之地，晉省穀遠，以其地屬介休。」則谷遠縣至晉方省，其於魏時歸屬情況乏考，今暫將之列入上黨郡。治所在今山西沁源縣西北。

12、陽阿

按：《續漢志》屬，《晉志》無此縣。今檢《漢志》有陽阿縣，據《元和志》卷十三河東道儀州條：「今州理即漢上黨郡之涅氏縣地也，後漢於此置陽阿縣，屬上黨郡。晉改爲轑陽，屬樂平郡。」又《元和志》卷十三河東道儀州遼山縣條：「本漢涅氏縣地，後漢於此置陽阿縣，屬上黨郡。晉改爲轑陽縣，屬樂平郡。」又《寰宇記》卷四十四河東道遼州條：「今州即漢上黨郡之涅縣地也，後漢於此置陽阿縣屬上

黨郡，晉改爲轑陽屬樂平郡。」《寰宇記》卷四十四河東道遼州遼山縣條：「在漢涅縣之地，後漢於此置陽阿縣俱屬上黨郡，晉改爲轑陽縣屬樂平郡。」則東漢之陽阿實非西漢之陽阿，乃分涅縣後置，入晉後改爲「轑陽」移屬樂平郡，《後魏志》：「陽阿，二漢屬上黨，晉罷」當改爲「陽阿，前漢屬上黨，後漢省，後復亦屬上黨，晉改曰『轑陽』屬樂平。」洪氏《補志》、吳氏《表》卷五、《考證》卷五俱列「轑阿」縣，並誤。謝氏《補注》、楊氏《補正》皆雲別無所謂「轑阿」縣，是。《中國歷史地圖集・三國圖組》既繪「轑阿」縣，又繪「陽阿」縣且置於上黨郡最南端，舛亂殊甚。今檢《水經注》卷九經文：「沁水出上黨涅縣謁戾山。」據汪士鐸《水經注圖・東漢大河漯沁入海圖》，沁水源頭在上黨郡最北偏西端，則涅縣在亦當在上黨郡最北部，而後漢新置之陽阿縣亦當在這一範圍，恰與《中國歷史地圖集・三國圖組》所繪「轑阿縣」地望接近，故應將此「轑阿」除去，於此加繪「陽阿」縣，同時將上黨郡最南端之陽阿縣除去。治所在今山西左權縣。

四、樂平郡，治沾縣，領縣二。

按：《續漢志》無此郡，《後魏志》：「樂平郡，後漢獻帝置。」又《晉志》：「（建安）二十年，始集塞下荒地立新興郡，後又分上黨立樂平郡。」則樂平郡當於建安二十年之後分上黨置，又《水經注》卷十：「後漢分沾縣爲樂平郡，治沾縣。」則所分上黨地爲沾縣，且爲樂平郡治所，吳氏《考證》卷五據《晉志》、《元和志》、《寰宇記》以爲樂平郡魏末見廢，又於晉初復置，楊氏《補正》以爲其說不足爲據，是。洪氏《補志》、吳氏《表》卷五皆將上艾縣列入樂平郡，文獻無徵，《中國歷史地圖集・三國圖組》樂平郡增繪上艾縣，並誤。治所在今山西和順縣北。

1、沾

按：《續漢志》屬上黨郡，《晉志》屬。今檢《水經注》卷十：「後漢分沾縣爲樂平郡，治沾縣。」則魏時沾縣當屬樂平郡，且爲其郡治，又據《水經注》卷十引「《淮南子》：『清漳出謁戾山』，高誘云：『山在沾縣』。」高誘注《淮南子》在建安十年至黃初三年之間（詳豫州梁

國考證），則建安十年後確有沾縣，《水經注》卷十經文：「清漳水出上黨沾縣西北少山大要穀。」其「上黨沾縣」當爲「樂平沾縣」之訛。吳氏《表》卷五樂平郡不列沾縣，誤。治所在今山西和順縣北。

2、樂平

按：《續漢志》無此縣，《晉志》屬。今檢《魏志》卷十一《管寧傳》：「并州牧高幹表除（張臶）樂平令……太祖爲丞相，辟（張臶），不詣。」據《魏志》卷一《武帝紀》高幹敗於建安十一年，則建安十一年前已置樂平縣，又《水經注》卷十引《晉太康地記》：「樂平縣舊名沾縣，漢之故縣矣。」似其時改沾縣爲樂平縣，據本郡沾縣考證，魏時確有沾縣且爲郡治，故樂平縣當是從沾縣析置而沾縣未廢，《晉太康地記》所謂「樂平縣舊名沾縣」當爲「樂平縣地，舊名沾縣」。治所在今山西昔陽縣。

五、雁門郡，治廣武，領縣四。

按：《元和志》卷十四河東道代州條：「秦置三十六郡，雁門是其一焉。漢因之，後漢末，匈奴侵邊，其地荒廢。」則後漢末，其地已廢。據《魏志》卷二十六《牽招傳》：「（牽招）出爲雁門太守……郡所治廣武。」又《寰宇記》卷四十九河東道代州條：「魏文帝移雁門郡南度句注，置廣武地……皆如之。」則雁門郡魏時已復置，且移理廣武縣地。謝氏《補注》詳考《魏志》、《晉書》以爲魏武帝時并州以新興爲塞，魏明帝時以陘嶺（即句注）爲塞，少帝時逾陘嶺而北，以劇陽爲塞，雁門郡境日漸展擴，是。然其逐據之以爲其時置有陰館、樓煩二縣，今二縣不見《晉志》雁門郡，其或省或存，又無文獻予以旁證，故今不從。《中國歷史地圖集‧三國圖組》雁門郡繪有陰館、樓煩二縣，亦誤。吳氏《表》卷五雁門郡列有繁時、崞二縣，今檢《元和志》卷十四河東道代州繁時縣條：「本漢舊縣，屬雁門郡。漢末匈奴侵寇，舊縣荒廢，晉又置繁時縣。」《元和志》卷十四河東道代州崞縣條：「本漢舊縣，因山爲名，屬雁門郡。漢末荒廢，晉初又置。」則繁時、崞二縣晉初復置，明矣，吳氏誤。治所在今山西代縣。

1、廣武

按：《續漢志》屬，《晉志》屬。《寰宇記》卷四十九河東道代州條：「魏

文帝移雁門郡南度句注，置廣武地……晉如之。」則魏時廣武縣確屬雁門郡，且爲雁門郡治所。治所在今山西代縣。

2、原平

按：治所在今山西原平市。

3、汪陶

按：治所在今山西應縣西。

4、劇陽

按：《續漢志》屬，《晉志》無此縣。謝氏《補注》據《晉書・魏舒傳》魏舒封劇陽子，以爲魏時仍有劇陽縣。今檢《輿地廣記》卷十九下蔚州中善陽縣條：「本劇陽縣，漢屬雁門郡……東漢復曰劇陽，晉省之。」則劇陽縣至晉方省，其於魏時歸屬情況乏考，准之地望，當仍屬雁門郡，吳氏《表》卷五雁門郡不列劇陽縣，誤。治所在今山西應縣東北。

六、新興郡，治九原，領縣七。

按：《續漢志》并州無此郡，據《魏志》卷一《武帝紀》：「（建安）二十年……省雲中、定襄、五原、朔方郡，郡置一縣領其民，合以爲新興郡。」則新興郡置於建安二十年，其時當屬雍州，黃初元年復置并州，新興郡亦當移屬。新興郡所領諸縣除上列四縣外，又置平城、馬邑、慮虒三縣，詳三縣考證。又據《寰宇記》卷四十二河東道忻州引《十三州志》：「漢末大亂，匈奴侵邊，自定襄以西盡雲中、雁門之間遂空，建安中曹操集荒郡之戶以爲縣，聚之九原界以立新興郡，領九原等縣。」《元和志》卷十四河東道忻州條：「後漢末大亂，匈奴侵邊，自定襄以西盡雲中、雁門之間遂空，曹公立新興郡以安集之，理九原。」據上引《魏志・武帝紀》新興郡所新立諸縣皆非原縣，則新興郡治所當在新九原縣，在今山西忻州市。

1、九原

按：《續漢志》屬五原郡，《晉志》屬。據《魏志》卷一《武帝紀》：「（建安）二十年……省雲中、定襄、五原、朔方郡，郡置一縣領其民，合以爲新興郡。」《元和志》卷十四河東道忻州條：「後漢末大亂，匈奴侵邊，自定襄以西盡雲中、雁門之間遂空，曹公立新興郡以安

集之，理九原。」又《元和志》卷十四河東道忻州秀容縣條：「本漢陽曲縣地，屬太原郡。後漢末於此置九原縣，屬新興郡。」則新九原縣於建安二十年割太原郡陽曲縣地置，且屬新興郡，至晉不變。治所在今山西忻州市。

2、定襄

按：《續漢志》無此縣，《晉志》屬。據《魏志》卷一《武帝紀》：「（建安）二十年……省雲中、定襄、五原、朔方郡，郡置一縣領其民，合以爲新興郡。」則定襄縣置於建安二十年，且屬新興郡，至晉不變。治所在今山西定襄縣。

3、雲中

按：《續漢志》屬雲中郡，《晉志》屬。據《魏志》卷一《武帝紀》：「（建安）二十年……省雲中、定襄、五原、朔方郡，郡置一縣領其民，合以爲新興郡。」則新雲中縣置於建安二十年，且屬新興郡，至晉不變。治所在今山西原平市西。

4、廣牧

按：《續漢志》屬朔方郡，《晉志》屬。據《魏志》卷一《武帝紀》：「（建安）二十年……省雲中、定襄、五原、朔方郡，郡置一縣領其民，合以爲新興郡。」則新廣牧縣置於建安二十年，且屬新興郡，至晉不變。治所在今山西壽陽縣西北。

5、平城

按：《續漢志》、《晉志》均屬雁門郡，據《元和志》卷十四河東道雲州條：「漢末大亂，匈奴侵邊，自定襄以西，雲中、雁門、西河遂空。曹公鳩集荒散，又立平城縣，屬新興郡，晉又改屬雁門。」《元和志》卷十四河東道雲州雲中縣條：「本漢平城縣，屬雁門郡。漢末大亂，其地遂空。魏武帝又立平城縣，屬新興郡，晉改屬雁門郡。」則新平城縣建安中置且屬新興郡，至晉方移屬雁門郡。治所在今山西代縣東。

6、馬邑

按：《續漢志》、《晉志》均屬雁門郡，據《元和志》卷十四河東道朔州條：「漢末大亂，郡縣荒廢，建安中曹公又立馬邑縣，屬新興郡，晉改

屬雁門郡。」則新馬邑縣建安中置且屬新興郡，至晉方移屬雁門郡。治所在今山西朔州市。

7、盧虒

按：《續漢志》屬太原郡，《晉志》無此縣。據《後魏志》：「驢夷，二漢屬太原，曰盧虒，晉罷。」《元和志》卷十四河東道代州五臺縣條：「本漢盧虒縣，屬太原郡，因盧虒水爲名也，晉省。」《寰宇記》卷四十九河東道代州五臺縣條：「本漢盧虒縣太原郡，因盧虒水爲名，晉省。」則魏時當有盧虒縣，至晉方省，據其地望，當屬新興郡，盧虒縣似於漢末見廢，建安二十年新興郡復置後，盧虒縣重置且屬焉，而確年乏考。《中國歷史地圖集·三國圖組》新興郡繪有盧虒縣，是。治所在今山西五臺縣。

七、朔方郡，治臨戎，領縣一。

按：據《魏志》卷一《武帝紀》：「（建安）二十年⋯⋯省雲中、定襄、五原、朔方郡，郡置一縣領其民，合以爲新興郡。」則朔方郡建安二十年見廢，今檢《魏志》卷三《明帝紀》：「（青龍三年正月）己亥復置朔方郡。」則朔方郡青龍三年復置，《水經注》卷三引《廣志》：「朔方郡北移沙七所。」《廣志》乃晉初郭義恭所撰（詳兗州東郡穀城條考證），在晉初仍有朔方郡，後廢，故《晉志》不載，洪氏《補志》漏載朔方郡，謝氏《補注》、吳氏《表》卷五以爲朔方郡旋置旋廢，《中國歷史地圖集·三國圖組》漏列朔方郡，並誤。疑其析新興郡置，而具體治所乏考。

1、臨戎

按：《續漢志》屬，《晉志》無此縣。據《魏志》卷一《武帝紀》：「（建安）二十年⋯⋯省雲中、定襄、五原、朔方郡，郡置一縣領其民，合以爲新興郡。」則朔方郡建安二十年見廢，臨戎亦廢，又《水經注》卷三經文：「（河水）北過朔方臨戎縣西。」《水經注》經文爲三國時人所撰（詳司隸弘農盧氏縣考證），則魏時朔方郡置後臨戎縣亦當復置且屬焉，晉初方省。此縣復置當非舊縣縣址，疑近新興郡境土，而具體治所乏考。

第十二節　幽州沿革

　　幽州，治薊，在今北京市。《續漢志》幽州領涿郡、廣陽、代郡、上谷、漁陽、右北平、遼西、遼東、玄菟、樂浪、遼東屬國共十一郡國，據《續漢書·百官志》注引《獻帝起居注》冀州領郡三十二：「建安十八年三月庚寅，省州併郡，復《禹貢》之九州，冀州得魏郡、安平、鉅鹿、河內、河間、清河、博陵、常山、趙國、勃海、甘陵、平原、太原、上黨、西河、定襄、雁門、雲中、五原、朔方、河東、河內、涿郡、漁陽、廣陽、右北平、上穀、代郡、遼東、遼東屬國、遼西、玄菟、樂浪，凡三十二郡。」則建安十八年幽州已廢，所領諸郡併入冀州，今檢《魏志》卷二十四《崔林傳》：「文帝踐阼，拜（崔林）尚書，出爲幽州刺史。」則黃初元年幽州已復置，其時屬郡乏考，然除去冀州、并州所領諸郡，詳二州考證，當有涿郡、漁陽、廣陽、右北平、上穀、代郡、遼東、遼東屬國、遼西、玄菟、樂浪，凡十一郡，其中遼東屬國漢末已廢，詳遼東屬國考證，其時公孫氏又盤踞海東，今檢《魏志》卷八《公孫度傳》：「（景初二年）傳（公孫）淵首洛陽，遼東、帶方、樂浪、玄菟悉平。」公孫氏所領似爲此四郡，則幽州復置時當領涿郡、漁陽、廣陽、右北平、上穀、代郡，遼西凡七郡，又《晉志》：「後漢末，公孫度自號平州牧……魏置東夷校尉，居襄平，而分遼東、昌黎、玄菟、帶方、樂浪五郡爲平州，後還合爲幽州」（其中昌黎郡即復置後的遼東屬國，詳遼東屬國考證），則景初二年後此四郡當來屬，併合昌黎郡置平州以統之，後廢，而確年乏考，平州所領諸郡移屬幽州。據《魏書》卷十六《杜恕傳》：「（嘉平元年）出（杜恕）爲幽州刺史……時征北將軍程喜屯薊，尙書袁侃等戒（杜）恕曰：『程申伯處先帝之世，傾田園，讓於青州。足下今俱下丈節，使共屯一城，宜深有以待之』。」又《寰宇記》卷六十九河北道幽州條：「和帝永元元年復立爲廣陽郡，幽州刺史與郡同治，至獻帝又廢郡，復立幽州治於薊。」則幽州其時當治薊縣。景初二年平公孫氏，遼東、玄菟、樂浪、帶方四郡來屬，詳各郡考證。正始五年復置遼東屬國，後改名昌黎郡，詳遼東屬國考證。

一、涿郡，治乏考，領縣八。

　　　　按：《續漢志》作「涿郡」屬幽州，《晉志》作「范陽國」屬幽州，洪氏《補志》據《寰宇記》以爲涿郡黃初七年改爲范陽郡，謝氏《補注》據《魏志·崔林傳》、《魏志·王觀傳》以爲魏時仍有涿郡，又據《水經注》

卷十二：「（涿郡）晉泰始元年改曰范陽郡」以爲晉初方改涿郡爲范陽郡，是。今再列數條，以駁洪氏之謬，今檢《宋志》：「晉武帝泰始元年，分涿爲范陽。」則泰始元年明有涿郡，所謂「分涿郡爲范陽」，當爲「改涿郡爲范陽」。又《水經注》卷十一經文：「易水出涿郡故安縣閻鄉西山。」《水經注》經文爲三國人撰（詳司隸弘農盧氏縣考證），故魏時涿郡未改范陽。又《水經注》卷十二：「《詩》韓弈章曰：『薄彼韓城，燕師所完，王錫韓侯，其追其貊，奄受北國』……王肅曰：『今涿郡方城縣有韓侯城，世謂之寒號城』。」今檢《魏志》卷十三《王肅傳》：「（王肅）黃初中爲散騎黃門侍郎……甘露元年薨……初（王）肅善賈、馬之學而不好鄭氏，采會同異，爲尚書、詩、論語、三禮、左氏解。」又《隋書·經籍志》：「毛詩二十卷，王肅注。」唐陸德明《毛詩注解傳述人》：『魏太常王肅更述毛非鄭……注二十卷』，則《水經注》所引王肅所言當是王肅《毛詩注》中語，王肅爲魏人，其所謂「今涿郡方城」當是魏時情況，故魏時涿郡未改名范陽，明矣。《晉志》云：「范陽國，漢置涿郡，魏文更名范陽郡。」顯誤，當作「晉泰始元年更名范陽郡」。吳氏《表》卷五亦據《寰宇記》以爲黃初七年改涿郡爲范陽郡，楊氏《補正》據《魏志·曹矩傳》：「（黃初）五年改封（曹）敏范陽王。」以爲黃初五年已改涿郡爲范陽郡，楊氏不知魏制：「黃初元年至黃初五年皆以郡爲王，黃初五年至太和六年皆以縣爲王，太和六年後復以郡爲王」（詳兗州陳留郡考證），此范陽爲涿郡之屬縣，其所封范陽王乃以縣爲王，故錯謬如此，《中國歷史地圖集·三國圖組》繪作范陽郡，與吳氏、楊氏並誤。

1、涿

按：《續漢志》屬，《晉志》屬范陽國，據本郡考證涿郡晉初改爲范陽國，則涿縣魏時當屬涿郡。治所在今河北涿州市。

2、遒

按：《續漢志》屬，《晉志》屬范陽國，據本郡考證涿郡晉初改爲范陽國，則遒縣魏時當屬涿郡。治所在今河北涿州市西。

3、故安

按：《續漢志》屬，《晉志》屬范陽國，據本郡考證涿郡晉初改爲范陽國，

則故安縣魏時當屬涿郡。治所在今河北定興縣西。

4、范陽

按：《續漢志》屬，《晉志》屬范陽國，據上考涿郡晉初改爲范陽國，則
　　范陽縣魏時當屬涿郡。又據兗州陳留郡考證，魏制：「黃初元年至黃
　　初五年皆以郡爲王，黃初五年至太和六年皆以縣爲王，太和六年後
　　復以郡爲王。」今檢《魏志》卷二十《曹矩傳》：「（黃初）五年改封
　　（曹）敏范陽王，（黃初）七年改封句陽。」則范陽縣自黃初五年至
　　黃初七年爲王國。治所在今河北容城縣西北。

5、良鄉

按：《續漢志》屬，《晉志》屬范陽國，據上考涿郡晉初改爲范陽國，則
　　良鄉縣魏時當屬涿郡。治所在今北京市房山區東南。

6、方城

按：《續漢志》屬，《晉志》屬范陽國，據上考涿郡晉初改爲范陽國，則方
　　城縣魏時當屬涿郡，又《水經注》卷十二：「《詩》韓弈章曰：『薄彼
　　韓城，燕師所完，王錫韓侯，其追其貊，奄受北國』……王肅曰：『今
　　涿郡方城縣有韓侯城，世謂之寒號城』。」據本郡考證《水經注》所
　　引王肅所言當是王肅《毛詩注》中語，王肅爲魏人，其所謂「今涿郡
　　方城」當是魏時情況，故魏時涿郡確有方城縣。又據《魏志》卷十四
　　《劉放傳》：「景初二年，遼東平定，以參謀之功，各進爵，封本縣，
　　（劉）放方城侯。」則景初二年方城爲侯國。治所在今河北固安縣。

7、北新城

按：《續漢志》屬，《晉志》屬高陽國，魏時北新城歸屬情況乏考，《晉志》：
　　「高陽國，泰始元年置。」則北新城縣似於高陽國初置時移屬焉，
　　又《後魏志》：「新城，二漢、晉曰北新城，前漢屬中山，後漢屬涿，
　　晉屬（高陽郡）。」《輿地廣記》卷十二河北西路下同下州廣信軍中
　　遂城條：「本北新城，漢屬中山國，後漢屬涿郡，晉屬高陽國。」故
　　今暫將之列入涿郡。治所在今河北保定市北。

8、容城

按：《漢志》屬，《續漢志》無此縣，《晉志》屬。今檢《魏志》卷二十四
　　《孫禮傳》：「孫禮，字德遠，涿郡容城人也。」洪氏《補志》、吳氏

《表》卷五據之以爲魏時容城縣復置，是。又《水經注》卷十一經文：「（易水）又東過范陽縣南，又東過容城縣南。」《水經注》卷十二經文：「（巨馬河）又東南過容城縣北。」《水經注》經文爲三國人所撰（詳司隸弘農盧氏縣考證），則魏時容城縣確已復置，《輿地廣記》卷十河北東路中雄州中容城縣條：「漢屬涿郡，後漢省之，晉復置，屬范陽國。」顯誤，當爲「魏復置，晉初屬范陽國」。又據《魏志》卷二十二《盧毓傳》：「（正元三年）進爵封（盧毓）容城侯。」則正元三年後，容城爲侯國。治所在今河北容城縣北。

二、燕國，治乏考，領縣五。

按：《續漢志》作「廣陽郡」屬，《晉志》作「燕國」屬。據《魏志》卷八《公孫瓚傳》：「（鮮於輔等）以燕國閻柔素有恩信，共推（閻）柔爲烏丸司馬」、《魏志》卷二十七《徐邈傳》：「徐邈，字景山，燕國薊人也。」《宋志》：「廣陽，漢高立爲燕國，昭帝更名。光武省併上穀，和帝永元八年復立。魏、晉復爲燕國。」則廣陽郡漢末時已復爲燕國，《後魏志》：「燕郡，故燕，漢高帝爲燕國，昭帝改爲廣陽郡，宣帝更爲國，後漢光武併上穀，和帝永元六年（當作八年，詳中華書局本《魏書・地形志》燕郡條校勘記及李曉傑《東漢政區地理》第六章第三節廣陽郡沿革）復，爲廣陽郡，晉改爲國。」顯誤，此所謂「晉改爲國。」當是「漢末改爲燕國」。據《魏志》卷二十《曹幹傳》：「黃初二年，進（曹幹）爵徙封燕公，三年爲河間王。」又《魏志》卷二十《曹宇傳》：「太和六年，改封（曹宇）燕王。」則燕國黃初元年爲公國，後還爲郡，又自太和六年始爲王國，至晉不改。

1、薊

按：《續漢志》屬廣陽郡，《晉志》屬。今檢《魏志》卷二十七《徐邈傳》：「徐邈，字景山，燕國薊人。」則魏時燕國確有薊縣。據《魏志》卷二十《曹抗傳》：「（黃初）三年，徙封（曹）抗薊公，四年徙封屯留公。」則薊縣黃初三年爲公國，四年還爲縣。治所在今北京市。

2、安次

按：《續漢志》屬廣陽郡，《晉志》屬。據上考廣陽郡漢末改爲燕國，則安次縣魏時當屬燕國。在今河北廊坊市。

3、昌平

按：《續漢志》屬廣陽郡，《晉志》屬。據上考廣陽郡漢末改爲燕國，則昌平縣魏時當屬燕國。治所在今北京市北。

4、軍都

按：《續漢志》屬廣陽郡，《晉志》屬。據上考廣陽郡漢末改爲燕國，則軍都縣魏時當屬燕國。治所在今北京市西北。

5、廣陽

按：《續漢志》屬廣陽郡，《晉志》屬。據本郡考證廣陽郡漢末改爲燕國，則廣陽縣魏時當屬燕國。治所在今北京市西南。

三、漁陽郡，治乏考，安樂縣見廢，領縣五，景初二年廢狐奴縣，復置安樂縣，領縣五，後復置狐奴縣，領縣六。

按：《續漢志》領縣九，《晉志》無此郡，今檢《魏志》卷三《明帝紀》：「(景初二年)六月，省漁陽郡之狐奴縣復置安樂縣。」吳氏《考證》卷五據此以爲魏時仍有漁陽郡，以駁《晉志》魏武省漁陽之說及洪氏《補志》不列漁陽郡之誤，是。今再舉數條，《左傳‧僖公四年》：「賜我先君履東至海，西至於河」條唐孔穎達《正義》云：「(杜預)《釋例》曰：『海自遼西、北平、漁陽、章武、渤海、樂陵、樂安、北海、東萊、城陽、東海、廣陵、吳郡、會稽十四郡之東界以東，河出西平西南二千里，從西平東北經金城、故北地、朔方、五原至故云中，南經平陽、河東之西界，東經河東、河內之南界，東北經汲郡、頓丘、陽平、平原、樂陵之東南入海』杜(預)之此言據其當時之河耳。」據此則晉初確有漁陽郡，又《水經注》卷十三經文：「(㶟水)又東至漁陽雍奴縣西。」《水經注》經文爲三國人撰(詳司隸弘農盧氏縣考證)，則魏時確有漁陽郡，又《水經注》卷十四載《劉靖碑》：「……至景元三年辛酉，詔書以民食轉廣，陸廢不瞻，遣謁者樊晨史製水門，限田千頃，刻地四千三百一十六頃，出給郡縣，改定田五千九百三十頃，水流乘車箱渠，自薊西北逕昌平，東盡漁陽潞縣，凡所潤含，四五百里，所灌田萬有餘頃……元康五年十月十一日，刊石立表，以紀勳烈，并記遏制度，永爲後式焉。」景元已近魏末，其時尚有漁陽郡，又《晉書》卷二十八《司馬京傳》：

「咸寧初，徵（司馬機）爲步兵校尉，以漁陽郡益其國。」則咸寧時漁陽郡未廢，明矣。《續漢志》漁陽郡所領平谷、傂奚、獷平三縣，魏時存廢情況乏考，今暫闕不錄，《中國歷史地圖集·三國圖組》漁陽郡繪有獷平縣，不知文獻根據爲何，今不從。

1、漁陽

按：《續漢志》屬，《晉志》無此縣。今檢《水經注》卷十四經文：「鮑丘水從塞外來，南過漁陽縣東。」《水經注》經文爲三國人撰（詳司隸弘農盧氏縣考證），則魏時當有漁陽縣，又《後魏志》：「漁陽，二漢屬（漁陽郡），晉罷。」則晉初漁陽縣方省，其在魏時歸屬情況乏考，今疑其時屬漁陽郡且與漁陽郡同省於晉初。治所在今北京密雲縣。

2、潞

按：《續漢志》屬，《晉志》屬燕國，今檢《水經注》卷十四載《劉靖碑》：「……至景元三年辛酉，詔書以民食轉廣，陸廢不瞻，遣謁者樊晨更製水門，限田千頃，刻地四千三百一十六頃，出給郡縣，改定田五千九百三十頃，水流乘車箱渠，自薊西北迤昌平，東盡漁陽潞縣，凡所潤含，四五百里，所灌田萬有餘頃……元康五年十月十一日，刊石立表，以紀勳烈，并記遏制度，永爲後式焉。」據此可知景元時潞縣仍屬漁陽郡，疑其於晉初漁陽郡見廢後移屬燕國。治所在今北京市東。

3、雍奴

按：《續漢志》屬，《晉志》屬燕國，今檢《水經注》卷十三經文：「（潔水）又東至漁陽雍奴縣西。」《水經注》經文爲三國人撰（詳司隸弘農盧氏縣考證），則魏時雍奴確屬漁陽郡，疑其於晉初漁陽郡見廢時移屬燕國。治所在今天津市武清區北。

4、泉州

按：《續漢志》屬，《晉志》屬燕國，今檢東吳陸機《毛詩草木鳥獸蟲魚疏》卷下：「維鱮及鱧」條：「今伊、洛、濟、穎鱮魚也，廣而薄肥、恬而少力，細鱗魚之美者漁陽泉州及遼東梁水鱮特肥而厚，尤美於中國鱮。」則魏時泉州確屬漁陽郡，疑其於晉初漁陽郡見廢時移屬燕國。治所在今天津市武清區。

5、安樂

按：《續漢志》屬，《晉志》屬燕國，今檢《魏志》卷三《明帝紀》：「（景初二年）六月，省漁陽郡之狐奴縣復置安樂縣。」則安樂縣曾廢，而確年乏考，至景初二年復置屬漁陽郡，疑其於晉初漁陽郡見廢時移屬燕國。治所在今北京市順義區。

6、狐奴

按：《續漢志》屬，《晉志》屬燕國，今檢《魏志》卷三《明帝紀》：「（景初二年）六月，省漁陽郡之狐奴縣復置安樂縣。」則景初二年前狐奴縣當屬漁陽郡，景初二年廢，其後似復置，而確年乏考，疑其於晉初漁陽郡見廢時復置且屬燕國。治所在今北京市順義區東北。

四、右北平郡，治乏考，領縣四。

按：《續漢志》作「右北平」，《晉志》作「北平」。吳氏《表》卷五據《寰宇記》以爲魏時去「右」爲「北平」。今遍查《寰宇記》不見所據之文，楊氏《補正》據《魏志·程普傳》、《魏志·田疇傳》等以爲魏時仍當作「右北平」，是。今檢《寰宇記》卷六十九河北道幽州條：「晉泰始初封文帝子（司馬）機爲燕王，（司馬）機薨，無子，國除，尋改范陽郡曰范陽國，分上谷置廣寧郡，仍隸范陽國，改『右北平』曰『北平』。」則「右北平」改名「北平」乃晉泰始後事，明矣，吳氏誤。楊氏又謂晉初仍有「右北平」。今檢《左傳·僖公四年》：「賜我先君履東至海，西至於河」條唐孔穎達《正義》云：「（杜預）《釋例》曰：『海自遼西、北平、漁陽、章武、渤海、樂陵、樂安、北海、東萊、城陽、東海、廣陵、吳郡、會稽十四郡之東界以東，河出西平西南二千里，從西平東北經金城、故北地、朔方、五原至故云中，南經平陽、河東之西界，東經河東、河內之南界，東北經汲郡、頓丘、陽平、平原、樂陵之東南入海。』杜（預）之此言據其當時之河耳。」又《左傳·昭西元年》：「晉中行穆子敗無終及群狄於大原」條孔穎達《正義》云：「（杜預）《釋例》、《土地名》以北戎、山戎、無終三名爲一，北平有無終縣。」據此則晉初「右北平」確已改爲「北平」。楊氏辯言此爲後人據《晉書》刪改，凡人作僞，必有奇奸，不知後人刪改《十三經》疏文所引杜預《春秋釋例》之中的一個地名有何企圖，

楊氏欲彌縫其說之不固，反自陷畫虎類犬之譏，非審慎之舉。

1、土垠

按：《續漢志》屬，《晉志》屬北平郡，則其於魏時當屬右北平郡，今檢
《後魏志》：「土垠，二漢、晉屬右北平。」顯誤，當是「土垠，二
漢、魏屬右北平，晉屬北平。」又《輿地廣記》卷十二河北路化外
州下檀州中密雲縣條：「故土垠縣，二漢及晉屬右北平郡。」亦誤，
當是「二漢及魏屬右北平郡，晉屬北平郡」。治所在今河北豐潤縣。

2、徐無

按：《續漢志》屬，《晉志》屬北平郡，則其於魏時當屬右北平郡，今檢
《後魏志》：「徐無，二漢、晉屬右北平。」顯誤，當是「徐無，二
漢、魏屬右北平，晉屬北平。」又《輿地廣記》卷十二河北路化外
州下薊州中玉田縣條：「故徐無縣，二漢及晉屬右北平郡。」亦誤，
當是「二漢及魏屬右北平郡，晉屬北平郡」。治所在今河北遵化市東。

3、無終

按：《續漢志》屬，《晉志》屬北平郡，《魏志》卷十一《田疇傳》：「田疇，
字子泰，右北平無終人也。」則其於魏時確屬右北平郡。今檢《後
魏志》：「無終，二漢、晉屬右北平。」顯誤，當是「無終，二漢、
魏屬右北平，晉屬北平」。治所在今天津市薊縣。

4、俊靡

按：《續漢志》屬，《晉志》屬北平郡，則其於魏時當屬右北平郡。治所
在今河北遵化市西北。

五、上谷郡，治居庸，領縣六。

按：《續漢志》領縣八，《晉志》領縣二，據《晉志》：「廣寧郡，故屬上
谷，太康中置郡，都尉居，領縣三。」則上谷郡有三縣晉初移屬廣
寧郡。《續漢志》上谷郡所領寧、雊瞀二縣，魏時存廢乏考，今暫闕
不錄。今檢《水經注》卷十三：「滄河又西逕居庸縣故城南，魏上谷
郡治。」則魏時上谷郡當治居庸縣，在今北京市延慶縣。

1、居庸

按：《續漢志》、《晉志》均屬。《水經注》卷十三：「滄河又西逕居庸縣故
城南，魏上谷郡治。」則居庸縣魏時確屬上谷郡且爲郡治。治所在

今北京市延慶縣。

2、沮陽

按：治所在今北京市延慶縣西南。

3、下洛

按：《續漢志》作「下落」屬，《晉志》作「下洛」屬廣寧郡，今檢《水
經注》卷十三引《魏土地記》：「下洛城西南四十里有潘城。」《魏土
地記》乃記後魏地理，詳司隸平陽郡考證，則後魏時亦作「下洛」，
魏究竟作「下洛」或是「下落」乏考，今暫以「下洛」爲是。據本
郡考證，下洛縣晉初從上谷郡移屬廣寧郡。治所在今河北涿鹿縣東。

4、潘

按：《續漢志》屬，《晉志》屬廣寧郡，據本郡考證，潘縣晉初從上谷郡
移屬廣寧郡。治所在今河北涿鹿縣西南。

5、涿鹿

按：《續漢志》屬，《晉志》屬廣寧郡，據本郡考證，涿鹿縣晉初從上谷
郡移屬廣寧郡。

6、廣寧

按：《續漢志》屬，《晉志》無此縣。今遍檢典籍，魏時廣寧縣存廢情況
乏考，而晉初分置廣寧郡以其名郡，似當屬焉，疑於其後省，今暫
列入上谷郡。治所在今河北張家口市。

六、代郡，治乏考，領縣三。

按：《續漢志》領縣十一，《晉志》領縣四，吳氏《表》卷五以爲高柳、
桑乾、道人、馬城、班氏、狋氏、北平邑、東安陽八縣魏時爲鮮卑
所侵，棄爲荒地，是，從之。

1、代

按：治所在今河北蔚縣東北。

2、平舒

按：治所在今山西廣靈縣。

3、當城

按：治所在今河北涿鹿縣西南。

七、遼西郡，治乏考，領縣五。

按：《續漢志》、《晉志》均屬幽州。

1、陽樂

按：治所在今河北盧龍縣東。

2、海陽

按：治所在今河北灤南縣北。

3、肥如

按：治所在今河北遷安市東北。

4、臨渝

按：《續漢志》屬，《晉志》無此縣。今檢《輿地廣記》卷十二河北路化
外州下平州中石城縣條：「本臨渝，二漢屬遼西郡。晉省入陽樂。」
則臨渝縣魏時確屬遼西郡，至晉方省。治所在今河北秦皇島市西。

5、令支

按：《續漢志》屬，《晉志》無此縣。今檢《輿地廣記》卷十二河北路化
外州下平州中盧龍縣條：「故令支縣，二漢屬遼西郡。晉省之。」則
令支縣魏時確屬遼西郡，至晉方省。治所在今河北遷安市。

八、遼東屬國，後改名昌黎郡，治昌黎，領縣一。

按：《續漢志》屬幽州，今檢《魏志》卷四《三少帝紀》：「（正始五年）
九月鮮卑內附，置遼東屬國，立昌黎縣以居之。」既言「置遼東屬
國」則遼東屬國曾廢，又於正始五年復置，其時領昌黎縣。《晉志》
無遼東屬國，然於昌黎郡條下云：「漢屬遼東屬國都尉，魏置郡。」
則遼東屬國復置後似改為昌黎郡，而確年乏考。又《後魏志》：「昌
黎郡，晉分遼東（郡）置。」今檢《晉志》昌黎郡領昌黎縣，若從
《後魏志》之說則昌黎縣當屬遼東郡，而據上引《魏志》昌黎縣正
始五年屬遼東屬國，非屬遼東郡，則《後魏志》誤，楊氏《補正》
據之以為昌黎郡晉初設置，亦誤，當從《晉志》。治所在今遼寧義縣。

1、昌黎

按：《續漢志》屬，《晉志》屬昌黎郡，據《魏志》卷四《三少帝紀》：「（正
始五年）九月鮮卑內附，置遼東屬國，立昌黎縣以居之。」則昌黎
縣魏時亦曾見廢，後於正始五年復置。治所在今遼寧義縣。

九、遼東郡，治襄平，領縣十。

按：《魏志》卷八《公孫度傳》：「（景初二年）傳（公孫）淵首洛陽，遼東、帶方、樂浪、玄菟悉平。」則景初二年後，公孫氏之遼東郡來屬，其所領諸縣當承公孫氏時情況，詳公孫氏遼東郡所領諸縣考證。治所在今遼寧遼陽市。

1、襄平
按：治所在今遼寧遼陽市。

2、汶
按：治所在今遼寧營口市。

3、安市
按：治所在今遼寧營口市東北。

4、新昌
按：治所在今遼寧海昌市東北。

5、西安平
按：治所在今遼寧丹東市。

6、北豐
按：治所在今遼寧瓦房店市。

7、平郭
按：治所在今遼寧蓋州市南。

8、東遝
按：治所在今遼寧大連市東北。

9、遼隧
按：治所在今遼寧鞍山市西。

10、望平
按：治所在今遼寧瀋陽市西。

十、玄菟郡，治乏考，領縣二。

按：《魏志》卷八《公孫度傳》：「（景初二年）傳（公孫）淵首洛陽，遼東、帶方、樂浪、玄菟悉平。」則景初二年後，公孫氏之玄菟郡來屬。

1、高句驪

按：治所在今遼寧瀋陽市東。

2、高顯

按：據《魏志》卷四《三少帝紀》：「（甘露二年）夏四月癸卯，詔曰：『玄菟郡高顯縣吏民反叛，長鄭熙爲賊所殺。民王簡負擔熙喪，晨夜星行，遠致本州，忠節可嘉。其特拜簡爲忠義都尉，以旌殊行。』」則甘露二年時玄菟郡確有高顯縣。治所在今遼寧鐵嶺市。

十一、樂浪郡，治乏考，領縣七。

按：《魏志》卷八《公孫度傳》：「（景初二年）傳（公孫）淵首洛陽，遼東、帶方、樂浪、玄菟悉平。」則景初二年後，公孫氏之樂浪郡來屬，其所領諸縣當承公孫氏時情況，詳公孫氏帶方郡所領諸縣考證。

1、朝鮮

按：治所在今朝鮮平壤市。

2、屯有

按：治所在今朝鮮海州。

3、渾彌

按：治所在今朝鮮平原。

4、遂城

按：治所在今朝鮮平壤西。

5、鏤方

按：治所在今朝鮮陽德。

6、駟望

按：治所在今朝鮮平壤東南。

7、臨浿

按：治所乏考。

十二、帶方郡，治乏考，領縣六。

按：《魏志》卷八《公孫度傳》：「（景初二年）傳（公孫）淵首洛陽，遼東、帶方、樂浪、玄菟悉平。」則景初二年後，公孫氏之帶方郡來屬，其所領諸縣當承公孫氏時情況，詳公孫氏帶方郡所領諸縣考證。

1、帶方

按：治所在今朝鮮沙裏院。

2、列口

按：治所在今朝鮮殷栗。

3、海冥

按：治所在今朝鮮海州。

4、長岑

按：治所在今朝鮮殷栗南。

5、提奚

按：治所在今朝鮮金川北。

6、含資

按：治所在今朝鮮瑞興。

第十三節　梁州沿革

梁州，治南鄭，在今陝西漢中市。據《魏志》卷四《三少帝紀》：「（景元四年十一月）是月，蜀主劉禪詣（鄧）艾降，巴蜀皆平……（十二月）壬子，分益州爲梁州。」《宋志》：「魏元帝景元四年平蜀，復立梁州，治漢中南鄭，而益州治成都。」則景元四年蜀漢降魏後，分益州爲梁州，且治南鄭。《晉志》梁州條：「泰始三年，分益州，立梁州爲漢中。」《晉志》益州條：「武帝泰始二年，分益州置梁州，以漢中屬焉。」《晉志》：「泰始三年」、「泰始二年」均爲「景元四年」之訛。又《方輿勝覽》卷六十九利州西路沔州條：「蜀置梁州，治漢中之沔陽。」亦誤。據《華陽國志》卷一：「至魏咸熙元年（劉琳校注以爲當作景元四年，是）平蜀，始分益州巴漢七郡置梁州。」又《寰宇記》卷一百三十三山南西道興元府條：「王隱《晉書》：『魏末克蜀，分廣漢、巴、涪陵以北七郡爲梁州。』」則其時梁州領七郡。又《華陽國志》卷三：「劉氏延熙中分廣漢四縣，置東廣漢郡，咸熙初省，泰始末又分置新都郡，太康省，末年又置。」而《晉志》：「劉禪建興二年……分廣漢立東廣漢郡，魏景元中，蜀平，省東廣漢郡。」則景元末省東廣漢郡。陰平郡見廢，詳蜀漢益州陰平郡考證。武都郡回屬雍州，詳雍州武都郡考證。

一、漢中郡，治乏考，領縣四。

　　1、南鄭

　　按：治所在今陝西漢中市。

　　2、褒中

　　按：治所在今陝西漢中市北。

　　3、沔陽

　　按：治所在今陝西勉縣。

　　4、南鄉

　　按：治所在今陝西西鄉縣。

二、梓潼郡，治乏考，領縣六。

　　1、梓潼

　　按：治所在今四川梓潼縣。

　　2、涪

　　按：所在今四川綿陽市。

　　3、漢壽

　　按：治所在今四川劍閣縣東北。

　　4、白水

　　按：治所在今四川廣元市西北。

　　5、漢德

　　按：治所在今四川劍閣縣北。

　　6、劍門

　　按：治所在今劍閣縣北。

三、廣漢郡，治乏考，領縣九。

　　1、廣漢

　　按：《續漢志》、《晉志》均屬。咸熙初復屬廣漢郡，詳本州考證。治所在
　　　　今四川射洪縣南。

　　2、德陽

　　按：《續漢志》、《晉志》均屬。咸熙初復屬廣漢郡，詳本州考證。治所在

今四川遂寧市東南。

3、五城

按：《續漢志》無此縣，《晉志》屬。《宋志》：「伍城令……《何志》：『劉氏立』。」則五城蜀漢時新立，而確年乏考，咸熙初復屬廣漢郡，詳本州考證。治所在今四川中江縣。

4、雒

按：治所在今四川中江縣西。

5、綿竹

按：所在今四川綿竹市東南。

6、新都

按：治所在今四川新都縣。

7、什邡

按：治所在今四川什邡市。

8、郪縣

按：治所在今四川射洪縣西。

9、陽泉

按：其地當近今四川什邡市，而具體治所乏考。

四、涪陵郡，治涪陵，領縣五。

按：蜀漢時涪陵郡有丹興縣（詳蜀漢益州涪陵郡丹興縣考證），又據《華陽國志》卷一：「丹興縣，蜀時省。」蜀漢中丹興縣已省，而確年乏考，則景元四年蜀漢降魏後當無此縣，《寰宇記》卷一百二十江南西道涪州條所引《晉太康地記》：「省丹興縣」，似誤。治所在今重慶市彭水苗族土家族自治縣南。

1、涪陵

按：治所在今重慶市彭水苗族土家族自治縣。

2、漢平

按：治所在今重慶市武隆縣西北。

3、漢發

按：治所在今重慶市黔江區西。

4、萬寧

按：其地當近今重慶市彭水苗族土家族自治縣，而具體治所乏考。

5、漢復

按：治所在今重慶市彭水苗族土家族自治縣南。

五、巴郡，治江州，領縣四。

按：蜀漢巴郡原領江州、枳、臨江、墊江、平都、樂城、常安七縣（詳蜀漢益州巴郡考證），據《華陽國志》卷一巴志條：「（延熙）十七年，省平都、樂城、常安，咸熙元年（巴郡）但四縣。」則其時巴郡確領四縣。治所在今重慶市。

1、江州

按：治所在今重慶市。

2、枳

按：治所在今重慶市涪陵區。

3、臨江

按：治所在今重慶市忠縣。

4、墊江

按：治所在今重慶市合川市。

六、巴東郡，治永安，領縣五。

1、永安

按：治所在今重慶市奉節縣。

2、朐忍

按：治所在今重慶市雲陽縣西。

3、漢豐

按：其地當近今重慶市雲陽縣，而具體治所乏考。

4、羊渠

按：治所在今重慶市萬州區。

5、北井

按：治所在今四川巫山縣北。

七、巴西郡，治閬中，領縣八。

　　1、閬中

　　按：治所在今四川閬中市。

　　2、安漢

　　按：治所在今四川南充市。

　　3、南充國

　　按：治所在今四川南部縣。

　　4、西充國

　　按：治所在今四川閬中市南。

　　5、宣漢

　　按：治所在今四川達州市。

　　6、漢昌

　　按：治所在今四川巴中縣。

　　7、宕渠

　　按：其時宕渠郡省，縣移屬焉，詳蜀漢益州宕渠郡宕渠縣考證。治所在
　　　　今四川渠縣東北。

第十四節　益州沿革

　　益州，治成都，在今四川成都市。據《魏志》卷四《三少帝紀》：「（景元四
年十一月）是月，蜀主劉禪詣（鄧）艾降，巴蜀皆平……（十二月）壬子，分
益州為梁州。」《宋志》：「魏元帝景元四年平蜀，復立梁州，治漢中南鄭，而益
州治成都。」則景元四年蜀漢降魏後，分益州為梁州，益州仍治成都，其時益
州所領諸郡當為蜀漢益州分出梁州後所剩諸郡，梁州所領諸郡詳梁州考證，而
其時益州所剩各郡諸縣情況亦根據蜀漢益州各郡諸縣考證，可參考之。

一、蜀郡，治成都，領縣九。

　　1、成都

　　按：治所在今四川成都市。

　　2、江原

　　按：治所在今四川雙流縣西。

3、繁

按：治所在今四川新都縣西北。

4、廣都

按：治所在今四川雙流縣東北。

5、臨邛

按：治所在今四川邛崍市。

6、郫

按：治所在今四川郫縣。

7、汶江

按：治所在今四川茂縣西北。

8、蠶陵

按：治所在今四川茂縣北。

9、升遷

按：《續漢志》作「湔氐道」屬，《晉志》作「升遷」屬汶山郡，魏咸熙
元年，改名「升遷」。詳蜀漢益州蜀郡氐道縣考證。治所在今四川松
潘縣北。

二、汶山郡，治綿虒，領縣五。

1、綿虒

按：治所在今四川茂縣。

2、廣柔

按：治所在今四川汶川縣西北。

3、都安

按：治所在今四川郫縣西北。

4、興樂

按：《續漢志》無此縣，《晉志》作「興樂」屬，白馬更名為興樂當在魏
咸熙元年，詳蜀漢益州汶山郡白馬縣考證。治所在今四川松潘縣北。

5、平康

按：治所在今四川松潘縣西南。

三、犍為郡，治武陽，領縣五。

　　1、武陽

　　　　按：治所在今四川彭山市。

　　2、南安

　　　　按：治所在今四川樂山市。

　　3、資中

　　　　按：治所在今四川資陽市。

　　4、僰道

　　　　按：治所在今四川宜賓市。

　　5、牛鞞

　　　　按：治所在今四川簡陽市。

四，江陽郡，治江陽，領縣三。

　　1、江陽

　　　　按：治所在今四川瀘州市。

　　2、符節

　　　　按：治所在今四川合江縣。

　　3、漢安

　　　　按：治所在今四川內江市。

五、漢嘉郡，治乏考，領縣四。

　　1、青衣

　　　　按：治所在今四川天全縣東北。

　　2、新道

　　　　按：治所在今四川榮經縣。

　　3、徙陽

　　　　按：治所在今四川天全縣。

　　4、旄牛

　　　　按：治所在今四川漢源縣。

六、朱提郡，治南昌，領縣四。

1、南昌

按：治所在今雲南鎮雄縣。

2、朱提

按：治所在今雲南昭通縣。

3、漢陽

按：治所在今貴州六盤水市西北。

4、南廣

按：治所在今雲南鹽津縣。

七、越巂郡，治乏考，領縣九。

1、會無

按：治所在今雲南會理縣。

2、臺登

按：治所在今四川冕寧縣南。

3、卑水

按：治所在今四川昭覺縣東南。

4、邛都

按：治所在今四川西昌市。

5、定莋

按：治所在今四川鹽源縣。

6、蘇祁

按：治所在今四川西昌市北。

7、闌

按：治所在今四川越西縣。

8、馬湖

按：治所在今四川雷波縣北。

9、潛街

按：治所在今四川雷波縣東北。

八、建寧郡，治味縣，領縣十三。

1、味

按：治所在今雲南曲靖市。

2、毋單

按：治所在今雲南澄江縣東南。

3、滇池

按：治所在今雲南澄江縣西。

4、存䭴

按：治所在今雲南宣威市。

5、俞元

按：治所在今雲南澄江縣。

6、昆澤

按：治所在今雲南宜良縣。

7、同瀨

按：治所在今雲南馬龍縣南。

8、牧靡

按：治所在今雲南尋甸彝族回族自治縣北。

9、穀昌

按：治所在今雲南昆明市東。

10、連然

按：治所在今雲南安寧市。

11、秦臧

按：治所在今雲南祿豐縣東。

12、雙柏

按：治所在今雲南雙柏縣南。

13、建伶

按：治所在今雲南晉寧縣。

九、牂牁郡，治乏考，領縣七。

1、且蘭

按：治所在今貴州黃平縣西南。

2、談指

按：治所在今貴州貞豐布依苗族自治縣西北。

3、夜郎

按：治所在今貴州關嶺市。

4、毋斂

按：治所在今貴州獨山縣。

5、鱉

按：治所在今貴州遵義市。

6、平夷

按：治所在今貴州畢節縣東北。

7、同並

按：治所在今雲南彌勒縣。

十、永昌郡，治不韋，領縣四。

1、不韋

按：治所在今雲南保山市東北。

2、嶲唐

按：治所在今雲南雲龍縣西南。

3、哀牢

按：治所在今雲南盈江縣。

4、博南

按：治所在今雲南永平縣西南。

十一、雲南郡，治楪榆，領縣七。

1、楪榆

按：治所在今雲南姚安縣北。

2、雲南

按：治所在今雲南祥雲縣東南。

3、邪龍

按：治所在今雲南巍山彝族回族自治縣。

4、楪榆

按：治所在今雲南大理市北。

5、青蛉

按：治所在今雲南大姚縣。

6、遂久

按：治所在今雲南麗江納西族自治縣。

7、姑復

按：治所在今雲南永勝縣北。

十二、興古郡，治宛溫，領縣七。

1、宛溫

按：治所在今雲南丘北縣南。

2、賁古

按：治所在今雲南蒙自縣。

3、西豐

按：治所在今雲南華寧縣南。

4、句町

按：治所在今雲南廣南縣。

5、鐔封

按：治所在今雲南丘北縣西南。

6、進乘

按：治所在今雲南屏邊苗族自治縣。

7、漏臥

按：治所在今雲南羅平縣。

附　公孫氏所領諸郡沿革

據《魏志》卷八《公孫度傳》：「初平元年……（公孫度）分遼東郡爲遼西中遼郡，置太守。越海收東萊諸縣，置營州刺史。自立爲遼東侯、平州牧。」

又《後漢書》卷七十四《公孫康傳》：「初平元年，（公孫度）乃分遼東爲遼西中遼郡，并置太守，越海收東萊諸縣，爲營州刺史。自立爲遼東侯、平州牧。」則公孫氏初平元年即自領平州牧，盤踞海東，而所分遼西中遼郡，其時所領諸縣無考，李曉傑《東漢政區地理》第六章第五節遼東郡沿革以爲遼西中遼郡旋置旋廢，所領諸縣復屬遼東，今從之。又《晉志》：「後漢末，公孫度自號平州牧……魏置東夷校尉，居襄平，而分遼東、昌黎、玄菟、帶方、樂浪五郡爲平州，後還合爲幽州」（其中昌黎郡即復置後的遼東屬國，詳幽州遼東屬國考證），則景初二年後此四郡當來屬，併合昌黎郡置平州以統之，後廢，而確年乏考，平州所領諸郡移屬幽州。

一、遼東郡，治襄平，領縣十。

按：《續漢志》領縣十一，其中侯城縣據錢大昕考證爲衍文（詳錢氏《考異》卷十四），番汗、無慮二縣，其時存廢情況文獻無考，暫闕不錄。據《魏志》卷三《明帝紀》：「（景初二年，秋八月）丙寅，司馬宣王圍公孫淵於襄平，大破之，傳（公孫）淵首於京都，海東諸郡平。」又《吳志》卷二《孫權傳》嘉禾二年引《吳書》：「初，張彌、許晏等俱到襄平，官屬從者四百許人。（公孫）淵欲圖（張）彌、（許）晏，先分其人眾，置遼東諸縣。」則其時，公孫氏之治所當在襄平。

1、襄平

按：治所在今遼寧遼陽市。

2、汶

按：《續漢志》、《晉志》均屬。據《魏志》卷四《三少帝紀》：「（正始元年）以遼東汶、北豐縣民流徙渡海，規齊郡之西安、臨菑、昌國縣界爲新汶、南豐縣，以居流民。」則正始元年時公孫氏遼東郡確領有汶縣。治所在今遼寧營口市。

3、安市

按：治所在今遼寧營口市東北。

4、新昌

按：治所在今遼寧海昌市東北。

5、西安平

按：治所在今遼寧丹東市。

6、北豐

按：《續漢志》、《晉志》均無此縣，據《魏志》卷四《三少帝紀》：「（正始元年）以遼東汶、北豐縣民流徙渡海，規齊郡之西安、臨菑、昌國縣界爲新汶、南豐縣，以居流民。」則其時公孫氏遼東郡當領有北豐縣，而《宋志》、《南齊志》、《後魏志》均無此縣，北豐縣似其後遂廢，而確年乏考。按：治所在今遼寧瓦房店市。

7、平郭

按：《續漢志》屬，《晉志》無此縣。據《魏志》卷八《公孫度傳》：「文帝踐阼，遣使即拜（公孫）恭爲車騎將軍，假節，封平郭侯。」則其時公孫氏遼東郡當領有平郭縣，後廢，而確年乏考。按：治所在今遼寧蓋州市南。

8、東遝

按：《續漢志》作「遝氏」屬、《晉志》無此縣。據《魏志》卷四《三少帝紀》：「（景初三年）以遼東東遝縣吏民渡海居齊郡界，以故縱城爲新遝縣，以居徙民。」則其時公孫氏遼東郡當領東遝縣，按：治所在今遼寧大連市東北。

9、遼隧

按：《續漢志》、《晉志》均無此縣，據宋本《魏志》卷八《公孫度傳》：「景初元年，乃遣幽州刺史毌丘儉等齎璽書徵（公孫）淵，（公孫）淵遂發兵逆於遼隧。」《永樂大典》卷一萬一千一百三十二所錄《水經注》經文「（小遼水）西南至遼隧縣入於大遼水也。」陳橋驛《水經注校釋》所錄《水經注》卷十四經文：「（小遼水）西南至遼隊縣，入於大遼水也。」「遼隊」當爲「遼隧」之訛，陳氏《校釋》未能出校，顯誤，《水經注》經文爲三國時人所撰（詳司隸弘農盧氏縣考證），則其時確有遼隧縣，且當屬遼東郡，後廢，而確年乏考。按：治所在今遼寧鞍山市西。

10、望平

按：《續漢志》屬，《晉志》屬玄菟郡，其時歸屬情況乏考，今暫將之列入遼東郡。治所在今遼寧瀋陽市西。

二、玄菟郡，治乏考，領縣二。

按：《續漢志》領縣六，其中西蓋鳥、上殷臺、遼陽、侯城四縣，其時存
廢情況文獻乏考，今暫缺不錄。

1、高句驪

按：治所在今遼寧瀋陽市東。

2、高顯

按：治所在今遼寧鐵嶺市。

三、樂浪郡，治乏考，領縣七。

按：《續漢志》領縣十八，其中帶方、列口、長岑、提奚、含資、海冥六
縣移屬帶方郡，詳帶方郡考證，又譫邯、浿水、占蟬、增地、昭明、
樂都六縣，其時存廢情況文獻乏考，今暫闕不錄。

1、朝鮮

按：治所在今朝鮮平壤市。

2、屯有

按：治所在今朝鮮海州。

3、渾彌

按：治所在今朝鮮平原。

4、遂城

按：治所在今朝鮮平壤西。

5、鏤方

按：治所在今朝鮮陽德。

6、駟望

按：治所在今朝鮮平壤東南。

7、臨浿

按：《續漢志》、《晉志》均無此縣，今檢《水經注》卷十四經文：「浿水
出樂浪鏤方縣東南，過臨浿縣東入於海。」《水經注》經文為三國時
人所撰（詳司隸弘農盧氏縣考證），則其時當有臨浿縣，今暫將之列
入帶方郡，楊氏《補正》據之以為魏、晉時均有臨浿縣，今《晉志》、
《後魏志》、《水經注》注文均不載此縣，疑晉初已省，吳氏《考證》

卷五樂浪郡不列入臨浿縣，《中國歷史地圖集・三國圖組》樂浪郡漏列臨浿縣，並誤。治所乏考。

四、帶方郡，治乏考，領縣六。

按：《續漢志》無此郡，今檢《魏志》卷三十《東夷傳》：「建安中，公孫康分屯有縣以南荒地為帶方郡。」則帶方郡乃建安中分樂浪郡屯有縣以南地置，《晉志》帶方郡所領諸縣且《續漢志》屬樂浪郡者，魏時當屬帶方郡。《晉志》云：「帶方郡，公孫度置。」誤，「公孫度」當為「公孫康」之訛。又云：「魏武定霸……所置者十二：……帶方。」帶方郡非魏武所置，此處《晉志》亦誤。

1、帶方

按：《續漢志》屬樂浪郡，《晉志》屬。據本郡考證，帶方郡初置時其屬焉。治所在今朝鮮沙裏院。

2、列口

按：《續漢志》屬樂浪郡，《晉志》屬。據本郡考證，帶方郡初置時其屬焉。治所在今朝鮮殷栗。

3、海冥

按：《續漢志》屬樂浪郡，《晉志》屬。據本郡考證，帶方郡初置時其屬焉。按：治所在今朝鮮海州。

4、長岑

按：《續漢志》屬樂浪郡，《晉志》屬。據本郡考證，帶方郡初置時其屬焉。按：治所在今朝鮮殷栗南。

5、提奚

按：《續漢志》屬樂浪郡，《晉志》屬。據本郡考證，帶方郡初置時其屬焉。按：治所在今朝鮮金川北。

6、含資

按：《續漢志》屬樂浪郡，《晉志》屬。據本郡考證，帶方郡初置時其屬焉。治所在今朝鮮瑞興。